中国生产率研究

现状、问题与对策

STUDIES ON
THE

PRODUCTIVITY

OF CHINA

REALITIES, PROBLEMS
AND COUNTERMEASURES

张长春　徐文舸　杜　月　等　著

社会科学文献出版社
SOCIAL SCIENCES ACADEMIC PRESS (CHINA)

前　言

　　对资本生产率的处理。资本生产率一般会随着发展水平的提高呈现总体下行趋势，下行速度与全要素生产率的变化和具体国情有关。资本生产率下降幅度和节奏是否合理必须结合全要素生产率变动来判断，资本生产率只能间接反映资本的生产效率，这也是国内外学者对资本生产率研究极少的重要原因。

　　资本生产率、劳动生产率都决定于全要素生产率和劳均资本这两个因素，而劳动生产率恒等于劳均收入，决定人均收入水平，是一个与经济体特别是发展中经济体的国民收入水平最密切相关的生产率指标。相对资本生产率，劳动生产率更具综合性，更直接地决定国民福利水平。本书将从劳动生产率的角度对全要素生产率展开研究，对资本生产率的研究主要集中在普遍规律、我国的变动特征、国际比较等方面。

　　框架与结构。分别分析三个生产率——劳动生产率、资本生产率、全要素生产率的现状和变化特征，对劳动生产率及其来源——全要素生产率和劳均资本进行国别比较，再对全要素生产率的决定因素及其增长机制进行跨国比较，通过从劳动生产率到全要素生产率再到全要素生产率的决定因素的层层深入，从比较中找差距、找问题、找原因、找规律，进而提出对策。

　　研究结论。一是与世界样本经济体和与我们正在追赶的发达国家相比，我国全要素生产率较低，劳均资本更低，我国与 G7 国家劳均资本的差距是全要素生产率差距的 1.6 倍。二是依据世界样本经济体的经验数据估算，未来全要素生产率相对劳均资本对劳动生产率的重要性趋于提高。据估计，2016～2030 年，我国与技术前沿国家（美国）的全要素生产率相对水平的差距每缩小 0.01，劳动生产率能够比较稳定地提高 0.3% 左右，而劳均资本每增加 1%，劳动生产率的提高幅度从 0.25% 左右下降至 0.10% 左右。三是对应到 2020 年、2030 年全要素生产率水平的预期目标，技术创新、人力资本自始至终对全要素生产率有显著影响，而制度体系、治理能力在 2020 年前对全要素生产率有显著影响，2020 年后影响不显著。

由课题研究成果形成的本书的各章执笔人分别是：第一章张长春、徐文舸、杜月，第二章马延亮，第三章徐文舸，第四章邹晓梅，第五章岳国强、朱海宇、蔡曲，第六章杜月、徐文舸、张芷瑜，第七章应晓妮，第八章张长春、徐文舸，附录马延亮，调研报告一罗松山、李波，调研报告二徐文舸。全书由张长春统稿。

课题研究先后得到了多位专家的悉心指导，专家们求真务实的治学精神给课题组留下了深刻印象。在此，课题组对专家们的帮助与支持表示衷心的感谢！限于研究水平，本书存在诸多不足之处，请学界同人指正。

目　录

第一章　总论：提高生产率对策

内容提要：改革开放以来我国劳动生产率年均增长 8.7%，资本生产率受一般规律、发展阶段和国情影响向下调整，全要素生产率增长率呈现由升转降趋势。目前我国劳动生产率分别为世界、G7 国家平均水平的 45.2%、25.6%，但增速远高于其他经济体，其中 2000 年以来劳动生产率年均增速超过世界平均水平的 3 倍，分别相当于同期 OECD 国家、金砖国家、亚太国家和拉美国家的 7 倍、3.2 倍、2.3 倍、7 倍。从劳动生产率的增长来源看，与世界主要经济体的平均水平比较，我国劳均资本差距是全要素生产率差距的 1.4 倍；与 G7 国家比较，我国劳均资本的差距是全要素生产率差距的 1.6 倍；与 40 个经济体劳动生产率水平相近时期比较，我国全要素生产率较低，劳均资本较高。未来我国劳动生产率增长中全要素生产率相对劳均资本的重要性上升。2020 年前，制度体系、治理能力对技术创新、人力资本积累的促进作用明显，2030 年前，人力资本对技术创新的促进作用始终显著。提高生产率的主要措施是构建制度和治理基础，不断提高研发效率，持续积累人力资本，全方位提高资本配置效率，引导储蓄顺利转化为资本，同时发挥好转型升级对提高劳动生产率、全要素生产率和增加劳均资本的综合效应。

一　以劳动生产率展开研究的理论与现实逻辑

生产率为生产的效率，是给定一组投入下所能得到的产出。学界论及的生产率通常指劳动生产率和全要素生产率，而从劳动、资本、全要素这三类增长要素看，资本生产率也应该在生产率的考察范围之内。在劳动生产率、资本生产率、全要素生产率三个生产率中，劳动生产率直接决定国民的收入和福利水平。

（一）劳动者是生产率中的核心因素

劳动者在劳动生产率、资本生产率和全要素生产率中都是最活跃、最关键的因素。劳动生产率 $A(K/L)^\alpha$ 和资本生产率 $A(K/L)^{\alpha-1}$ 都由全要素生产率和劳均资本决定，影响全要素生产率的技术、制度等因素源自劳动者基于某种目的的主动行为，资本（存量）则来自劳动者基于获取未来收入的积累，三个生产率从不同方面直接或间接地反映劳动者的科技素养、主动行为及其结果。

生产率的提出与生产率理论的发展也反映了劳动者在生产率中的核心位置。早期的生产率指劳动生产率，魁奈在《经济表》中指出"大农经营"（农场主使用马拉犁经营）的"纯产品率"高，他所称"纯产品率"就是指"大农经营"这种生产方式下的农业劳动生产率。斯密（2009）将劳动生产率的概念扩展到整个生产领域，并认为"劳动生产率上最大的增进，以及运用劳动时所表现的最大熟练、技巧和判断力，似乎都是分工的结果"。马克思（2004）、马歇尔（1964）、克拉克（2014）等分别从不同角度揭示了劳动生产率的来源和重要性。首届诺奖得主丁伯根（1998）将柯布－道格拉斯函数改进为总量生产函数，提出全要素生产率，用以衡量无法用可见投入来解释的产出变化。此后，索洛（1987）、乔根森（1989，2001）等经济学家分别对全要素生产率展开研究。从某种意义上讲，正是为了探索如何持续提高劳动生产率，才促使经济学家们发现全要素生产率这一劳动生产率增长的重要源泉，而且归根结底，提高全要素生产率需要依靠劳动者的科技水平。

（二）发展中经济体更应该重视劳动生产率

经济增长最终要依赖全要素生产率的提高，这是迄今为止增长理论和发展实践的共识。如果劳均资本缓慢增长或不增长甚至负增长，经济增长依赖全要素生产率的提高也就意味着劳动生产率的增长也要依赖全要素生产率的提高，但这种增长状态更符合发达经济体的现实。

发达经济体资本形成增速很低：经过长期资本积累后资本存量很大，新增资本弥补折旧后所增加的资本有限，资本存量增长缓慢。劳动人口几乎不增长甚至负增长。劳动、资本增长对经济增长的贡献很小，劳均资本相对稳定，经济增长、劳动生产率增长只能主要依靠全要素生产率的增长。

但上述情形只出现在经过长期发展后的发达经济体中，如我国这样的发展中经济体离这种增长状态还十分遥远。我们的现实情况是，劳均资本很少（2016 年我国不到 G7 国家的 1/4），资本形成增速较快，经济增长、劳动生产率增长具备发达经济体曾经拥有的劳均资本增长（资本广化和深化）和全要素生产率增长这两个现实条件，同时用好这两个增长条件有利于实现追赶型发展，也有利于更快地提高劳动者收入。[①]

对如我国这样的发展中经济体而言，全要素生产率是劳动生产率增长的持久动力，劳均资本则是劳动生产率增长的现实动力。考虑到我国现在和未来相当长时期劳动生产率的现实增长来源，提高劳动生产率的重点是提高全要素生产率和不断增加劳均资本（见图 1-1）。

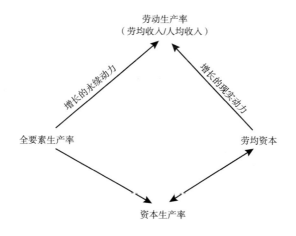

图 1-1　劳动生产率的增长来源和三个生产率之间的关系

---

① 用 GDP 代表劳动者在一定时期内创造的劳动成果，用劳动人数代表劳动消耗，劳动生产率就是劳均 GDP，劳动生产率与劳均收入恒等。

二 改革开放后我国劳动生产率在低起点上持续快速增长

改革开放后，我国劳动生产率从一个很低的起点开始快速增长，资本生产率总体呈下降趋势，全要素生产率增速较高但近年来明显下降。

（一）劳动生产率起点很低但增速快

改革开放后我国劳动生产率年均增长 8.67%。1952 年我国劳动生产率为 1760 元/人（2015 年不变价，下同）；1980 年增长到 4424 元/人，这一水平仅相当于当时世界平均水平的 7.2%[①]；2016 年提高到 95175 元/人。1952～2016 年年均增长 6.43%（见表 1－1、图 1－2）。其中，改革开放前（1952～1978 年）、后（1978～2016 年）劳动生产率年均增速分别为 3.25%、8.67%；经济快速增长时期的 1991～2008 年，劳动生产率从 6947 元/人增至 46816 元/人，年均增速高达 11.88%；2008 年国际金融危机以来，劳动生产率增长率降至 9.27%。

表 1－1　劳动生产率变化（2015 年价）

年份	期末为期初的倍数	年均增速（%）
1952～2016	54.1	6.43
1952～1978	2.3	3.25
1978～2016	23.5	8.67
1991～2008	6.7	11.88
2008～2016	2.0	9.27

资料来源：根据《中国统计年鉴》数据计算。

从增长来源看，全要素生产率和劳均资本推动劳动生产率快速增长。改革开放后（1978～2016 年），市场配置资源的力量逐渐增强，生产要素不断从效率较低领域流向效率较高领域，全要素生产率年均增速达到 2.8%，其中 1991～2008 年年均增速达到 3.6%，高于甚至远高于同期发

[①] 计算劳动生产率的世界平均水平时各经济体 GDP 已按购买力平价调整。

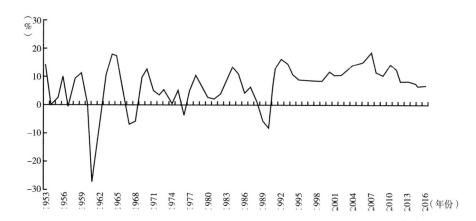

图 1-2 劳动生产率增长率

资料来源：根据相关年份《中国统计年鉴》数据计算。

达经济体的经济增速。同期，在快速工业化城镇化过程中，资本回报推动下的资本深化特征明显，劳均资本年均增速达到 8.9%。全要素生产率和劳均资本的快速增长支撑劳动生产率持续快速增长。

从产业看，劳动生产率的增长主要来自各产业劳动生产率上升和产业间劳动力流动。采用 Fagerberg（2000）的"转换份额法"按三次产业对劳动生产率进行分解发现，改革开放以来，各产业劳动生产率上升与产业间劳动力流动的相互影响对劳动生产率的贡献（鲍莫尔效应）最大，为51.63%；各产业劳动生产率上升对劳动生产率的贡献（纯生产率效应）次之，为45.82%；各产业劳动生产率保持不变而劳动力在产业间流动对劳动生产率的贡献（丹尼森效应）最小，为2.55%。这说明，改革开放后劳动生产率的快速增长主要来自结构变动与劳动力在行业间转移的交互影响，以及各产业劳动生产率的提高。

从地区看，随着全国劳动生产率水平的提高，省级层面劳动生产率水平差距扩大，但扩大的速度在减缓，东部在劳动生产率水平和增速上存在"俱乐部收敛"现象。一是各省份劳动生产率的位次变动大。浙江、福建、江苏、山东、河北、陕西、四川（+重庆）、湖北等省份的劳动生产率在全国的位次逐步上升，黑龙江、新疆、山西、江西、安徽、贵州等省份的位次逐渐下降，上海、辽宁、天津、北京、吉林、广东的位次稳定靠前，湖南、河南、甘肃、云南的位次稳定靠后，内蒙古由降转升，宁夏、青海、广西等先升后降。二是改革开放以来东部劳动生产率增速高于内陆。东部多数省份的劳动生产率增速超过 7%，中西部和东北地区的多数省份基本保持年均增长 6% ~7% 的水平。三是省级层面劳动生产率水平的最高值与最低值的极差先扩大后缩小。各省份劳动生产率极差由 1952 年的 3.44 倍扩大到 1992 年的 6.95 倍，到 2008 年缩小为 5.95 倍，2015 年进一步缩小为 4.13 倍。四是随着劳动力流动性的增强，各省份劳动生产率水平的收敛指数从 1952 年的 0.466 增至 2015 年的 0.639，各省份劳动生产率水平差距有所扩大，但扩大的速度在下降，东部各省份劳动生产率水平和增速都存在"俱乐部收敛"现象。

从所有制看[①]，国企因行业分布劳动生产率较高。依据《中国工业企业数据库》计算，2007 年不同所有制企业的劳动生产率从高到低排序为：外资企业 209 千元/人，国有企业 203 千元/人，私营企业 153 千元/人，集体企业 162 千元/人，港澳台资企业 151 千元/人，劳动生产率国企、外资高，私企、港澳台企低。2011 年以主营业务收入计算的劳动生产率从高到低顺序为国有企业 89 万元/人，外资企业 77 万元/人，私营企业 63 万元/人，集体企业 56 万元/人，港澳台资企业 48 万元/人。与 2007 年的排序基本相同，劳动生产率仍然是国企高、私企低。

将 38 个工业行业归为能源、基础材料、公用事业、成品和半成品四个领域，从各种所有制成分主营业务收入占比看，国有企业集中于能源、公用事业等劳动生产率较高的领域，外资企业集中于劳动生产率较高的计算机、通信、汽车、电气等成品和半成品领域，民营企业则集中于竞争程度较高、劳动生产率不高的成品和半成品、基础材料领域。进一步观察几个典型行业[②]内部不同所有制企业的劳动生产率发现，在黑

---

① 《中国工业企业数据库》只提供 2001 ~2007 年各种所有制工业企业的增加值和从业人员数（涵盖不同所有制工业企业样本 50.7 万家，163 万个样本值），国家统计局停止发布 2007 年及以后年份的工业企业增加值数据，我们利用企业主营业务收入替代增加值计算 2006 ~2011 年企业劳动生产率（2011 年后国家统计局停止发布分行业、分所有制的从业人员数），比较不同所有制工业企业两个劳动生产率增速变动情况发现，两个时间段不同所有制工业企业的劳动生产率变动趋势具有一致性。

② 指某一所有制成分在该行业的主营业务收入比重超过其在所有工业行业中的平均比重。

色金属冶炼和压延加工业这一基础材料领域，尽管国企劳动生产率均值略高于民企，但中值远低于民企，表明国企内部劳动生产率高低分化比民企严重，并且有较大比例国企的劳动生产率比民企低；在交通运输设备制造业、燃气生产和供应业这两个公用事业领域，国企劳动生产率明显低于外企。

（二）资本生产率受一般规律、发展阶段和国情影响向下调整

资本生产率呈现随劳动生产率上升而下降的规律性特征。资本生产率是指一定时期内单位资本创造的产出。假定经济体的生产函数为 $Y = A K^{\alpha} L^{1-\alpha}$，则资本生产率增长率（$\Delta y_k / y_k$）、劳动生产率增长率（$\Delta y / y$）与全要素生产率增长率（$\Delta A / A$）、劳均资本增长率（$\Delta k / k$）分别有如下关系：

$$\text{资本生产率增长率} \frac{\Delta y_k}{y_k} = \frac{\Delta A}{A} - (1 - \alpha) \frac{\Delta k}{k} \tag{1}$$

$$\text{劳动生产率增长率} \frac{\Delta y}{y} = \frac{\Delta A}{A} + \alpha \frac{\Delta k}{k} \tag{2}$$

如果全要素生产率增速不变，劳均资本增长将带来变动方向完全相反的两个结果：资本生产率下降和劳动生产率提高。如果全要素生产率保持与劳均资本相同的增速，或高于劳均资本增速，此时资本生产率不变或上升，同时劳动生产率提高。可见，随着劳均资本增长，资本生产率是降是升取决于全要素生产率相对劳均资本的增速。

快速工业化城镇化过程中，劳动、资本从生产率低的农业部门转向生产率高的非农业部门，全要素生产率增长较快，同时劳均资本增长也快；到了工业化城镇化中后期，全要素生产率增长受技术水平与前沿国家技术差距缩小等因素影响会趋于下降，而资本全球流动使劳均资本增速下降并不明显，由趋于下降的全要素生产率和下降并不明显的劳均资本导致资本生产率呈下降趋势。与此同时，劳动生产率会随着劳均资本不断增长而向上调整。结果是劳均资本增长带来资本生产率下降和劳动生产率上升。

劳动生产率上升意味着劳均收入和人均收入提高，劳动者和国民的福利增加。所以一般而言，伴随劳均资本增加、劳动生产率上升而出现的资本生产率下降是好事。

资本生产率趋于下降是普遍现象。发达经济体特别是技术前沿国家的资本存量庞大，每年资本形成扣除折旧后的新增资本很少，资本存量增长缓慢；技术前沿国家的技术突破往往具有随机性和不稳定性，重大技术突破前常常会有一个时间较长的技术进步停滞期，这导致技术前沿国家的全要素生产率和总产出以一个相对温和的速度增长。相对稳定的资本存量与温和的产出增长带来资本生产率或是相对稳定，或是长期趋于下降。追赶型经济体的资本存量相对较少，每年资本形成扣除折旧后的新增资本较多，劳均资本增长较快；追赶型增长过程中，随着技术追赶型经济体与技术前沿国家的技术差距的逐步缩小，全要素生产率增长率会趋于下降。劳均资本较快增长与全要素生产率增长率趋于下降导致资本生产率长期趋势性下降。全球各国资本生产率的变动特征也印证了这一推断（见图1-3）。

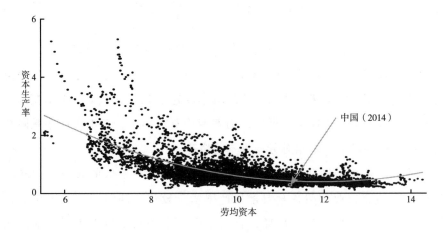

图1-3　各经济体劳均资本与资本生产率

注：劳均资本取对数值表示。

资料来源：宾州大学国际比较项目。

我国资本生产率受发展阶段和国情影响显著。中华人民共和国成立60多年来，我国资本生产率总体呈下降趋势（见图1-4），资本生产率下降既受上述一般规律的影响，也有发展阶段和国情方面的原因。从发展阶段看，改革开放后特别是 20 世纪 90 年代初以来，伴随快速工业化城镇化进程，劳均资本快速增加，全要素生产率快速增长，但劳均资本增加快于全要素生产率的提高，结果是资本生产率自 20 世纪 90 年代初以来明显下降。从国情看，储蓄率较高加快了资本生产率随一般规律性和发展阶段性向下调整的节奏。

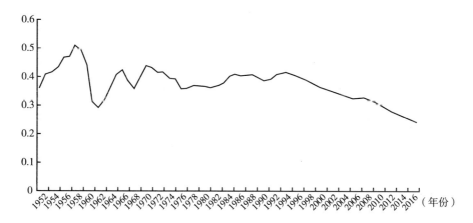

图 1－4　1952～2016 年资本生产率

资料来源：根据相关年份《中国统计年鉴》数据计算。

我国资本生产率明显低于 G7 国家，也明显低于部分东亚经济体经济高速增长时期和劳动生产率水平相近时期。与 G7 国家相比，目前我国资本生产率相当于日本的 31%、加拿大的 26.8%、美国的 24.4%、法国的 24.3%、英国的 22.8%、德国的 19.5%、意大利的 15.7%。与日本、韩国、新加坡、中国香港等东亚经济体高速增长时期相比，改革开放至 2000 年，我国大陆地区资本生产率为 0.5～0.7，与韩国接近，高于新加坡，低于中国台湾地区，与这些经济体高速增长初期的水平接近；21 世纪以来，我国大陆地区资本生产率快速下滑至 2011～2014 年的 0.26，低于韩国、新加坡经济高速增长后期的水平（见表 1－2）。与部分东亚经济体劳动生产率相近时期相比，我国大陆地区 2014 年的劳动生产率低于韩国（1990 年）、新加坡（1988 年）和中国香港地区（1969年）（见表 1－3）。

表1-2　部分东亚经济体高速发展时期的 Y/K

经济体	年份	经济增速（%）	资本生产率	经济体	年份	经济增速（%）	资本生产率
中国大陆	1981~1985	10.7	0.73	中国台湾	1961~1965	10.2	1.08
	1986~1990	8.0	0.69		1966~1970	10.3	1.14
	1991~1995	12.3	0.62		1971~1975	9.8	0.99
	1996~2000	8.6	0.49		1976~1980	11.2	0.81
	2001~2005	9.8	0.42		1981~1985	7.2	0.68
	2006~2010	11.3	0.34		1986~1990	9.3	0.71
	2011~2014	7.9	0.26		1991~1995	7.5	0.64
日本	1961~1965	9.4	0.58	中国香港	1961~1965	13.3	0.72
	1966~1970	9.2	0.55		1976~1980	11.6	0.76
韩国	1966~1970	11.5	0.65		1986~1990	7.8	0.61
	1971~1975	9.7	0.63	新加坡	1966~1970	12.9	0.44
	1976~1980	8.4	0.61		1971~1975	9.6	0.5
	1981~1985	9	0.52		1976~1980	8.6	0.46
	1986~1990	10.4	0.55		1986~1990	8.7	0.34
	1991~1995	7.9	0.46		1991~1995	8.7	0.29

注：经济增速5年平均，高于7%为高速增长。

表1-3　部分经济体劳动生产率相近水平时期的 Y/K

经济体	年份	劳动生产率（2011年美元/人）	当年 Y/K	前十年平均 Y/K
中国大陆	2014	21827	0.24	0.31
日本	1968	21078	0.79	0.73
韩国	1990	22295	0.51	0.53
新加坡	1988	22491	0.55	0.58
中国台湾	1981	21627	0.7	0.86
中国香港	1969	22390	0.79	0.73

资料来源：经济增速来源于世界银行，计算资本生产率的相关数据来自宾州大学国际比较项目，劳动生产率来自世界大型企业联合会。

资本生产率不能直接反映资本生产的效率。所有经济体的资本生产率在长期中都呈下降趋势，下降节奏受发展阶段和具体国情影响。作为一个与劳动生产率变动方向相反的指标，资本生产率高低及其变动是否合理必须结合全要素生产率来判断。相对而言，能够直观反映劳动效率的是劳动生产率，而能够反映技术进步的是全要素生产率，资本生产率只能间接反映资本的效率，考察资本生产率在相当大程度上可由考察劳动生产率来替代。

或许正是资本生产率在反映资本效率上的间接性和复杂性，国内外学术界对这一指标关注较少，持续深入的研究更少。基于此，本书的后续研究将围绕劳动生产率和全要素生产率两个生产率展开。

（三）全要素生产率增速逐渐下降

改革开放后全要素生产率增长率由升转降。改革开放后全要素生产率年均增长率从 1978～1990 年的 3.2%，上升到 1991～2000 年的 3.9%，2001～2016 年下降至 2.4%（见图 1-5）。全要素生产率增长率在改革开放后的 1981～1990 年、1991～2000 年两个十年保持较快增长，主要归因于市场化改革带来的资源配置效率提升，以及技术引进消化吸收和自主创新带来的技术进步。"十三五"时期，全要素生产率增速出现较大幅度回升的可能性较小，改革开放后的第二个 20 年（2001～2020年）的全要素生产率的年均增速会低于此前 20 多年（1978～2000 年）的水平。

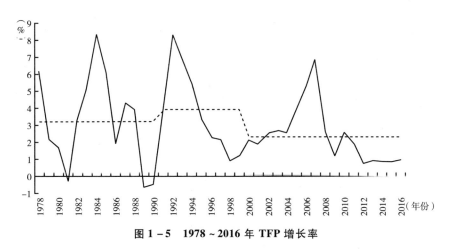

图 1-5　1978～2016 年 TFP 增长率

资料来源：根据相关年份《中国统计年鉴》数据计算。

2008 年以来受趋势性和周期性因素影响，全要素生产率增速明显下降。全要素生产率增长率从 2007 年的 6.9%（21 世纪以来的峰值）骤降至 2008 年的 2.6%，并进一步下降到 2016 年的 1%。这一时期全要素生产率下降主要有三方面原因。一是受一般规律的作用。几乎所有经济体在从高速增长过渡到中速增长时，全要素生产率都会出现明显下降①，由于全要素生产率中的技术进步总是凝结在固定资本和劳动力上，资本形成增速和劳动力增速的下降，很可能带来技术进步减缓和全要素生产率增长率的下降。二是随着改革开放政策红利对资源配置效率改进的作用趋弱，以及与技术前沿国家技术水平差距的缩小和技术追赶难度的增大，技术进步对全要素生产率增长的贡献也会趋于下降。三是受经济下行周期和结构性矛盾叠加影响，经济增速趋于下行，生产能力未能充分释放，而全要素生产率增长率的核算总是以"余值"形式出现，当经济增速下降时，剔除劳动增长、资本增长后的"余值"必然会减少。

三 我国劳动生产率低的原因是全要素生产率低和劳均资本少

在数据可信度验证②基础上，通过与世界各经济体比较找位置，与发达经济体比较找差距，与部分经济体劳动生产率水平相近时期比较找原因，我们发现，我国劳动生产率水平不高的主要原因是全要素生产率较低和劳均资本较少。

（一）与世界各经济体比较，我国 TFP 为世界平均水平的 67%，劳均资本为 53%

我国劳动生产率相当于世界平均水平的 45%。2016 年，世界主要经济

---

① 投资研究所 2016 年承担的宏观院重点课题研究成果《促进经济中高速增长研究》第一部分。

② 世界大型企业联合会和宾州大学国际比较项目发布的相关数据时间序列较长，数据相对完整，国际比较分析中我们主要用到这两个机构的数据。为了确保数据的准确性，我们对这两个机构发布的我国资本存量增长率、就业人数增长率、TFP 增长率、劳动生产率增长率等数据，与我国国家统计局发布的数据或根据发布的数据计算出的数据进行均值、标准差、相关系数等分析。验证结果显示，虽然国外和国内的数据在个别年份略有差异，但整体上具有同增同减特征，两套数据的总体变动趋势几乎一致。据此我们认为这两个机构的国别数据具有较高的可信度。

体的平均劳动生产率为 51921 美元①，我国劳动生产率为 23486 美元，相
当于世界经济体平均水平的 45.2%。相当于 OECD 国家平均水平的
27.8%，金砖国家的 73%，亚太国家的 46.9%，拉美国家的 65.5%。与各
经济体比较，目前我国劳动生产率居于中等偏下水平（见表 1-4）。

表 1-4　我国与主要经济体劳动生产率比较

年份	中国 （2011 年美元/人）	中国相当于样本经济体平均水平的百分比（%）				
		世界平均	OECD 国家	金砖国家	亚太国家	拉美国家
1990	3953	10.7	6.9	17.5	17.9	14.5
2001	7232	17.4	10.2	33.2	23.1	23.6
2005	10726	23.5	13.8	41.8	28.9	33.7
2010	17098	35.1	21.3	55.8	39.5	48.9
2015	22631	44.1	27.1	70.2	46.5	62.8
2016	23486	45.2	27.8	73.0	46.9	65.5

注：计算劳动生产率所用 GDP 按购买力平价调整的 2011 年美元不变价计。剔除部分奇异值
后，本表包括 103 个经济体的数据。
资料来源：世界大型企业联合会。

我国劳动生产率低的原因是全要素生产率较低和劳均资本较少。2014
年②，世界主要经济体的平均全要素生产率相当于美国的 0.64③，我国相
当于美国的 0.43，约为世界平均水平的 67.2%。世界主要经济体的平均劳
均资本为 163538 美元，我国为 86902 美元，相当于世界平均水平的
53.1%。在全要素生产率、劳均资本两个决定劳动生产率水平的因素中，我国
劳均资本与世界平均水平差距比全要素生产率的差距更大（见图 1-6）。

① 世界大型企业联合会和国际劳工组织定期发布全球主要经济体的劳动生产率数据。两套
数据衡量的各国劳动生产率的结果相差不大（参见投资研究所报告《通过提升全要素
生产率提高劳动生产率》附件二）。国际劳工组织发布的各国劳动生产率数据的最早年份为
2000 年，世界大型企业联合会发布的各国劳动生产率数据的最早年份为 1950 年，基于劳
动生产率国别比较时所需数据的考虑，我们选用世界大型企业联合会发布的数据。国际
比较中劳动生产率所用 GDP 为各国按购买力平价调整的 2011 年美元不变价。
② 宾州大学数据的最新年份为 2014 年，本书国际比较中的全要素生产率等数据的最新年份
为 2014 年。
③ 宾州大学发布的各经济体全要素生产率为以美国为 1 的相对值，除有明确表述外，本书
在国际比较时所提到的各经济体全要素生产率均以美国全要素生产率为 1 的相对值。

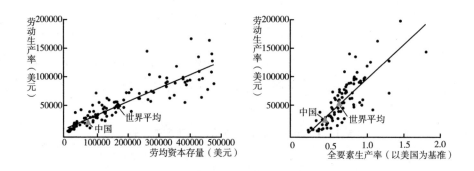

图 1-6 世界主要经济体的劳动生产率与全要素生产率、劳均资本

注：样本经济体全要素生产率为以当年美国全要素生产率为 1 的相对值。考虑到巴林、科威特、卡塔尔和沙特阿拉伯这四个中东国家的发展条件和发展特征少有普遍意义，右图去除了它们全要素生产率大于 2.5 的观测值，图中包括 115 个经济体。

资料来源：劳动生产率来自世界大型企业联合会，劳均资本和全要素生产率来自宾州大学国际比较项目。

我国全要素生产率较低的重要原因是研发效率不高。技术研发是促进技术进步、提高全要素生产率的重要手段。从全球范围看，全要素生产率随着研发人员、研发投入的增加而改善，但随着研发人员、研发投入的不断增加，研发对提高全要素生产率的边际效应明显递减（见图1-7上）。

与部分经济体在同时期的发展状况相比，我国研发人员比重较低（见图1-7下左），研发经费投入强度高（见图1-7下右）。2015 年我国每百万人中从事研发人员数为 317 人，明显低于与我国发展阶段相近的其他经济体。目前我国总体受教育程度以中等教育为主，初中毕业比例为 47%，大学本科以上只占 5.2%，而韩国和日本在 2012 年受过高等教育的人口比例就已超过 40%（蔡禾，2015）。与此同时，我国研发经费投入继 2010 年超过德国之后，2013 年超过日本，目前仅次于美国。2016 年我国研发经济投入强度（研发经费支出占 GDP 比重）达到 2.1%，与经合组织经济体的平均投入水平相当，高出相近发展阶段的其他经济体约 1 个百分点。① 但最具研发

---

① 但我国研发经费投入强度低于创新能力较强的以色列（4.25%）、韩国（4.23%）、日本（3.49%）等国家。

创新价值的三方专利授权量仅分别为日本、美国的 1/7、1/6，研发效率有待提高。

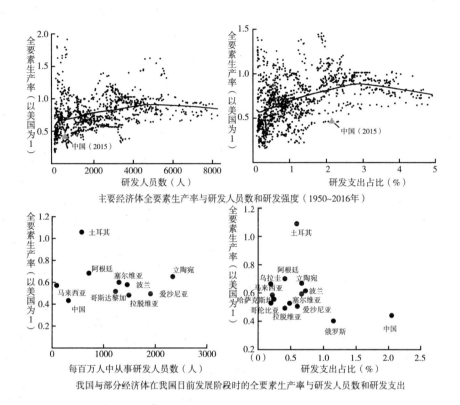

主要经济体全要素生产率与研发人员数和研发强度（1950~2016年）

我国与部分经济体在我国目前发展阶段时的全要素生产率与研发人员数和研发支出

图 1－7 全要素生产率与研发人员数和研发强度

注：全要素生产率以当年美国的全要素生产率为 1，研发人员为每百万人中从事研发的人员数，研发强度为研发支出占同期 GDP 的比重。

资料来源：全要素生产率来自宾州大学国际比较项目，研发人员数和研发强度来自世界银行。

我国劳均资本较低的原因是劳均资本起点很低。改革开放时，我国发展水平及相应的产业结构、就业结构层次低，劳均资本存量很少，与世界平均水平特别是与发达经济体的差距巨大。1980 年，我国劳均资本约为 4502 美元，仅为当时世界平均水平的 7%，不到当时 OECD 国家平均水平的 1%。改革开放后，资本形成快速增长，劳均资本快速增加，到 2010 年，这两个比例分别增长到 39.31%、18.47%。到 2014 年，我国劳均资本相当于世界平均水平的 53.14%、OECD 国家平均水平的 25.69%（见表 1－5）。

表 1-5 改革开放以来我国劳均资本相对水平

年份	中国（美元）	世界平均（美元）	中国相当于世界平均（%）	OECD 国家（美元）	中国相当于 OECD 国家（%）
1980	4502	64581	6.97	123696	0.36
2000	15986	85177	18.77	183942	8.69
2010	54030	137440	39.31	292597	18.47
2014	86902	163538	53.14	338234	25.69

注：劳均资本为 2011 年美元不变价，1980 年包括 145 个经济体，2000 年包括 174 个经济体，2010 年、2014 年包括 170 个经济体。

资料来源：宾州大学国际比较项目。

我国劳动生产率增长率持续远高于世界平均水平。2001~2016 年，世界主要经济体的劳动生产率年均增速为 1.4%，我国的年均增速为 7.7%，是世界平均水平的 5 倍多。同期，OECD 国家、金砖国家、亚太国家、拉美国家劳动生产率年均增速分别为 1.1%、2.4%、2.3%、1.1%，我国的年均增速分别相当于这些组别国家年均增速的 7.0 倍、3.2 倍、2.3 倍、7.0 倍。从五年平均水平看，我国劳动生产率增速始终高于世界平均水平的 4 倍以上，追赶型增长特征明显（见表 1-6）。

表 1-6 2001~2016 年我国与主要经济体劳动生产率增速

单位：%

年份	中国	世界平均	OECD 国家	金砖国家	亚太国家	拉美国家
2001~2005	8.7	2.2	2.1	3.1	4.4	1.2
2006~2010	9.3	0.9	0.4	3.5	3.1	1.3
2011~2015	5.2	0.8	0.7	0.7	2.4	0.5
2016	3.8	1.2	1.1	-0.2	3.0	-0.4
2001~2016	7.7	1.4	1.1	2.4	2.3	1.1

资料来源：世界大型企业联合会。

（二）与 G7 国家比较，我国 TFP 为 G7 国家平均水平的 52%，劳均资本为 23%

我国劳动生产率为 G7 国家平均水平的 24%。2014 年我国劳动生产率为 21827 美元，仅相当于美国的 19% ，法国的 23% ，加拿大、德国和意大利的 25% ，英国的 26% ，日本的 30% ，相当于 G7 国家平均水平的 24% （见表 1 - 7）。

表 1 - 7　2014 年我国与 G7 国家的劳动生产率、全要素生产率和劳均资本

经济体	劳动生产率		全要素生产率		劳均资本	
	水平（2011 年价美元）	中国的相对水平（%）	水平（以美国为 1）	中国的相对水平（%）	水平（2011 年价美元）	中国的相对水平（%）
中国	21827	100	0.43	100	86902	100
加拿大	87760	25	0.78	55	323837	27
法国	95401	23	0.95	45	443125	20
德国	87840	25	0.93	46	356784	24
意大利	87994	25	0.74	58	552395	16
日本	73747	30	0.71	61	280624	31
英国	84715	26	0.72	60	381478	23
美国	117787	19	1.00	43	355979	24
G7 平均	90749	24	0.83	52	384889	23

资料来源：劳动生产率数据来自世界大型企业联合会，全要素生产率和劳均资本数据来自宾州大学国际比较项目。

在决定劳动生产率的全要素生产率和劳均资本两个因素中，2014 年我国全要素生产率为美国的 43% ，法国的 45% ，德国的 46% ，加拿大的 55% ，意大利的 58% ，英国的 60% ，日本的 61% ，为 G7 国家平均水平的 52% ，差距明显。

2014 年我国劳均资本为 86902 美元，为意大利的 16% ，法国的 20% ，英国的 23% ，德国和美国的 24% ，加拿大的 27% ，日本的 31% ，为 G7 国家平均水平的 23% 。2014 年我国劳均资本水平约相当于美国 1950 年、加拿大 1959 年、德国 1967 年、英国和法国 1968 年、意大利 1970 年、日本 1988 年的水平。我国与 G7 国家劳均资本差距是全要素生产率差距的 1.6 倍。

美国等发达国家经济快速增长时期主要依靠资本投入。乔根森（1989，2001）通过对 G7 国家二战后经济数据的分析发现，1948～1979 年美国经济增长最重要的贡献因素是资本投入。在此期间，美国经济年均增

长3.4%，其中资本和劳动投入的贡献合计为2.6%，贡献率在3/4以上。全要素生产率增长只有0.8%，贡献率不足25%（乔根森，1989）。同时他还发现，1960~1995年，G7国家经济增长中要素投入增长对经济增长的贡献大于全要素生产率增长的贡献，尽管全要素生产率对增长仍很重要（乔根森，2001）。

发达国家经济追赶美国时都经历过持续较快的资本积累过程。二战后G7国家都经历了劳均资本快速追赶美国的过程（见图1-8）。以美国1950年的劳均资本为1，当时的4个G7国家的劳均资本远低于美国，相对美国的水平日本为0.1，意大利为0.31，德国为0.35，法国为0.4；英国和加拿大的劳均资本存量相对较高，分别相当于美国水平的0.58和0.66。经过快速资本积累后，到1995年，6国的劳均资本相对于美国的水平均超过0.7；到2014年，6国的劳均资本相当于美国水平的0.8左右。6个发达国家二战后经济追赶美国时均经历了一个较快的资本积累过程。

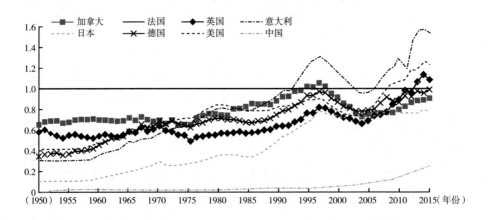

图1-8 G7国家与我国的劳均资本水平（以美国为1）

资料来源：全要素生产率来自宾州大学国际比较项目，研发人员数和研发强度来自世界银行。

发达国家都经历过全要素生产率不断接近技术前沿国家的过程。1953年的法国和德国、1956年的意大利、1968年的日本（其他2个G7国家缺乏相关数据）与我国目前的劳动生产率水平相近，当时这些国家的全要素生产率相对美国的水平分别为 0.51、0.43、0.59、0.54，与 2014 年我国全要素生产率的相对水平（0.43）接近（见图 1-9）。此后，这些国家的全要素生产率都经历了一段较长的持续快速上升期，与前沿国家（美国）的差距不断缩小。全要素生产率和劳均资本的持续快速增长推动劳动生产率不断增长，最终成为发达国家。

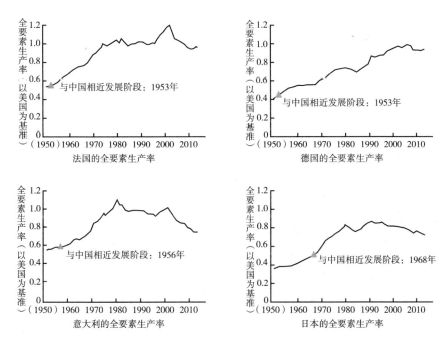

图 1-9　部分 G7 国家的全要素生产率变化

资料来源：全要素生产率来自宾州大学国际比较项目，研发人员数和研发强度来自世界银行。

我国劳动生产率以及全要素生产率、劳均资本增速均远高于 G7 国家。我国 2001~2010 年、2011~2014 年劳动生产率年均增速分别为 9.31%、5.70%，而 G7 同期年均增速分别仅为 0.84%、0.33%。全要素生产率方面，我国在两个时期的平均增速分别为 3.80%、1.40%，而 G7 国家的平均增速分别为 -0.03%、-0.14%。劳均资本方面，我国在两个时期的年均增速分别为 13.35%、11.73%，而 G7 国家同期年均增速分别仅为 4.77%、3.04%（见表 1-8）。

表 1-8 2006~2014 年我国与 G7 国家的劳动生产率和全要素生产率增速

单位：%

经济体	劳动生产率增速		全要素生产率增速		劳均资本增速	
	2001~2010 年	2011~2014 年	2001~2010 年	2011~2014 年	2001~2010 年	2011~2014 年
中国	9.31	5.70	3.80	1.40	13.35	11.73
加拿大	1.14	1.37	-0.42	-0.09	3.10	2.55
法国	0.77	0.13	-0.15	-0.42	7.87	2.65
德国	0.48	-0.13	0.23	-0.13	4.30	3.09
意大利	-0.45	-0.98	-1.25	-1.22	4.93	4.61
日本	1.30	0.78	0.21	0.27	3.60	1.53
英国	0.87	0.51	0.29	0.14	6.74	4.95
美国	1.82	0.70	0.86	0.47	2.87	0.90
G7 平均	0.84	0.33	-0.03	-0.14	4.77	3.04

资料来源：劳动生产率数据来自世界大型企业联合会，全要素生产率和劳均资本数据来自宾州大学国际比较项目。

（三）与 40 个经济体劳动生产率水平相近时期比较，我国 TFP 较低，劳均资本较高

与样本经济体劳动生产率水平[①]相近时期相比，我国全要素生产率较低。国别数据库中有 40 个经济体[②]或与我国当前的劳动生产率水平相近，或经历过我国当前的劳动生产率水平。在这些样本经济体中，我国全要素生产率排第 31 位，处于中等偏下水平，高于斯里兰卡（2010 年）、印度尼西亚（2013 年）等经济体，而多数经济体的全要素生产率在美国水平的 50% 以上，41 个经济体全要素生产率的平均水平约相当于美国水平的 60%。与样本经济体劳动生产率水平相近时期相比，我国全要素生产率较低（见表 1-9）。

与样本经济体劳动生产率水平相近时期相比，我国劳均资本水平较高。我国劳均资本为 86902 美元，排位第 5（见表 1-9），仅次于牙买加（126504 美元，2014 年）、印度尼西亚（108304 美元，2013 年）、新加坡

① 考虑到本项研究主要考察劳动生产效率，而且本节比较分析的主要目的是试图发现决定劳动生产率的全要素生产率和劳均资本的差异，我们选择劳动生产率水平相近时期而不是收入水平相近时期进行比较。

② 在 1950~2014 年，有 61 个经济体曾与我国 2014 年的劳动生产率水平相近（即在高于或低于我国 2014 年劳动生产率 5% 的区间内）。在这些国家和地区中，剔除缺失数据、数据可能失真（全要素生产率数据在 1 以上）和人口小于 100 万的经济体，最终得到 41 个经济体的样本。

表1-9 部分经济体在与我国劳动生产率水平相近时期的全要素生产率和劳均资本

经济体	年份	劳动生产率（美元/人）	全要素生产率		劳均资本（美元/人）
			水平	排名	
中国大陆	2014	21827	0.43	31	86902
牙买加	2014	21621	0.31	40	126504
印度尼西亚	2013	22777	0.38	38	108304
新加坡	1988	22491	0.82	6	106700
塞尔维亚和黑山	2001	21600	0.41	35	87934
乌克兰	2013	20744	0.46	29	80669
拉脱维亚	1994	21202	0.40	37	77905
哈萨克斯坦	1999	22768	0.26	41	70434
爱沙尼亚	1994	22653	0.37	39	67822
斯里兰卡	2010	22802	0.42	34	63512
马来西亚	1993	21952	0.59	17	62189
乌拉圭	1985	22711	0.55	22	57895
韩国	1990	22295	0.59	18	57693
泰国	2005	22598	0.44	30	53704
哥伦比亚	2004	22873	0.41	36	51441
多米尼加	1997	22756	0.57	20	50286
秘鲁	2009	21771	0.56	21	49571
爱尔兰	1971	21512	0.73	12	48628
芬兰	1960	22520	0.60	16	48420
立陶宛	1993	20987	0.51	26	46204
法国	1953	22241	0.54	24	44126
中国台湾	1982	21973	0.96	2	42907
德国	1953	21984	0.43	33	38280
墨西哥	1954	21994	0.90	4	39720
危地马拉	2006	22085	0.69	14	38799
希腊	1964	22224	0.54	23	38569
以色列	1961	22087	0.77	8	37189
亚美尼亚	2014	21568	0.53	25	36610
日本	1968	21078	0.51	27	34902
意大利	1956	22832	0.58	19	37311
西班牙	1964	22863	0.79	7	31740
葡萄牙	1965	21977	0.76	10	29657
中国香港	1969	22390	0.90	5	29194
奥地利	1956	21863	0.65	15	28758
厄瓜多尔	1971	22879	0.51	28	26142
波兰	1972	21951	0.43	32	23038
哥斯达黎加	1970	22912	0.91	3	22833
南非	1962	21794	0.75	11	22663
巴西	1975	22583	0.71	13	18892
智利	1965	22869	0.97	1	18714
保加利亚	1997	22837	0.76	9	16078
样本平均	—	22189	0.60	—	49298

资料来源：世界大型企业联合会。

（106700 美元，1988 年）以及塞尔维亚和黑山（87934 美元，2001 年）。40 个样本经济体劳均资本的平均水平为 49298 美元，其中日本（1968年）、德国（1953 年）、法国（1953 年）、韩国（1990 年）的劳均资本分别为我国的 40.2%、44.0%、50.8%、66.4%。

需要注意的是，我国目前的劳动生产率与德国（1953 年）、日本（1968 年）、新加坡（1988 年）、韩国（1990 年）相近，而劳均资本高于甚至远高于这些经济体劳动生产率相近时期的水平，这种情形的直接含义是我国的劳动相对资本更稀缺，或资本相对劳动禀赋丰度更高。不同经济体要素禀赋结构不同，推动劳动生产率增长的动力也会有差别，后发经济体需要发挥要素禀赋优势，走与先发经济体不同的发展道路，才能更好更快地实现经济追赶。如果后发经济体在经济发展中追求与先发经济体完全一致的要素结构，后发经济体与先发经济体在发展上很可能是"齐步走"，甚至相对先发经济体"退步走"，经济追赶无从谈起。

（四）从部分经济体的发展历程看，全要素生产率的长期变动趋势比水平更重要

在劳动生产率水平相近或曾经相近的经济体中，全要素生产率排名靠前的部分经济体的长期发展绩效迥异。它们中的一部分保持全要素生产率、劳动生产率持续较快增长，最终进入高收入经济体行列；另一部分全要素生产率、劳动生产率经过一段时间的较快增长后出现急速大幅下降趋势，最终陷入增长停滞。前者如中国台湾、中国香港、新加坡（见图1－10），后者如智利、哥斯达黎加、墨西哥等。后者的全要素生产率增长率一度达到很高的水平，有的（如墨西哥）甚至还持续增长了一段时间，但突然出现急速下降并难以回升，这些经济体恰恰是被认为落入增长陷阱的拉美经济体。[①] 这说明对发展中经济体而言，较高的全要素生产率增长率是重要的，但保持全要素生产率较快增长的持续性更重要。

---

① 2016 年投资所承担的宏观院重点课题研究成果《促进经济中高速增长研究》有如下结论：落入拉美式增长陷阱的主要原因是技术进步、人力资本、制度因素和治理水平所决定的全要素生产率的急速大幅下降。国外学者的实证研究表明，经济增长率下降的 85% 可由全要素生产率增长率的下降来解释。

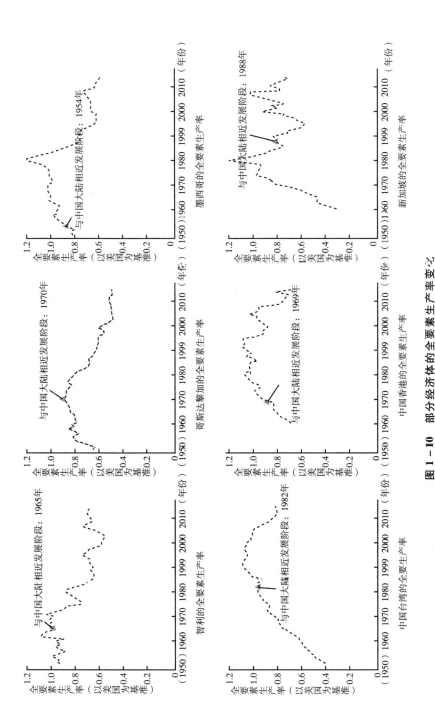

图 1 - 10　部分经济体的全要素生产率变化

资料来源：全要素生产率来自宾州大学国际比较项目，研发人员数和研发强度来自世界银行。

四　未来劳动生产率的增长将更加依赖全要素生产率

从世界各经济体看，不同发展阶段推动劳动生产率增长的全要素生产率和劳均资本的贡献并非固定不变。为了寻找全要素生产率和劳均资本随劳动生产率水平提高而变动的一般特征，我们利用与我国 2016～2020 年、2021～2030 年劳动生产率水平相近的经济体的数据，分析全要素生产率和劳均资本在推动劳动生产率增长中的重要性的变化。

（一）未来两个时期我国的劳动生产率

按购买力平价法调整的 2011 年不变价美元计，2016 年我国劳动生产率为 23486 美元/人。"十三五"规划纲要提出全员劳动生产率年均增速要实现 6.6% 的预期目标，这意味着 2016～2020 年劳动生产率将从 23486 美元/人增加到 30328 美元/人。利用前期研究成果[①]，我们预计 2020～2030 年劳动生产率将保持 5.6% 左右的年均增速，到 2030 年，劳动生产率将从 30328 美元/人增加到 52297 美元/人。

（二）模型与样本

1. 模型

我们所采用的劳动生产率模型形式为：

$$\ln lp_{i,t} = c_i + \beta \times \ln tfp_{i,t} + \alpha \times \ln perck_{i,t} + X_{i,t} + \varepsilon_{i,t}$$

其中，lp 为被解释变量——劳动生产率；tfp、$perck$ 分别为解释变量——全要素生产率、劳均资本；X 为一组控制变量，以控制其他经济因素对劳动生产率的影响；ε 为残差项；下标 i、t 分别表示国家、年份；ln 为自然对数符号。

2. 样本数据

劳动生产率处于 23486～30328 美元/人（2016～2020 年）的样本数为 142 个，处于 30328～52297 美元/人（2021～2030 年）的样本数为 591 个。

---

① 投资研究所 2016 年承担的宏观院重点课题研究成果《促进经济中高速增长研究》。

3. 估计方法

分别利用最小二乘虚拟变量模型（LSDV）和固定效应模型（FE）进行估计，结果显示，全要素生产率、劳均资本对劳动生产率都有显著正向影响，并且均通过了 1% 的显著性检验，加入控制变量后，全要素生产率、劳均资本的系数仍然显著为正。

（三）估计结果

估计结果表明（见表 1 - 10），随着劳动生产率水平的提高，全要素生产率相对劳均资本对劳动生产率的重要性趋于增强。劳动生产率水平从 23486 ~ 30328 美元/人（2016 ~ 2020 年）提高到 30328 ~ 52297 美元/人（2021 ~ 2030 年），与技术前沿国家（美国）全要素生产率相对水平的差距每缩小 0.01，所能提高劳动生产率的幅度在 0.3% 左右，而此间劳均资本每增加 1 个百分点，所能提高劳动生产率的幅度从超过 0.25% 下降至 0.10%。

表 1 - 10　全要素生产率和劳均资本对劳动生产率贡献的变动

	LDSV 23486 ~ 30328 美元/人 （2016 ~ 2020 年）	FE 23486 ~ 30328 美元/人 （2016 ~ 2020 年）	LDSV 30328 ~ 52297 美元/人 （2021 ~ 2030 年）	FE 23486 ~ 30328 美元/人 （2021 ~ 2030 年）
$ctfp$	0.320 ***	0.332 ***	0.306 ***	0.273 ***
	（0.049）	（0.049）	（0.028）	（0.027）
$lnperck$	0.251 ***	0.275 ***	0.061 ***	0.104 ***
	（0.034）	（0.032）	（0.019）	（0.014）
$open$	0.001	0.001	0.001 ***	0.001 ***
	（0.001）	（0.001）	（0.000）	（0.000）
dc	0.001	0.001	0.002 ***	0.002 ***
	（0.001）	（0.001）	（0.000）	（0.000）
ea	- 0.002 *	- 0.002 *	- 0.011 ***	- 0.013 ***
	（0.001）	（0.001）	（0.001）	（0.001）
时间趋势项	0.002 *	—	0.003 ***	—
	（0.001）		（0.001）	
常数项	7.304 ***	7.073 ***	9.579 ***	9.306 ***
	（0.352）	（0.361）	（0.177）	（0.163）
国别因素	控制	控制	控制	控制
样本量	142	142	591	591
R^2	0.637	0.443	0.812	0.653

注：括号内为标准误差，*** 、* 分别表示在 1% 、10% 水平上显著。

资料来源：劳动生产率来自世界大型企业联合会，资本存量、就业人员数和全要素生产率来自宾州大学国际比较项目，其他数据来自世界银行 WDI 数据库。

五　未来全要素生产率的增长动力和增长机制会有明显变化

不同劳动生产率水平的全要素生产率的增长动力和增长机制有可能发生变化，弄清这些变化可为提高全要素生产率确定政策方向和政策重点。

（一）全要素生产率的决定因素及相关指标

2014～2020 年、2021～2030 年全要素生产率。宾州大学国际比较项目发布的 2014 年我国全要素生产率与美国的比值为 0.43。我们以 2000～2014 年[①]我国与美国各自全要素生产率的平均增速作为 2014～2020 年、2021～2030 年全要素生产率增速的基准。此间我国全要素生产率年均增长 2%～3%，而美国全要素生产率年均增长略低于 1%。如果两国全要素生产率增长率按此相对速度延续下去，2020 年我国全要素生产率与前沿国家的比值将提高至 0.5 左右，2030 年将进一步提高至 0.6 左右。

1. 核心解释变量

我们将全要素生产率分解为技术创新、人力资本、制度体系和治理能力四个方面[②]，并分别选取相应的指标作为定量分析的核心解释变量。技术创新选取经合组织发布的各国每年授予的"三方专利数"（tp）[③]；人力资本选取宾州大学国际比较项目的"人力资本指数"（hc），该指数综合了劳动力的受教育年限和教育回报两方面；制度体系选取弗雷泽研究所的"法律体系和产权制度"（$lspr$），该指标的评分范围为 0～10 分，分值越高代表法律体系和产权制度越完善；政府治理能力选取弗雷泽研究所的

---

① 这一时间段既有经济高速增长的繁荣期，也有遭遇全球金融经济危机的紧缩期，在一定程度上减轻了经济周期对全要素生产率增长率（余值）的影响。

② 投资研究所 2016 年承担的宏观院重点课题研究成果《促进经济中高速增长研究》总报告第二、第五部分。

③ 三方专利（Triadic Patent）是指针对同一发明，受欧洲专利局、日本专利局、美国专利与商标局共同保护的一组专利。本部分的三方专利数来自经合组织数据库。

"政府监管能力"指标，该指标从信贷市场、劳动力市场和商业活动三个方面的监管来综合反映政府治理能力，分值越高代表政府治理能力越高。

2. 控制变量

受限于样本量和数据的可得性，我们选择以人均 GDP 衡量的经济发展水平这一综合性指标作为控制变量。经济发展水平总体上涵盖了除核心解释变量以外的影响全要素生产率的其他经济因素，经济发展水平不断提高必然会对全要素生产率有正向促进作用。

（二）模型、交互机制与样本数据

1. 模型

我们所采用的全要素生产率模型形式为：

$$tfp = tfp(RD_{i,t}, HC_{i,t}, IS_{i,t}, GR_{i,t})$$

$$tfp(RD_{i,t}, HC_{i,t}, IS_{i,t}, GR_{i,t}) = \alpha_i + \beta_1 \times RD_{i,t} + \beta_2 \times HC_{i,t}$$
$$+ \beta_3 \times IS_{i,t} + \beta_4 \times GR_{i,t} + X_{i,t} + \varepsilon_{i,t}$$

其中，被解释变量是全要素生产率（tfp），解释变量为技术创新（RD）、人力资本（HC）、制度体系（IS）和治理能力（GR），X 为控制变量，ε 为残差项，下标 i 和 t 分别表示国家和年份。

2. 交互项与交互机制

技术创新、人力资本、制度体系和治理能力这四个因素除了单独影响全要素生产率外，还通过交互机制影响全要素生产率[1]，其中主要是人力资本促进技术创新影响全要素生产率，制度体系和治理能力通过促进技术

---

[1] 以人力资本与技术创新的交互机制为例，随着一个经济体人力资本的提升如平均受教育年限的增加，研发部门从业人员的比例会上升，研发人员的素质也会提高，这会有利于提高技术创新能力，进而提高全要素生产率。反过来，一个经济体技术研发能力的提高将为人力资本的提升创造更好的条件，提供更强的激励，技术创新也会通过影响人力资本作用于全要素生产率。技术创新与制度体系和治理能力、人力资本与制度体系和治理能力之间也存在类似的相互影响机制。但本书中我们更强调人力资本促进技术创新影响全要素生产率、制度体系和治理能力通过促进研发创新影响全要素生产率、制度体系和治理能力通过促进人力资本进而促进研发创新影响全要素生产率这三个方向的作用机制。

创新影响全要素生产率，以及制度体系和治理能力通过促进人力资本积累影响全要素生产率。

我们从两个方面衡量一个经济体的全要素生产率：一是全要素生产率的动态变化（rtfp，以 2011 年全要素生产率为 1），反映全要素生产率水平的提高程度；二是与技术前沿国家（ctfp，以美国为 1）全要素生产率之比，反映两国间的技术差距。

3. 样本数据

本部分涉及世界 232 个经济体 1950～2014 年的数据，受限于部分数据的国别完整性，进入模型的样本量小于上述数量。根据样本数据的散点图（见图 1－11）初步判断，技术创新、人力资本、制度体系和治理能力与全要素生产率之间存在较强的相关性。

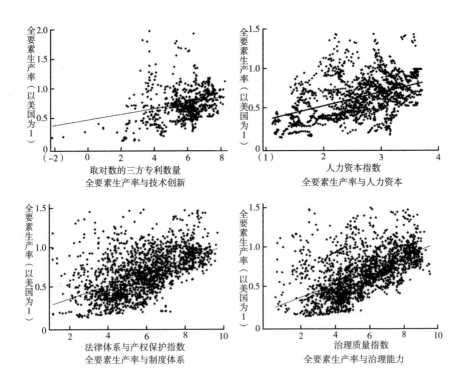

图 1－11 技术创新、人力资本、制度体系、治理能力与全要素生产率

资料来源：全要素生产率和人力资本指数来自宾州大学国际比较项目，三方专利数来自经合组织，法律体系与产权保护指数和治理质量指数来自弗雷泽研究所。

（三）实证检验及结论

四个因素对全要素生产率的影响始终显著。固定效应模型（FE）估计①的结果显示（见表 1－11），2014～2020 年、2021～2030 年大部分核心解释变量的估计系数显著为正，表明技术创新、人力资本、制度体系和治理能力确实是影响全要素生产率的重要因素，改进这些因素将不同程度地提高全要素生产率。

表 1－11 全要素生产率的影响因素

全要素生产率相对美国的水平	（1） 0.43～0.5 （2014～2020 年）	（2） 0.43～0.5 （2014～2020 年）	（3） 0.5～0.6 （2021～2030 年）	（4） 0.5～0.6 （2021～2030 年）
$\ln tp$	0.016 （0.023）	0.025 * （0.013）	0.007 （0.011）	0.000 （0.008）
hc	0.205 * （0.109）	0.546 *** （0.104）	0.008 （0.048）	0.385 *** （0.055）
$lspr$	0.001 （0.028）	0.022 （0.016）	0.013 （0.015）	0.020 * （0.011）
$regulation$	0.079 *** （0.021）	0.036 *** （0.013）	0.043 *** （0.012）	0.020 ** （0.009）
$\ln percgdpe$	—	0.539 *** （0.060）	—	0.341 *** （0.037）
常数项	－ 0.056 （0.255）	－ 2.924 *** （0.352）	0.561 *** （0.172）	－ 1.195 *** （0.227）
国别因素	控制	控制	控制	控制
样本量	53	53	108	108
R^2	0.462	0.832	0.234	0.621

注：括号内是标准误差，***、**、* 分别表示在 1%、5% 和 10% 水平上显著，2014～2020 年、2021～2030 年分别按全要素生产率相对水平 0.43～0.5、0.5～0.6 划分。

资料来源：全要素生产率、人力资本和经济发展水平来自宾州大学国际比较项目，三方专利数来自经合组织，制度体系和治理能力的指标来自弗雷泽研究所。

---

① 针对所采用的估计方法，Wald 检验和 Hausman 检验的结果支持采用固定效应模型。

技术创新与人力资本交互影响始终显著。检验结果显示（见表1-12），2014~2020年和2021~2030年，技术创新与人力资本交互项的估计系数均显著为正，技术创新与人力资本的交互机制对全要素生产率的增长作用明显。此外，人力资本和技术创新单独影响全要素生产率也十分显著。这表明，鼓励技术创新、加大人力资本积累对提高全要素生产率有明显促进作用。

表1-12　技术创新与人力资本的交互机制

全要素生产率相对美国的水平	（1） 0.43~0.5 （2014~2020年）	（2） 0.43~0.5 （2014~2020年）	（3） 0.5~0.6 （2021~2030年）	（4） 0.5~0.6 （2021~2030年）
lntp	0.384 *** （0.119）	0.159 （0.106）	0.184 *** （0.044）	0.106 *** （0.034）
hc	0.711 *** （0.177）	0.817 *** （0.236）	0.090 * （0.049）	0.398 *** （0.052）
$yfrl$	0.144 *** （0.042）	0.148 *** （0.038）	0.067 *** （0.015）	0.038 *** （0.012）
$lspr$	0.023 （0.025）	0.032 * （0.018）	0.025 * （0.014）	0.010 （0.011）
$regulation$	0.077 *** （0.019）	0.031 ** （0.013）	0.031 *** （0.011）	0.016 * （0.008）
ln$percgdpe$	—	0.613 *** （0.083）	—	0.305 *** （0.037）
常数项	-1.349 *** （0.442）	-2.888 *** （0.351）	0.836 *** （0.167）	-0.853 *** （0.240）
国别因素	控制	控制	控制	控制
样本量	53	53	108	108
R^2	0.593	0.840	0.384	0.663

注：括号内是标准误差，***、**、*分别表示在1%、5%和10%水平上显著，2014~2020年、2021~2030年分别按全要素生产率相对水平0.43~0.5、0.5~0.6划分。

资料来源：全要素生产率、人力资本和经济发展水平来自宾州大学国际比较项目，三方专利数来自经合组织，制度体系和治理能力的指标来自弗雷泽研究所。

技术创新与制度体系和治理能力的交互机制在2014~2020年显著，2021~2030年不显著。表1-13中第（1）~（2）列的估计结果显著为正，表明在 2014～2020 年，技术创新与制度体系、治理能力的交互机制有助于推动全要素生产率的提高；表中第（3）～（4）列的估计结果并不显著，表明 2021～2030 年该机制的重要性有所下降。样本经济体的数据表明，前一个时期，完善制度体系和推进治理能力现代化会显著推动技术创新，促进全要素生产率的提高，到后一个时期，制度和治理相对完善后，制度和治理因素对技术创新的影响下降。

表 1－13　技术创新与制度体系和治理能力的交互机制

全要素生产率相对美国的水平	（1） 0.43～0.5 （2014～2020 年）	（2） 0.43～0.5 （2014～2020 年）	（3） 0.5～0.6 （2021～2030 年）	（5） 0.5～0.6 （2021～2030 年）
lntp	0.060 （0.333）	0.529 *** （0.182）	0.359 （0.263）	0.131 （0.211）
$lspr$	0.230 （0.163）	0.237 *** （0.085）	0.236 ** （0.099）	0.041 （0.080）
$regulation$	0.183 （0.144）	0.170 ** （0.076）	0.321 *** （0.120）	0.030 （0.099）
$yfzd$	0.010 （0.068）	0.099 ** （0.037）	0.040 （0.042）	0.028 （0.034）
$yfzl$	0.008 （0.059）	0.071 ** （0.032）	0.072 （0.045）	0.020 （0.037）
$zdzl$	0.048 * （0.026）	0.034 ** （0.014）	0.049 *** （0.018）	0.006 （0.015）
$yfzdzl$	0.002 （0.012）	0.014 ** （0.006）	0.009 （0.007）	0.004 （0.006）
hc	0.234 ** （0.108）	0.601 *** （0.106）	0.063 （0.050）	0.347 *** （0.066）
ln$percgdpe$	—	0.609 *** （0.065）		0.312 *** （0.041）
常数项	1.131 （0.868）	－ 1.973 *** （0.564）	2.308 *** （0.615）	－ 0.808 （0.624）
国别因素	控制	控制	控制	控制
样本量	53	53	108	108
R^2	0.576	0.887	0.403	0.656

注：括号内是标准误差，***、**、*分别表示在 1%、5% 和 10% 水平上显著，2014～2020 年、2021～2030 年分别按全要素生产率相对水平 0.43～0.5、0.5～0.6 划分。

资料来源：全要素生产率、人力资本和经济发展水平来自宾州大学国际比较项目，三方专利数来自经合组织，制度体系和治理能力的指标来自弗雷泽研究所。

人力资本与制度体系和治理能力的交互机制在 2014～2020 年显著，2021～2030 年不显著。表 1-14 中第（1）～（2）列的估计结果显著为正，且均通过 1% 显著性水平检验，但第（3）～（4）列的估计结果并不显著。样本经济体的数据表明，2014～2020 年，人力资本与制度体系和治理能力之间存在显著的交互机制，完善制度体系和推进治理现代化能明显提升人力资本和全要素生产率，而在 2021～2030 年，该机制的重要性下降。

表 1-14　人力资本与制度体系和治理能力的交互机制

全要素生产率相对美国的水平	（1） 0.43～0.5 （2014～2020 年）	（2） 0.43～0.5 （2014～2020 年）	（3） 0.5～0.6 （2021～2030 年）	（4） 0.5～0.6 （2021～2030 年）
hc	3.652 *** （1.096）	0.550 （0.664）	0.162 （0.815）	0.193 （0.660）
$lspr$	2.287 *** （0.639）	0.873 ** （0.368）	0.046 （0.341）	0.004 （0.276）
$regulation$	1.565 *** （0.507）	0.530 * （0.288）	0.030 （0.357）	0.173 （0.290）
$rlzd$	0.878 *** （0.228）	0.319 ** （0.134）	0.028 （0.136）	0.054 （0.110）
$rlzl$	0.617 *** （0.185）	0.201 * （0.107）	0.002 （0.135）	0.016 （0.110）
$zdzl$	0.410 *** （0.104）	0.176 *** （0.060）	0.021 （0.058）	0.015 （0.047）
$rlzdzl$	0.159 *** （0.037）	0.066 *** （0.022）	0.011 （0.022）	0.003 （0.018）
$\ln tp$	0.005 （0.016）	0.010 （0.008）	0.000 （0.010）	0.003 （0.008）
$\ln percgdpe$	—	0.404 *** （0.043）	—	0.296 *** （0.045）
常数项	-8.626 *** （3.036）	-4.451 ** （1.655）	1.373 （2.025）	-0.487 （1.665）
国别因素	控制	控制	控制	控制
样本量	53	53	108	108
R^2	0.823	0.953	0.516	0.686

注：括号内是标准误差，***、**、* 分别表示在 1%、5% 和 10% 水平上显著，2014～2020 年、2021～2030 年分别按全要素生产率相对水平 0.43～0.5、0.5～0.6 划分。

资料来源：全要素生产率、人力资本和经济发展水平来自宾州大学国际比较项目，三方专利数来自经合组织，制度体系和治理能力的指标来自弗雷泽研究所。

跨国实证分析发现以下两个问题。第一，技术创新、人力资本、制度体系和治理能力是影响全要素生产率的重要因素，对这些因素的改善将不同程度地提高全要素生产率。第二，影响全要素生产率的主要因素之间的交互作用机制确实存在，并且不同阶段这些交互作用的大小并不完全相同。2014～2020年，上述三个作用机制均能发挥作用，增加人力资本积累、鼓励技术创新、改善制度体系和治理能力都有助于促进全要素生产率的提高。2021～2030年，技术创新与人力资本的交互作用机制十分显著，而技术创新与制度体系和治理能力、人力资本与制度体系和治理能力的交互作用机制不显著，这表明至少到2030年前，持续地促进技术创新和积累人力资本对提升全要素生产率都有明显的促进作用。

需要注意的是，技术创新与制度体系和治理能力、人力资本与制度体系和治理能力的交互作用机制2020年前显著，2020年后不显著，揭示的是样本经济体技术创新、人力资本与制度体系和治理能力之间的交互机制随劳动生产率水平变化的特征。这一特征并不意味着我国在制度体系、治理能力方面什么都不做，也会"自动"地表现出样本经济体在全要素生产率相对水平为0.5（2020年）左右这一特征。恰恰相反，样本经济体的这一特征警示我们，要抓紧时间完善体制和治理，使技术创新、人力资本与制度和治理的这种交互作用显现出来，否则，我国全要素生产率与前沿国家的比值到2020年、2030年将不可能分别提高至0.5、0.6左右，相应的，劳动生产率也达不到预期水平。①

六 通过提升全要素生产率提高劳动生产率

全要素生产率对劳动生产率的重要性趋于提高，以及增长来源及其交

---

① 多数经济体全要素生产率与前沿国家差距缩小的进程与节奏表明，我国2016～2020年完善制度体系和治理能力对技术创新和人力资本积累具有明显促进作用，这一时间点正好与到2020年在重要领域和关键环节改革上取得决定性成果的改革进度要求相吻合。全要素生产率增长来源间交互作用的变动节奏与我国全面深化改革的进程安排的巧合，从一般规律角度说明了十八届三中全会所提出的到2020年要完成的改革任务的合理性与科学性，也表明要实现更高质量更有效率的中高速增长，如期完成改革任务的紧迫性和必要性。

互机制发生变化，都要求提高劳动生产率必须在不同时期采取更具针对性的对策。劳均资本既是劳动生产率增长的来源，也是缩小我国与发达经济体劳动生产率巨大差距的重要手段。要不断提高劳动生产率，需要在提升全要素生产率增长的同时增加劳均资本占有量。

（一）为提高生产率构建制度和治理基础

制度和治理在推动技术创新、促进资本形成中居于基础性地位。要尽快构建系统完备、科学规范、运行有效的制度体系，不断推进国家治理体系和治理能力现代化，完善生产率增长的制度和治理环境。

完善产权制度，实现产权有效激励。依法平等全面保护公私产权，实现有恒产者有恒心，激励创新创造，促进扩大再生产。强化知识产权创造、保护、运用，稳定创新收益预期。落实以公平为核心原则的产权保护制度，将国家有关"公有制经济财产权不可侵犯，非公有制经济财产权同样不可侵犯"的产权保护原则，体现为更高层次的法律规定，将合法私人财产与公共财产置于同等法律意义的保护地位，从制度层面防止公权力和内部人对产权的侵犯。坚持全面保护，更加重视保护知识产权和其他各种无形财产权。通过平等、全面、依法保护个人、家庭、企业的财产权，稳定长期发展预期，激励创新投入和资本积累，促进技术进步和资本存量的持续快速增长。

重点推进政府治理、市场治理和社会治理现代化，促进企业生产效率的提高。政治治理中的政府治理、经济治理中的市场治理以及社会治理直接影响企业生产效率，改革推进难度大，深化改革需要久久为功。建设法治政府，推进依法行政，严格规范公正文明执法。转变政府职能，深化简政放权，创新监管方式。继续推进"放、管、服"改革，可放可不放的坚决下放，不该政府管的事务坚决清理。凡是需要事中、事后监管的事项，明确监管主体、内容、责任，做到监管有权、有据、有责、有效、公开，避免监管过度和监管真空。全面实施市场准入负面清单制度，清理废除妨碍统一市场和公平竞争的各种规定，打破行政垄断，防止市场垄断，维护公平竞争秩序，有效发挥市场机制协调各类经济主体行为的功能。推动政府治理和社会自我调节、居民自治良性互动，促进社会自治和多元共治，实现社会秩序、社会活力和社会效率，打造共建共治共享的社会治理格局。以有效治理降低交易成本，通过外部效率内部化提高企业生产效率。

形成全面开放新格局，以开放促创新促竞争。按照加快建设开放型经济新体制的要求，形成面向全球的贸易、投融资、生产、服务网络，构建陆海内外联动、东西双向互济的开放格局。实行高水平的贸易和投资自由化便利化政策，全面实行准入前国民待遇加负面清单管理制度。加快放开育幼养老、建筑设计、会计审计、商贸物流、电子商务、一般制造业和服务业对外资准入限制和股比限制。扩大开放有利于保护消费者权益、有利于增强金融有序竞争、有利于防范金融风险的金融领域。有序推进资本项目开放，稳步推进人民币国际化。创新对外投资方式，促进国际产能合作。不断完善统一开放、公平竞争的市场环境，通过扩大开放促进产品和服务的市场份额向创新能力和生产率更高的企业转移，提高潜在进入者的生产率壁垒，提高行业整体生产率。

（二）不断提高研发效率

改变长期以来重资金轻人才、重单兵轻协同、重研发轻转化、重创新轻环境的状况，在调动研发人员的积极性、抓好协同创新、促进成果转化、完善创新环境上下功夫，不断提高研发投入产出效率。

优化研发投入结构，从重视资金投入向重视资金投入和人员激励并重转变。在资金投入上，避免多头管理、相互竞争造成地区和部门间低水平重复研发现状，国家科研管理机构要积极做好顶层设计、指导协调等工作，减少低层次重复浪费，从宏观上提高研发经费的使用效益。尊重科研活动特点和规律，改进科研项目资金管理。在人员激励上，改革和创新科研经费使用管理，促进形成充满活力、能有效调动科研人员积极性的激励机制。提高间接费用比重，加大绩效激励力度。适度放宽劳务费开支范围，放松比例限制。

加强不同创新主体间的联合研发，从单兵突进向协同创新转变。建立以企业为主体、市场为导向、产业化为目标，产学研深度融合的研发体系，鼓励企业与高校、科研机构联合研发，充分发挥各自的创新优势，提升研发效率。扩大开放，打破封闭，健全军民深度融合、国防技术联合研发转移机制，把目前只能由独立专业科研机构承担的军品研发活动，与民品研发机构、产业链和产业协作结合起来，以海洋、太空、网络空间、生物、新能源等军民共用性强的领域为重点，推进军民融合创新。

促进科技成果转化，从科技成果向现实生产力转变。积极营造科技成果转移转化的良好环境，落实《促进科技成果转化法》，健全科技成果市场化定价机制，推动创新成果转移转化。保护创新者的创新收益，给予社会创新致富、创新成名成家的预期。进一步完善科技成果处置、收益和分配政策，允许政府所属科研机构自主转让或作价投资等。

营造良好的科研创新环境，从主导向服务转变。围绕关键共性技术、前沿引领技术、现代工程技术、颠覆性技术创新，搭建科学技术基础设施和公共服务平台，提供必要的公共科学技术支持，帮助企业及时了解科技发展动态。推动创新要素向市场和企业集聚，优化创新资源配置，提升整体研发效率。在应对市场冲击、增加政府支出时，进一步加大创新扶持、成果转化和市场吸收的资金支持。

（三）持续积累人力资本

优先发展教育事业，实施健康中国战略，全面促进人力资本积累，充分发挥劳动者潜能，将人力资源优势转化为人力资本优势。

不断提高教育和健康水平，加快教育现代化。普及高中阶段教育，有条件的地区将义务教育向学前教育和高中教育延伸。高等教育要适应创新发展对更高人力资本质量的要求，加强中高端人才培养。完善职业教育和培训体系，职业教育既要培养应用型、技能型的熟练劳动者，也要注重培育学生的认知和学习能力，更好地帮助劳动者具备技术创新、产品创新、工艺创新、模式创新等方面的综合素质。医疗卫生领域要完善国民健康政策，为国民提供全方位全周期健康服务。深化医药卫生体制改革，增加公共财政对全民医疗保障体系的投入，增强健康服务供给适应需求变化的能力。支持社会办医，发展健康产业。

推进教育医疗资源均等化配置。明确义务教育、基本医疗的地方事权和地方政府财政支出责任，基层财政困难较大省份要明确和落实省、（地级）市、县三级地方政府财政分担责任，特殊困难地区中央财政给予必要的经费支持。制定并限期实现省内义务教育、基本医疗资源配置均等化标准。优先改善中西部和农村边远贫困地区学校及医疗机构的工作和生活条件，搞好教育信息化"三通两平台"建设和应用，推进全民医疗保障体系建设。推动城乡义务教育一体化发展。加强基层医疗卫生服务体系和全科医生队伍建设。持续推进教育医疗资源向农村、基层以及弱势人群倾斜，打破低收入群体人力资本的代际传递，提高人力资本投入的总体回报，利用人力资本规模收益递增特点，减慢物质资本规模收益递减节奏，促进生产率持续提升。

（四）全方位提高资本配置效率

深化投融资体制改革，发挥投资对优化供给侧结构的关键性作用，促进储蓄资源高效利用，提高国民财富积累效率，为劳动生产率增长提供有力支撑。

投资主体上，政府、国企和民企各归其位。一是政府投资向公益性和外部性领域集中，履行政府提供公共产品和矫正外部性的职能。二是国企投资向准公益性领域集中，体现国有资本全民所有属性，维护和增进公众利益。三是民间投资非禁即许，增强产业竞争力和国家竞争力。实现三类投资主体向各自优势领域集中，提高资本配置整体效率。

资金来源上，加强融资约束。严格约束企业过度包装上市、圈钱套现等不规范行为，改善长期存在的机构和企业合谋坑害中小投资者的股市债市环境，增强资本市场的投资吸引力，为提高企业直接融资比重创造良好的市场环境。加强国有商业银行和国企信贷约束，境内投资和对外投资都要严守商业、审慎原则。强化融资责任约束，减少低成本甚至无成本融资导致资本低效配置问题。

投资方式上，注重传统和新兴方式的适配性。公益性和准公益性领域，在用好直接投资、资本金注入、投资补助、贷款贴息等传统投资方式的基础上，总结近年来推动政府和社会资本合作的成功经验，尽快统一政策和规则，规范 PPP 管理。竞争性领域，用好投资补助、贷款贴息等传统投资方式的同时，积极探索并严格规范地方各类政府投资引导基金，通过政府与市场化机制的有机结合，提高运用公共资金实现公共目标的效果与能力。

过程监管上，严格依法管理投资和生产经营活动中的负外部性。从制度上约束企业在空间占用、能源资源消耗、污染物排放等方面的内部成本转化为社会成本的行为，减少因标准、产业政策执行不到位而频现严重产能过剩对资本配置效率的损害。加大自上而下的执法力度，控制区域性资源环境破坏的外溢效应。鼓励社会公众监督，严控以损害公众生活质量为代价的投资活动。通过完善体制、严格执法、加强监督，形成节约资源和保护环境的投资活动方式。

（五）引导储蓄顺利转化为资本

增强政策的前瞻性和稳定性，稳定市场预期，激发市场活力，为民间资本提供更多的投资机会，引导储蓄顺利地转化为资本。

增强政策的前瞻性和稳定性，引导企业获取长期收益。调整产业进入或退出标准要兼顾企业的投资回报周期[①]，保持产能、技术等标准的相对稳定性，避免转型升级政策频繁变动使企业进退失据甚至无所适从。对因政策变动给企业带来的损失应给予相应补偿，在考虑地方财力状况下合理划分中央地方政府补偿资金分担责任，确保补偿资金到位，解决好职工安置、资产债务处置等相关问题。以稳定、透明、可预期的政策环境引导企业获取长期收益，减少政策频繁变动导致企业难以安排长期投资，被迫在市场上博取短期收益、挣快钱的行为。

激发民间投资活力，发挥民间资本投融资约束相对健全的优势。一是

---

① 例如，在关闭小煤矿时，前些年要求关闭年产 10 万吨以下规模的煤矿，基层动员较大生产规模的煤企兼并 10 万吨以下煤矿的手续还未办完，关闭 20 万吨以下煤矿的政策又出来了，企业前期因兼并付出的成本等于白费。类似的结构调整政策频繁出现，部分民企只能选择观望。

继续将市场化程度较高且长期由国有资本垄断的石油、电力生产、电信、互联网、铁路和航空运输、金融、出版等竞争性领域，作为扩大民间投资的重点。二是通过政府和社会资本合作，在公益性、准公益性领域（包括增量和存量）广泛引进民间资本，拓宽民间资本发展空间。三是保持政策稳定性，稳定各种所有制经济平等竞争、共同发展的预期。四是发展中小金融机构、担保机构，扩大直接融资，缓解中小企业融资难题。

（六）发挥转型升级对提升生产率的综合效应

畅通中西部向境内中心市场、境外市场的交通运输通道，提高中西部地区交通运输的便捷性，吸引在东部地区失去比较优势的部分制造业向中西部地区转移，为农民就近进城务工提供就业岗位，推动中西部欠发达地区劳动力从农业转移到第二、第三产业，实现农业向非农产业的转型升级。同时，鼓励东部地区将失去比较优势的产业转移到发展水平较低的中西部地区，推动东部发达地区产业向产业价值链高端转型升级。通过并行地推动东部与内陆地区产业的转型升级，发挥欠发达地区较低成本优势，参与发展中国家的全球化竞争；在发达地区培育新优势，参与发达国家的全球化竞争。以产业转型升级推动全要素生产率和劳均资本增长，促进劳动生产率、劳均收入和人均收入不断提高。

参考文献

白重恩、张琼，2015，《中国生产率估计及其波动分解》，《世界经济》第12期。

白重恩、张琼，2014，《中国资本回报率及其影响因素分析》，《世界经济》第10期。

蔡禾，2015，《中国劳动力动态调查：2015年报告》，社会科学文献出版社。

戴维·W. 皮尔斯，1988，《现代经济学词典》，宋承先等译，上海译文出版社。

丁伯根，1988，《经济政策：原理与设计》，商务印书馆。

樊潇彦、袁志刚，2006，《我国宏观投资效率的定义与衡量：一个文献综述》，《南开经济研究》第1期。

高帆，2007，《中国劳动生产率的增长及其因素分解》，《经济理论与经济管理》第4期。

郭庆旺、贾俊雪，2005，《中国全要素生产率的估算：1979—2004》，《经济研究》

第 6 期。

马克思，2004，《资本论》（第一卷），人民出版社。

克拉克，2014，《财富的分配：关于工资、利息与利润的理论》，经济科学出版社。

克里斯·多尔蒂、戴尔·乔根森、吴伟等，1998，《经济增长源泉的国际比较》，《经济资料译丛》第 1 期。

李京文、D. 乔根森、郑友敬、黑田昌裕等，1993，《生产率与中美日经济增长研究》，中国社会科学出版社。

李延凯、韩廷春，2013，《金融环境演化下的金融发展与经济增长：一个国际经验》，《世界经济》第 8 期。

林毅夫、刘明兴，2004，《经济发展战略与中国的工业化》，《经济研究》第 7 期。

刘明康、陈永伟，2016，《中国的全要素生产率现状、问题和对策》，《比较》第 3 期。

马歇尔，1964，《经济学原理》，商务印书馆。

潘士远、金戈，2008，《发展战略、产业政策与产业结构变迁——中国的经验》，《世界经济文汇》第 1 期。

乔根森，2001，《生产率（第 2 卷）：经济增长的国际比较》，中国发展出版社。

乔根森，1989，《生产率与美国经济增长》，经济科学出版社。

曲玥，2016，《中国工业企业的生产率差异和配置效率损失》，《世界经济》第 12 期。

邵挺，2010，《金融错配、所有制结构与资本回报率：来自 1999~2007 年我国工业企业的研究》，《金融研究》第 9 期。

盛明泉、张敏、马黎珺、李昊，2012，《国有产权、预算软约束与资本结构动态调整》，《管理世界》第 3 期。

索洛，1987，《技术进步与总量生产函数》，《经济与统计评论》第 3 期。

投资研究所，2016，《促进经济中高速增长研究》，宏观院重点课题报告。

王志刚，2016，《跨国收入差异及全要素生产率增长的影响因素分析》，《财政研究》第 3 期。

伍晓鹰，2013，《测算和解读中国工业的全要素生产率》，《比较》第 6 期。

亚当·斯密，2009，《国富论》，上海三联书店。

张德霖，1993，《生产率理论分析与实证研究》，人民出版社。

张军、章元，2003，《资本存量 K 的再估计》，《经济研究》第 7 期。

张军，2010，《改革、转型与增长：观察与解释》，北京师范大学出版社。

Barro, R. J. 2000. "Inequality and Growth in a Panel of Countries." *Journal of Economic Growth* 5 (1): 5 - 32.

Barro, R. J. 1996. "Determinants of Economic Growth: A Cross-Country Empirical Study." National Bureau of Economic Research.

Chow, Gregory, C. 1993. "A Model of Chinese National Income Determination." *Journal of Political Economy*, pp. 782 - 792.

Fagerberg, J. 2000. "Technological Progress, Structural Change and Productivity Growth: A Comparative Study." *Structural Change and Economic Dynamics*11.

Mankiw, N. G., Romer, D. and Weil, D. N. 1992. "A Contribution to the Empirics of Economic Growth." *The Quarterly Journal of Economics* 107 (2): 407 – 437.

Syverson, Chad. 2011. "What Determines Productivity?" *Journal of Economic Literature* 49 (2), 326 – 365.

第二章 生产率理论进展及生产率的内在关联性

内容提要：生产率不断增长是人类社会进步的重要标志。本章系统梳理单要素（劳动、资本）生产率和全要素生产率的提出和研究进展，归纳介绍全要素生产率的度量方法，分析劳动生产率、资本生产率和全要素生产率的内在关系：一是提高劳动生产率可以通过加快资本深化和提高全要素生产率两个途径实现；二是资本生产率变动取决于劳均资本变动与全要素生产率变动的"净效应"；三是提升生产率的重点是提高全要素生产率，同时不断增加有效劳均资本。

经济增长的源泉有两个：一是投入要素数量的增长；二是投入要素利用效率的提高，也就是生产率的提高。"生产率"（productivity）一般指资源（包括人力、物力、财力资源等）开发利用的效率，它反映资源配置状况、生产手段的技术水平、劳动力素质等因素对生产活动的影响程度，是技术进步对经济发展作用的综合反映。在人类社会发展历史中，随着科学技术的不断进步，人类对自然界的驾驭能力不断增强，资源的种类和数量也在不断增长。然而，对任何一个经济体而言，与人们不断增长的需求相比，资源数量总是相对稀缺的，要通过经济持续增长满足人们不断增长的物质和精神生活的需要，就必须不断提高生产率。

一 从单要素生产率到全要素生产率

（一）早期生产率概念的提出与生产率理论的萌芽

生产率的研究最早可追溯到古希腊时代柏拉图的劳动分工理论、亚里士多德的使用价值和交换价值理论，以及迪加尔赫斯关于经济发展四阶段（游牧阶段、畜牧阶段、农业阶段和城市活动阶段）的理论。

欧洲文艺复兴时期，法国重商主义者蒙克来田，以及后来以配第和布阿吉尔贝尔等为代表的重农主义思想家，也都曾涉及了生产率问题。据美国迈阿密大学产业工程系生产率研究室主任 Sumanth（1984）博士考证，魁奈首次较规范地提出了生产率概念，论述了生产率对国民收入的重要作用。但作为重农学派的主要奠基人，他仅将劳动生产率的概念运用于农业生产领域，认为只有农业劳动才是生产劳动，而工业劳动和智力劳动都不是生产劳动，进而形成了囿于农业领域的狭隘生产率概念。尽管后来重商主义扩展了这一概念的外延，但并未消除对生产率概念的片面理解。

英国资产阶级古典政治经济学集大成者斯密（2009）摈弃了以往的劳动生产观，将生产率概念的外延扩展到了整个生产活动或生产领域，指出由社会分工带来的劳动生产率的提高是国民收入增长的主要源泉①。古典学派的另一位大师李嘉图（1817）在《政治经济学及赋税原理》一书中，建立起了以边沁功利主义为出发点、以劳动价值论为基础、以分配论为中心的理论体系，在这一理论体系中，生产率增长与国民财富增长的问题总体上沿袭了斯密的观点。

总的来说，这一时期的生产率概念及其理论，尚处于孕育和萌芽阶段，所讲的生产率基本上是指劳动生产率。其理论探索的轨迹基本上是以使用价值为线索，并在农业和工业生产领域内，从分工协作和国民财富源泉及增长两个方面展开。

（二）近代生产率理论发展与边际生产率繁衍

18 世纪末 19 世纪初，资产阶级庸俗政治经济学逐渐产生，并在 19 世纪 30 年代后，开始取代古典经济学，成为资产阶级经济学的主流。作为资产阶级庸俗政治经济学创始人的萨伊（2014）认为，劳动、资本和土地是

---

① "劳动生产率上的最大的增进，以及运用劳动时所表现的最大熟练、技巧和判断力，似乎都是分工的结果。"

一切社会生产所不可缺少的"三个要素"，这便是"生产三要素论"。在他看来，生产三要素在创造效用的过程中，各自提供了"生产性服务"，分别创造并获得相应的收入，工资、利息和地租就是分别取得劳动、资本和土地的生产性服务所付出的代价。这三项收入构成了创造效用的生产费用，确定了商品的价值，也形成了以"生产费用论"为基础的资产阶级庸俗的价值论。从这一价值论出发，劳动相对产出的大小便是劳动生产率，资本相对产出的大小便是资本生产率。

从 19 世纪 70 年代起，资产阶级庸俗经济学理论逐渐形成了以奥地利经济学家门格尔、庞巴维克和维塞尔的思想观点为代表（亦称奥地利学派）的边际效用价值论。庞巴维克提出，资本的物质生产率源于"迂回生产"。他假定迂回生产是生产性的，并服从收益递减规律。迂回可以延伸，直到来自生产过程的最后容许延长的边际生产率，等于为获得工人延长生产过程提供工资所需要资本必须支付的利率。但他的"迂回生产"概念及对资本的物质生产率没有明确的度量的做法，一度引起了人们的争议。

德国经济学家杜能（1986）在《孤立国同农业和国民经济的关系》一书中，首次提出边际生产率概念，并把它应用于生产和分配领域，但他并没有明确这一概念的含义。19 世纪末，美国著名经济学家克拉克（2014）在其成名作《财富的分配》中宣称，在市场完全竞争环境下，生产要素的边际生产率决定其边际收入，生产要素的边际生产率不仅赋予了生产要素所有者获得收入的权利，也决定了收入的高低。英国著名经济学家马歇尔（1964）在其代表作《经济学原理》中，将供求论、生产费用论、边际效用论和边际生产率论等融合在一起，构成了一个折中主义的完整的庸俗经济学体系。从均衡价格论出发，他认为生产要素所有者所获得的报酬，不仅受生产要素边际生产率之类的需求方面的影响，供给成本之类的供给方面的因素也会影响生产要素的收入水平。

总之，近代生产率理论的发展脉络，基本上是以生产费用论、边际效用论等庸俗价值论为基础和前提，以边际生产率论为内容和特征，以收入分配论为核心，以维护资本主义制度为目的。边际生产率论不仅构成了这一时期生产率理论的主流，而且也对后来的生产率理论的研究产生了根深蒂固的影响。

二 全要素生产率的提出与研究进展

（一）全要素生产率理论的演进

从 20 世纪开始，生产率概念逐渐规范化，其学术活动更加国际化，生产率理论也日益系统化，并最终演变为当代的全要素生产率（Total Factor Productivity，TFP）理论。

20 世纪 20 年代，柯布－道格拉斯生产函数（Cobb－Douglas Production Function）的提出标志着对生产率的研究从定性研究阶段步入定量研究阶段。美国经济学界普遍认为最早提出全要素生产率问题的是首届诺贝尔经济学奖获得者丁伯根，1942 年他通过在生产函数中加入一个时间趋势项，研究了全要素生产率的变动过程，但他提出的全要素生产率只包括劳动与资本的投入，而没有考虑诸如研究与发展、教育与训练等无形要素的投入（丁伯根，1988）。Stigler（1947）首次测算了制造业的全要素生产率。大约在同一时期，巴顿和库珀研究了农业的全要素生产率（李京文、D. 乔根森、郑友敬、黑田昌裕等，1993）。

Davis 认为产业部门的生产率将随着该部门产出所耗资源的变化而变化。按照产品和投入的不同，采用不同的单位来测算生产率。为了解决加总的困难，必须用美元价值作为度量投入与产出的单位，考虑到美元的价值将随时间而变化，有必要引进折算系数，使各个时间的美元价值可以直接比较。他还测算了一个单位周期内的生产率与不同单位周期的生产率，前者称为静态测算，后者乃是动态比较，强调生产率的变化。最后，他指出全要素生产率应包括所有的投入要素，即包括劳动力、资本、原材料和能源等，并首次明确了全要素生产率的内涵，被经济学界推崇为全要素生产率的鼻祖。

随后，Fabricant 进一步发展了生产率理论。他认为生产率是在经济历史、经济分析和经济政策中被广泛使用的各种以经验数据为依据的投入与产出的比率。因此，生产率是对劳动效率的一种度量，由于环境不同，劳动将呈现多样性；生产率的测算要反映生产过程中各种资源（劳动和资本）利用方式的效率；就其实质来说，生产率反映了实际工资的变化趋势，是决定资源需求的主要因素之一。他建议在平均或边际价值水平上考察生产率，并指出全要素生产率的重要性在于涵盖了劳动生产率和资本生产率。

另一位美国经济学家肯德里克在 1951 年美国的收入与财富研究会议上进一步明确和丰富了全要素生产率的概念。肯德里克（1961）在《美国生产率趋势》一书中指出，生产率是产出与投入的比率，本质上反映了人类自身摆脱贫困的能力或努力。后来，肯德里克（1973）继续发展了他的理论，并专门研究了二战后美国的生产率变化。他认为，产出量与单一投入量（例如劳动或资本）之比，只能是"局部生产率"，不能全面反映生产效率。因为投入要素的总量变化和投入要素的结构变化都将影响生产效率。因而，只有把产出量与全部要素投入的数量及其构成联系起来考察，才能真正把握生产效率的全部变化，这二者的比率才是全要素生产率。由此可见，全要素生产率可以用实际产出量与实际有形要素的投入成本之间的关系来解释，从而可以运用国民收入与产出核算直接进行测算。

定量方法测算全要素生产率的先驱 Solow（1957）在《技术进步与总量生产函数》一文中，统一了生产的经济理论，拟合了生产函数的计量经济方法，并首次将技术进步纳入经济增长模型，进而建立了全要素生产率增长率的可操作模型，从数量上确定了产出增长率、全要素生产率增长率和劳动要素、资本要素增长率的投入产出之间的联系，建立了著名的索洛模型。按照索洛模型，全要素生产率等于产出减去投入，即全要素生产率的增长率是产出增长率中无法被劳动和资本增长率所解释的部分（后被称为"索洛余值"）。他认为产生这部分"余值"的原因在于技术进步。

此后，Denison（1967）在研究美国经济增长问题时对生产率的计量问题也作了突破性的探讨。他针对全要素生产率增长率无法直接计算这一问题，发展了"索洛余值"的测算方法。他从索洛模型出发，把全要素生产率增长率定义为产出增长率扣除各生产要素投入增长率后的"余值"。其主要思路是将投入要素进行详细分类，并对不同类型的投入要素赋以不同的权重，然后利用这些权重将不同的投入要素进行加权得到总投入，最后从总产出增长率中扣除总投入增长率的"余值"作为对全要素生产率增长率的计量。从表面上看，索洛模型和丹尼森模型没有什么区别，本质上却反映了截然不同的经济关系：前者着眼于解释产出增长率，后者旨在测算全要素生产率增长率（李京文、D. 乔根森、郑友敬、黑田昌裕等，1993）。

进入 20 世纪 70 年代以后，在生产率理论与方法前沿独领风骚的是美国经济学家 Jorgenson。他在全要素生产率研究问题上有两大贡献：一是采用超越对数生产函数的形式，在部门和总量两个层次上对全要素生产率进行了测算；二是为了保证产出和投入数量的精确计量，他将总产出、资本投入与劳动投入进行了细致分解。Jorgenson（1967）在发表的《生产率变化的解释》一书中，将劳动力按行业、性别、年龄、受教育程度、就业类别和职业 6 个特征进行交叉分类，并认为劳动投入的增长是工作小时数和劳动质量这两个要素变动的总和。Jorgenson（1988）根据自己的研究方法和投入产出数据，对美国的经济增长进行研究，得出了人力资本和非人力资本投入是经济增长的主要根源，而生产率的作用并不显著的结论。他的研究进一步深化了生产率理论和计量方法，为后来的研究开拓了思路和视角。

各国经济学家结合本国特点对生产率理念与计量方法进行了发展。例如，法国经济学家福拉斯蒂叶把生产率定义为"产出量除以要素中其中一个所得的商"，由此得出劳动生产率、资本生产率、投资生产率和原材料生产率等（张德霖，1993）。英国经济学家布朗和亨利研究了西方资本主义国家的工资、利润和生产率问题（马克·布劳格、保罗·斯特奇斯，1987）。日本经济学家筱原三代平在研究产业问题时，发展了克拉克定理和霍夫曼定理关于产业动态的描述，并提出了著名的"筱原两基准"：收入弹性基准和生产率增长率基准。另一位日本经济学家黑泽—清曾对"生产率概念和测定结构""生产率的测定及其指数分析法"等问题进行了深入研究。

需要指出的是，上述经济学家研究生产率时大多以总体经济为研究对象，但他们的研究仍有区别。例如，肯德里克、休曼瑟等人侧重于生产率本身变化规律的研究；丹尼森、库兹涅茨等人从经济增长的角度来研究生产率；乔根森、戈洛普等人立足于技术进步来研究生产率；筱原三代平、鲍莫尔①等人侧重于从产业结构的角度来研究生产率；舒尔茨、刘易斯、钱纳里、迈因特等人致力于从发展中国家经济发展的视角探讨生产率；还有许多学者从工资、价格、通货膨胀、资本积累和人口等与生产率的相互关系中研究生产率，如哈耶克、埃克斯坦、拉齐尔、梅尔曼、温斯顿、切斯特等。当然，这并不是说这些经济学家们在研究生产率问题时，彼此隔绝，研究方法截然不同，而是指他们在研究生产率及其相关因素时的视角、前提和方法等方面的差异，明确这些差异有助于我们更准确地理解他们的观点，更准确地把握生产率理论的发展脉络（张德霖，1993）（见图2-1）。

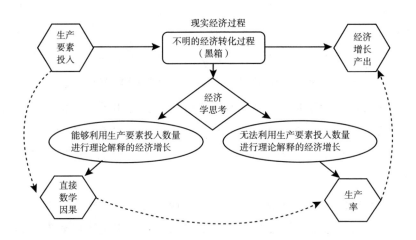

图2-1 经济增长的投入产出问题与生产率概念的产生

（二）全要素生产率的计量方法

从定量角度测算全要素生产率（TFP）的方法可归结为两大类：一类是增长会计法（Growth Accounting Approach），另一类是经济计量法。增长

---

① 鲍莫尔（William J. Baumol）是美国经济学家，他是第一个提出工业结构内部决定的完整理论的经济学家，发展了不同经济部门中生产率增长不平衡模型。

会计法以新古典增长理论为基础，估算过程相对简便，考虑因素较少，主要缺点是假设约束较强，也较为粗糙；而经济计量法利用各种经济计量模型估算全要素生产率，较为全面地考虑各种因素的影响，但估算过程较为复杂（郭庆旺、贾俊雪，2005）。

1. 增长会计法

增长会计法的基本思路是以新古典增长理论为基础，将经济增长中要素投入贡献剔除，从而得到全要素生产率增长的估算值，其本质是一种指数方法。按照指数的不同构造方式，可分为代数指数法和几何指数法（也称索洛余值法）。

（1）代数指数法（Arithmetic Index Number Approach，AIN）。代数指数法最早由艾布拉姆威兹提出，其基本思想是把全要素生产率表示为产出数量指数与所有投入要素加权指数的比率。

假设商品价格为P_t，数量为Q_t，则总产出为P_tQ_t。生产中资本投入为K_t，劳动投入为L_t，资本价格即利率为r_t，工资率为w_t，则总成本为$r_t K_t + w_t L_t$，在完全竞争和规模收益不变假设下，总产出等于总成本，即：

$$P_t Q_t = r_t K_t + w_t L_t \tag{1}$$

但由于技术进步等因素的影响，（1）式往往不成立，可将（1）式改写为：

$$P_0 Q_0 = TFP_t(r_0 K_t + w_0 L_t) \tag{2}$$

其中，r_0、w_0和P_0为基年利率、工资和价格。参数TFP_t为全要素生产率，反映技术进步等因素对产出的影响。由（2）式可得：

$$TFP_t = \frac{P_0 Q_0}{r_0 K_t + w_0 L_t} \tag{3}$$

（3）式就是全要素生产率的代数指数公式。后来，经济学家们又提出各种全要素生产率代数指数，它们的形式虽不同，但基本思想是一样的。

代数指数法很直观地体现出全要素生产率的内涵，但缺陷也十分明显，主要体现在它虽然没有明确设定生产函数，但暗含着资本和劳动力之间完全可替代，且边际生产率是恒定的，这显然缺乏合理性。所以这更多的是一种概念化方法，并不适用于具体实证分析。

（2）索洛余值法（SR）。索洛余值法最早由 Solow（1957）提出，基本思路是估算出总量生产函数后，采用产出增长率扣除各投入要素增长率后的"余值"来度量全要素生产率增长，故也称生产函数法。在规模收益不变和希克斯中性技术假设下，全要素生产率增长就等于技术进步率。

总量生产函数为：

$$Y_t = A(t)F(X_t) \tag{4}$$

其中，Y_t 为产出，X_t（$= x_{1t}, \cdots, x_{nt}$）为要素投入向量，x_{nt} 为第 n 种投入要素。假设 $A(t)$ 为希克斯中性技术系数，意味着技术进步不影响投入要素之间的边际替代率。进一步，假设 $F(\cdot)$ 为一次齐次函数，即所有投入要素都是规模收益不变的。（4）式两边同时对时间 t 求导，并同除以（4）式有：

$$\frac{\dot{Y}_t}{Y_t} = \frac{\dot{A}}{A} + \sum_{n=1}^{N} \delta_n \left(\frac{\dot{x}_{n,t}}{x_{n,t}}\right) \tag{5}$$

其中，$\delta_n = \left(\dfrac{\partial Y_t}{\partial x_{n,t}}\right)\left(\dfrac{x_{n,t}}{Y_t}\right)$ 为各投入要素的产出份额。由（5）式有：

$$\frac{\dot{A}}{A} = \frac{\dot{Y}_t}{Y_t} - \sum_{n=1}^{N} \delta_n \left(\frac{\dot{x}_{n,t}}{x_{n,t}}\right) \tag{6}$$

（6）式就是全要素生产率增长的索洛余值公式，本质上是一个几何指数。各投入要素的产出份额 δ_n 往往需要通过估算总量生产函数加以测算。具体估算中，常采用两要素（资本[①]和劳动力）的 $C-D$ 生产函数，运用 OLS 方法，可以估计出平均资本产出份额和平均劳动力产出份额，带入（6）式可以得到全要素生产率增长率。

[①] 这里的资本是指资本存量，其测算公式为 $K_t = I_t/P_t + (1-\delta_t)K_{t-1}$，其中 K_t 为 t 年的实际资本存量，K_{t-1} 为 $t-1$ 年的实际资本存量，P_t 为固定资产投资价格指数，I_t 为 t 年的名义投资，δ_t 为 t 年的固定资产折旧率。

索洛余值法开创了经济增长源泉分析的先河，对新古典增长理论做出了重要贡献。但它也存在一些明显缺陷：索洛余值法建立在新古典假设即完全竞争、规模收益不变和希克斯中性技术基础上，这些约束条件很强，往往难以满足。具体估算中，由于资本价格难以准确确定，所以利用资本存量来代替资本服务，忽略了新旧资本设备生产效率的差异以及能力实现的影响。此外，索洛余值法用所谓的"余值"来度量全要素生产率，无法剔除测算误差的影响。上述这些因素都不可避免地导致全要素生产率的估算偏差。[①]

2. 经济计量法

由于增长会计法存在较多缺陷，后人提出很多经济计量方法，以期借助各种经济计量模型和计量工具准确地估算出全要素生产率。本书主要比较两种计量方法，即隐性变量法和潜在产出法。

（1）隐性变量法（Latent Variable Approach，LV）。隐性变量法的基本思路是，将全要素生产率视为一个隐性变量即未观测变量，从而借助状态空间模型（State Space Model）利用极大似然估计给出全要素生产率估算。

具体估算中，为了避免出现伪回归，需要进行模型设定检验，包括数据平稳性检验和协整检验。平稳性检验和协整检验的方法很多，常见的有ADF单位根检验和JJ协整检验。由于产出、劳动力和资本存量数据的趋势成分通常是单位根过程且三者之间不存在协整关系，所以往往利用产出、劳动力和资本存量的一阶差分序列来建立回归方程。采用C-D生产函数，且假设规模收益不变，则有如下观测方程：

$$\Delta \ln(Y_t) = \Delta \ln(TFP_t) + \alpha \Delta \ln(K_t) + (1 - \alpha)\Delta \ln(L_t) + \varepsilon_t \tag{7}$$

其中，$\Delta \ln(TFP_t)$为全要素生产率增长率，假设其为一个隐性变量，且遵循一阶自回归即AR（1）过程，则有如下状态方程：

$$\Delta \ln(TFP_t) = \rho \Delta \ln(TFP_{t-1}) + \varphi_t \tag{8}$$

[①]　易纲、樊纲和李岩较为详细地论述了索洛余值法估算全要素生产率时存在的理论缺陷。周方则认为索洛余值法存在原理性错误。

其中，ρ 为自回归系数，满足 $|\rho| < 1$，φ_t 为白噪声。利用状态空间模型，通过极大似然估计同时估算出观测方程（7）和状态方程（8），从而得到全要素生产率增长的估算值。

隐性变量法的最大优点在于，不再将全要素生产率视为残差，而是将其视为一个独立的状态变量，将全要素生产率从残差中分离出来，剔除掉一些测算误差对全要素生产率估算的影响。同时，在具体估算时，还充分考虑了数据非平稳性带来的伪回归问题（郭庆旺、贾俊雪，2005）。

（2）潜在产出法[①]（Potential Output Approach，PO）。索洛余值法和隐性变量法在估算全要素生产率时，都暗含着一个重要的假设即认为经济资源得到充分利用，全要素生产率增长就等于技术进步率。换言之，这两种方法在估算全要素生产率时，都忽略了全要素生产率增长的另一个重要组成部分——能力实现改善即技术效率提升的影响。

潜在产出法也称边界生产函数法（Frontier Production Function），这一方法正是基于上述考虑提出的，其基本思路是遵循法雷尔的思想，将经济增长归为要素投入增长、技术进步和技术效率提升三部分，全要素生产率增长就等于技术进步率与技术效率之和；估算出技术效率和技术进步率，便给出全要素生产率增长率。

设 $R_{y,t}$ 为产出增长率，$R_{TP,t}$ 为技术进步率，CR_t 为技术效率，$R_{yx,t}$ 为要素投入增长所带来的产出增长率，$R_{TFP,t}$ 为全要素生产率增长率，则有：

$$R_{y,t} = R_{TP,t} + \Delta CR_t + R_{yx,t} \tag{9}$$

全要素生产率增长率等于技术进步率与技术效率之和，即：

---

① 潜在产出法可分为两类。一是参数随机边界分析（Stochastic Frontier Analysis，SFA），其中较为流行的方法为 Hildreth and Houck 的随机系数面板模型（Random Coefficient Panel Model），这类方法可以很好地处理度量误差，但需要给出生产函数形式和分布的明确假设，对于样本量较少的实证研究而言，存在较大问题。二是非参数数据包络分析（Data Envelopment Analysis，DEA），这种方法直接利用线性优化给出边界生产函数与距离函数的估算；无须对生产函数形式和分布做出假设，从而避免了较强的理论约束。但这两类方法只适合于面板数据，并不能单独估算出某一主体的全要素生产率增长。

$$R_{TFP,t} = R_{TP,t} + \Delta CR_t \qquad (10)$$

技术效率CR_t测度了现有生产能力的利用程度，反映了现实经济的生产技术效率，通常利用产出缺口来度量。产出缺口的估算方法很多，目前较为流行的是 HP 滤波，它是通过最小化（T 为样本期）从而将现实产出的自然对数$\ln Y_t$分解为趋势成分（即潜在产出的自然对数 $\ln Y_t^*$）和周期性成分（即产出缺口$\ln Y_t - \ln Y_t^*$）：

$$\sum_{t=1}^{T} (\ln Y_t - \ln Y_t^*)^2 + \lambda \sum_{t=2}^{T-1} [(\ln Y_{t+1}^* - \ln Y_t^*) - (\ln Y_t^* - \ln Y_{t-1}^*)]^2 \qquad (11)$$

如前所述，索洛余值法和隐性变量法估算的全要素生产率增长率就等于技术进步率，鉴于索洛余值法较为粗糙，我们利用隐性变量法估算的全要素生产率增长率作为技术进步率R_{TP}，这样利用公式（10）便得到全要素生产率的估算。

潜在产出法最大的优点在于，全面考虑了技术进步和技术效率对全要素生产率增长的影响，且借助这种方法可以更全面地分析经济增长源泉。但它的缺点也很明显，主要体现在它是建立在产出缺口估算基础上，而无论用何种方法估算产出缺口，都会存在估算误差，从而导致全要素生产率增长率估算偏差。

三　三个生产率的内在关系

（一）概念界定

1. 劳动生产率

从上述劳动生产率的提出和发展不难发现，劳动生产率为劳动的生产效率，其反映的不是生产要素中个别部分的效率或效能，而是全部生产要素的生产效率，既包括主体人的因素，也包括客观事物的因素。

在劳动生产率的定义中，"劳动"一度成为学界讨论的热点，存在争议的问题是该"劳动"是仅指活劳动，还是包括物化劳动在内。宫希魁（1984）认为，实际上劳动生产率的含义并不是一个唯一层次的简单规定，而是一个多层次的结构系统，包括劳动的社会生产力、劳动的机器生产率和劳动的自然生产率。劳动生产率按照其行为主体可以分为个别生产率、部门生产率、社会劳动生产率。它们均属于具体劳动的生产率，各有自己确定的含义和具体表示形式，在选择应用时应视情况而定。

劳动生产率的基本计算方法为产品生产量/劳动消耗量。产品生产量有实物量形式和价值量形式，在计算单个产品的劳动生产率时，这两种形式都适用，但在计算生产多种产品的劳动生产率时只能用价值量的形式。在价值量衡量中又涉及净产值或总产值问题。劳动消耗量有不同范围：可用活劳动和物化劳动的总和来表示，但由于物化劳动衡量存在困难，一般在实际计算中，只用实际消耗的活劳动来计算。劳动消耗量也有实物量与价值量两种计量方式，传统上一般用实物量（人时）来表示劳动投入，据此计算出来的劳动生产率表示每个劳动者在一定时间内创造的价值，它与劳动者的文化程度、劳动熟练程度、劳动技能和性别等有很大关系，反映劳动者素质的差异。也有学者如张金昌（2002）用价值量（元）来衡量劳动投入，该方法的计算结果表示单位劳动价值量投入得到的劳动增加值，反映单位劳动成本产出量的大小。

2. 资本生产率

资本生产率是指一定时期内单位资本创造的产出，反映了单位资本的产出能力，单位资本产出越高，资本生产率就越高。与劳动生产率一样，资本生产率的差异对于解释不同国家之间人均 GDP 的差异也起着重要作用。一个国家对资本利用的好坏决定着居民储蓄的报酬（蒋长流，2007）。作为一种简化，资本生产率也用边际资本－产出比来替代。

资本相对于产出增长的速度表现为资本的边际效率或者资本的边际生产率。基于统计指标的选取直观而易获得，作为一种简化，现有文献中讨论资本生产效率时常常用边际资本－产出比（Incremental Capital-Output Ratio, ICOR）来衡量。根据定义，资本的边际生产率是资本存量的边际产量（dY/dK），即产出的增量与资本存量变动的比（张军，2010）。因此，资本的边际生产率可用 GDP 的增量与资本增量（$dGDP/dK$）来表示。显然，边际资本 – 产出比是资本的边际生产率（$dGDP/dK$）的倒数，即 $ICOR = dK/dGDP$。

3. 全要素生产率

现实生产过程通常需要同时使用多种生产要素（如劳动和资本）。当资本可以替代劳动（即增加资本的投入而减少劳动的投入）并生产出和原来一样多的产品时，劳动生产率将会因为劳动投入的减少而提高，而资本生产率却由于资本投入的增加而降低。在这种情况下，单要素生产率（Single Factor Productivity）并不是一个很好地反映生产率变动的指标（张军，2010）。人们通常使用全要素生产率（TFP）及其变动来度量一个国家（地区、行业、企业）的生产率水平和生产率的变化。

与单要素生产率不同，全要素生产率是指总产出与综合要素投入之比。所谓综合要素投入是所有要素投入的加权平均。假设某生产过程中只有劳动（L）和资本（K）两种投入要素，则其综合要素投入可以写成如下形式：

$$X = L^{\alpha} K^{\beta} \tag{12}$$

其中，α 和 β 分别为劳动和资本的产出弹性，即 $\alpha + \beta = 1$。若产出为 Y，则按照上述定义所得到的全要素生产率为：

$$TFP = Y/X = Y/(L^{\alpha} K^{\beta}) \tag{13}$$

对（16）式求全微分并整理，得到：

$$\frac{\mathrm{d}(TFP)}{TFP} = \frac{\mathrm{d}Y}{Y} - \alpha \frac{\mathrm{d}L}{L} - \beta \frac{\mathrm{d}K}{K} \tag{14}$$

分别用 tfp、y、l 和 k 来代表 TFP、Y、L 和 K 的增长率，则有：

$$tfp = y - \alpha\, l - \beta\, k = \alpha(y - l) + \beta(y - k) \tag{15}$$

根据定义，$\alpha\, l$ 和 $\beta\, k$ 分别是劳动和资本的产出弹性，代表的是劳动和资本的增长所带来的产出增长。因此，全要素生产率的增长体现的是要素投入的增长所不能解释的那部分产出的增长，通常把它解释为技术的进步。由于索洛对总量生产函数和全要素生产率的理论做出了开创性贡献，一般又把 TFP 称为"索洛余值"。[①] 由（15）式可以看出，全要素生产率的变化实际上是各个单要素生产率变化的加权平均。

（二）内在关系

根据以上定义，我们对劳动生产率和资本生产率进行分解。假定总量生产函数为柯布－道格拉斯形式：

$$Y = A K^{\alpha} L^{1-\alpha} \tag{16}$$

其中，Y 是总产出，A 为全要素生产率，K 表示资本存量，L 表示劳动，α 代表资本的产出弹性，$0 < \alpha < 1$。

简单变换后，可以得到劳动生产率和资本生产率的表达式：

$$y_L = \frac{Y}{L} = A \times \left(\frac{K}{L} \right)^{\alpha} = A k^{\alpha} \tag{17}$$

$$y_K = \frac{Y}{K} = A \times \left(\frac{K}{L} \right)^{-(1-\alpha)} = A k^{-(1-\alpha)} \tag{18}$$

其中，y_L、y_K 分别表示劳动生产率和资本生产率，k 是劳均资本存量。

分别对（17）式、（18）式进行全微分，可以得到劳动生产率和资本生产率增长率的分解形式：

$$\frac{\Delta y_L}{y_L} = \frac{\Delta A}{A} + \alpha \frac{\Delta k}{k} \tag{19}$$

$$\frac{\Delta y_K}{y_K} = \frac{\Delta A}{A} - (1-\alpha) \frac{\Delta k}{k} \tag{20}$$

[①] 有的学者认为，索洛余值"测量了我们在经济增长源泉中无法全部解释和分析的因素"，它不仅包含依赖创新推动的技术进步、通过模仿学习获得的技术进步以及技术效率提升，还包含了一系列未知的复杂因素，如数据测量误差、模型变量遗漏、模型设定偏误、经济周期波动的干扰等。然而，Jorgenson 和 Griliches（1967）却认为，索洛余值不过是投入要素不恰当测量所造成的结果，如果投入要素被正确测量，索洛剩余则不复存在。可见，即便从索洛余值的角度来界定全要素生产率，学术界对其内涵和外延也未能达成一致认识。

　　根据以上公式推演，我们可以将劳动生产率、资本生产率和全要素生产率三者的内在关系用一个简单的流程图来表示（见图 2 - 2）。

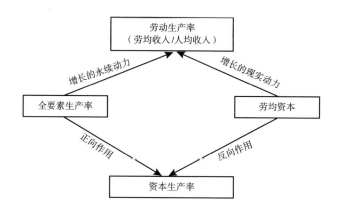

图 2 - 2　三个生产率的内在关系

　　从上述公式和图 2 - 2 不难对三个生产率的关系得出如下结论。

　　一是劳动生产率增长率取决于劳均资本（资本深化）的增长率（$\Delta k/k$）和全要素生产率的增长率（$\Delta A/A$），与两者呈正相关。提高劳动生产率增长率可以通过加快资本深化速度和提高全要素生产率增长率两个途径实现，但过度依赖加快资本积累来提高劳均资本存量会遇到边际资本产出递减的问题。因此，从经济持续增长角度看，提高全要素生产率比加快资本深化更重要。

　　二是资本生产率增长率也取决于劳均资本（资本深化）的增长率和全要素生产率的增长率，与全要素生产率的增长率呈正相关，与劳均资本的增长率呈负相关。当劳均资本的增速保持不变时，全要素生产率的增长将全部转化为资本生产率的提高，即资本生产率的提高等价于技术或者效率的改善。但现实经济中，资本积累和资本深化推动了劳均资本存量的不断提高，导致资本生产率呈反向变动。因此，资本生产率变动取决于劳均资本变动与全要素生产率变动的"净效应"。

　　三是全要素生产率是劳动生产率持续增长的持久动力，劳均资本则是劳动生产率增长的现实重要动力。考虑到我国现在和未来相当长时期内劳动生产率增长来源，提升生产率的重点是提高全要素生产率，同时不断增加有效劳均资本。

参考文献

肯德里克，1961，《美国生产率趋势》，普林斯顿大学出版社。

肯德里克，1973，《战后美国生产率趋势》，国家经济研究局出版社。

马克·布劳格、保罗·斯特奇斯，1987，《世界重要经济学家辞典》，经济科学出版社。

郭庆旺、贾俊雪，2005，《中国全要素生产率的估算：1979—2004》，《经济研究》第 6 期。

宫希魁，1984，《劳动生产率多层次涵义分析》，《学习与探索》第 5 期。

蒋长流，2007，《中国经济高增长时期资本深化与资本生产率变动研究》，华中科技大学博士学位论文。

马歇尔，1964，《经济学原理》，商务印书馆。

约翰·冯·杜能，1986，《孤立国同农业和国民经济的关系》，商务印书馆。

丁伯根，1988，《经济政策：原理与设计》，商务印书馆。

戴维·W. 皮尔斯，1988，《现代经济学词典》，宋承先等译，上海译文出版社。

张德霖，1993，《生产率理论分析与实证研究》，人民出版社。

李京文、D. 乔根森、郑友敬、黑田昌裕等，1993，《生产率与中美日经济增长研究》，中国社会科学出版社。

亚当·斯密，2009，《国富论》，上海三联书店。

张军，2010，《改革、转型与增长：观察与解释》，北京师范大学出版社。

傅东平，2011，《中国生产率的变化及其影响因素研究》，华中科技大学出版社。

让·巴蒂斯特·萨伊，2014，《政治经济学概论》，华夏出版社。

J. B. 克拉克，2014，《财富的分配：关于工资、利息与利润的理论》，经济科学出版社。

张金昌，2002，《中国的劳动生产率：是高还是低？——兼论劳动生产率的计算方法》，《中国工业经济》第 4 期。

D. W. Jorgenson, Z. Griliches. 1967. "The Explanation of Productivity Change." *Review of Economic Studies*34（3）：249－283.

D. W. Jorgenson. 1988. "Productivity and Postwar U. S. Economic Growth." *Journal of Economic Perspectives*2（4）：23－41.

David J. Sumanth. 1984. *Productivity Engineering and Management*. McGraw-Hill Book Company, p. 3.

E. F. Denison. 1967. "Why Growth Rates Differ: Post-war Experience in Nine Western Countries?" *Washington Brookings Institution*.

George J. Stigler. 1947. *Trends in Output and Employment*. New York：NBER.

R. M. Solow. 1957. "Technical Change and the Aggregate Production Function." *Review of Economics and Statistics*39（3）：312－320.

第三章 我国劳动生产率变动及结构特征

内容提要：在全要素生产率和劳均资本推动下，我国劳动生产率呈长期不断上升趋势，但 2008 年国际金融危机以来增速有所放缓。从产业看，按产业结构变化分解，劳动生产率的提升主要受鲍莫尔效应和纯生产率效应的影响，贡献率分别为 51.63%、45.82%。从地区看，东部沿海地区的劳动生产率增长要快于中西部内陆地区；地区间劳动生产率水平差距呈扩大趋势，但增速差距逐步收敛，条件收敛现象在东部沿海地区十分明显，促进收敛的因素主要是资本形成、工业化城镇化、政府和国企改革、对外开放、科技进步、市场化、基础设施完善等。从所有制看，劳动生产率水平从高到低依次为外资企业、国有企业、私营企业、集体企业、港澳台企业，内资企业的劳动生产率增长速度要明显快于外资企业，其中又以国有企业和私营企业两者的改善幅度最大；不同所有制劳动生产率存在高低差异的原因是，国有企业集中于劳动生产率较高的能源类和公用事业类行业，外资企业则以高附加值的成品和半成品类的子行业为主，而私营企业主要分布于竞争性较强的成品和半成品类与基础材料类的子行业。同一行业，外资企业劳动生产率总体上要比内资企业高，且生产率分布更为均衡；国有企业劳动生产率两极分化较严重，低效率的国有企业数量较多。

《国民经济和社会发展第十三个五年规划纲要》首次提出我国"十三五"时期"全员劳动生产率"年均增速要高于 6.6% 的预期目标。为更好地实现该目标，有必要正确认识我国劳动生产率长期以来的变动及其在结构上（尤其是总量、产业、地区与所有制等）的变化特征，从而在未来就如何进一步提高劳动生产率提供有针对性的政策建议。

一　劳动生产率的总量特征

（一）劳动生产率呈长期不断上升趋势，但近年来增速有所放缓

全国劳动生产率采用按不变价计算（以2015年价格为基期）的国内生产总值（GDP）与年末全部就业人员数的比率。[①] 按不变价计算的国内生产总值是按国家统计局公布的定基零售商品价格指数（上年＝100）调整为以2015年价格为100的价格指数进行价格平减得到。在计算过程中，我们所采用的统计指标包括国内生产总值、商品零售价格指数（上年＝100）、年末就业人员数，以上数据均来源于历年的《中国统计年鉴》和中经网统计数据库。

全国劳动生产率的增长呈现长期上升趋势。1952～2016年，按不变价计算的劳动生产率从1760元/人增至95175元/人，增长了53.1倍，年均增长6.43%（见图3-1）。改革开放前（1953～1978年），劳动生产率从1760元/人增至4047元/人，增长了1.3倍，年均增长3.25%；而改革开放后至2016年，劳动生产率从4047元/人增至95175元/人，增长了22.5倍，年均增长8.67%。其中，1991～2016年从6947元/人增至95175元/人，增长了12.7倍，年均增速高达11.04%（见图3-1）。2008年国际金融危机以来，劳动生产率增长率出现下降，年均增长9.27%。

从全国劳动生产率增长率的变化情况来看，1953～2016年，全国劳动生产率增长率的均值达到6.74%，其中值也有8.44%，标准差为0.077。不过，在不同时期全国劳动生产率增长率表现出阶段性特征（见表3-1和图3-2）。

在改革开放之前（1953～1978年），全国劳动生产率增长率具有较强的波动性（标准差高达0.096），上下波动幅度较大（极差达到44.5%），

[①] 另一种方法是以三次产业劳动生产率通过加权平均得到总劳动生产率，即按三次产业在GDP中占比作为权数进行调整的总劳动生产率。

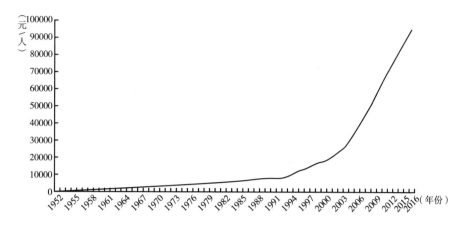

图 3 - 1　全国劳动生产率的变化情况（1952~2016 年）

资料来源：《中国统计年鉴》历年数据、中经网统计数据库。

表 3 - 1　全国劳动生产率增长率的统计特征

	1953~ 2016 年	1953~ 1978 年	1978~ 2016 年	1978~ 1991 年	1991~ 2001 年	2001~ 2008 年	2008~ 2016 年
均值(%)	6.74	3.70	8.80	4.42	10.81	13.25	9.53
中值(%)	8.44	5.02	8.90	4.63	10.36	13.02	8.22
标准差	0.077	0.096	0.054	0.063	0.026	0.027	0.027
最大值(%)	18.11	17.44	18.11	13.30	16.08	18.11	14.38
最小值(%)	-27.06	-27.06	-8.06	-8.06	8.43	10.36	6.65
极差(%)	45.17	44.50	26.17	21.36	7.65	7.75	7.73

资料来源：《中国统计年鉴》历年数据、中经网统计数据库。

该时期的最大值（17.44%）和最小值（-27.06%）也是新中国成立后我国劳动生产率变化的峰值和谷位，但增长率的均值只有 3.7%，低于新中国成立以来增长率的历史平均水平 3.04 个百分点。图 3 - 2 也显示出这一时期劳动生产率增长率呈"大起大落"波动变化的走势。

在改革开放之后（1978~2016 年），全国劳动生产率增长率的波动性大幅度减小，标准差降至 0.054，只有前一时期标准差的 1/2，并且上下振幅也出现一定程度的收敛，谷位有所上升（-8.06%），极差也降至 26.17%。同时，全国劳动生产率增长率的均值（8.8%）不仅高于改革开放之前的平均水平，而且也超过新中国成立以来增长率的历史平均水平，

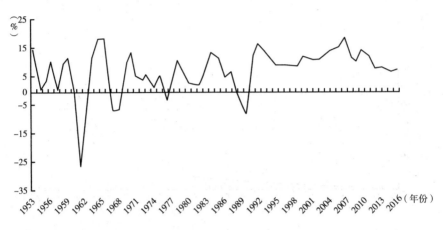

图 3 - 2　全国劳动生产率增长率的变化情况（1953～2016 年）

资料来源：《中国统计年鉴》历年数据、中经网统计数据库。

分别高出 5.1 个百分点和 2.06 个百分点。

其中，在 1991～2001 年和 2001～2008 年两个时期，全国劳动生产率的增长进入"黄金时期"。两个时期的全国劳动生产率增长率均值都在 10% 以上，分别达到 10.81%、13.25%，这是新中国成立以来劳动生产率增长最快的两个时期。与此同时，两个时期的全国劳动生产率增长率的波动性在不断减少，分别只有 0.026、0.027，远低于标准差为 0.077 的历史平均水平，并且极差也在逐步缩小，从之前的极差 21.36% 降至两个时期的极差 7.65% 与 7.75%。

不过，自 2008 年国际金融危机以来，2008～2016 年的全国劳动生产率进入了一个调整阶段。全国劳动生产率增长率的均值（9.53%）有所收窄，相比前一时期下降了 3.72 个百分点。图 3 - 2 显示这一时期的全国劳动生产率增长率呈下行趋势。

（二）劳动生产率的增长由劳均资本存量和全要素生产率的增长共同推动

这一部分主要对劳动生产率的影响因素进行定量分析。

1. 模型设定

从劳动生产率的表达式 $y = \dfrac{Y}{L}$ 出发，对柯布－道格拉斯形式的总量生

产函数 $Y = A K^\alpha L^{1-\alpha}$ 进行变换。

第一步对总量生产函数两边同时除以 L，得到：

$$y = \frac{Y}{L} = \frac{A K^\alpha L^{1-\alpha}}{L^\alpha L^{1-\alpha}} = A \left(\frac{K}{L} \right)^\alpha = A \times k^\alpha \tag{1}$$

其中，$y = Y/L$，$k = K/L$，Y 是总产出，K 是资本存量，L 是就业人口，$0 < \alpha < 1$。

第二步是对上式两边同时取对数，得到：

$$\ln y = \ln A + \alpha \ln k \tag{2}$$

其中，y 代表劳动生产率，A 代表全要素生产率，k 代表劳均资本存量。

第三步是对上式两边取全微分，得到：

$$\frac{\Delta y}{y} = \frac{\Delta A}{A} + \alpha \frac{\Delta k}{k} \tag{3}$$

由此可见，一国劳动生产率的增长由该国劳均资本存量和全要素生产率两者的增长共同决定。

基于前面的定性分析，我们将模型设定为：

$$glp_t = c + \alpha \times gperck_t + \beta \times tfp_t + \varepsilon_t \tag{4}$$

其中，被解释变量是劳动生产率的增长率（glp_t），解释变量是劳均资本存量的增长率（$gperck_t$）和全要素生产率的增长率（tfp_t），ε_t 表示残差项。

我们考察 20 世纪 90 年代以来影响我国劳动生产率增长的主要因素。预期实证估计结果的假设命题是：随着劳均资本存量、全要素生产率不断提高，劳动生产率有明显改善，预期两者对劳动生产率增长率的系数影响均显著为正。值得指出的是，我们依据要素投入弹性设定为常数或者可变系数的不同情况，共给出三种全要素生产率增长率的指标。其中，TFP1 是使用白重恩的方法计算的全要素生产率增长率；TFP2 是使用改进的白重恩方法计算的全要素生产率增长率；TFP3 是使用本书采用总量 C-D 生产函数计算的全要素生产率增长率。

2. 实证分析及结论

表 3 - 2 显示了基本的估计结果。第（1）～（2）列的基准模型显示，分别提高劳均资本存量和全要素生产率将对劳动生产率增长有显著正向影响。接着，同时加入两个变量，且利用全要素生产率增长率的三种指标进行逐一回归，第（3）～（5）列的估计结果显示劳均资本存量和全要素生产率增长率前的系数均显著为正，符合预期。可见，以上结果证实了假设命题，即随着劳均资本存量、全要素生产率的不断提高，劳动生产率的增长将会有明显改善。

表 3 - 2 对劳动生产率的影响因素分析（按主要解释变量的基准模型）

	（1） OLS1	（2） OLS2	（3） OLS3	（4） OLS4	（5） OLS5
gperck	1. 350 ** (0. 473)	—	1. 148 ** (0. 456)	1. 145 ** (0. 460)	0. 547 * (0. 300)
*tfp*1	—	0. 009 ** (0. 004)	0. 007 * (0. 004)	—	—
*tfp*2	—	—	—	0. 006 * (0. 004)	—
*tfp*3	—	—	—	—	0. 014 *** (0. 002)
常数项	− 0. 042 (0. 051)	0. 069 *** (0. 016)	− 0. 046 (0. 048)	− 0. 046 (0. 048)	0. 009 (0. 030)
样本量	21	21	21	21	21
R^2	0. 300	0. 213	0. 418	0. 410	0. 781

注：括号内是标准误差；***、**、* 分别表示在 1%、5% 和 10% 水平上显著。
资料来源：根据估计结果整理。

二 劳动生产率的产业特征

由于全国劳动生产率是按国内生产总值（GDP）与年末全部就业人员数的比来衡量，为此，我们对其产业特征也将从三次产业的增加值和就业人员数占比来展开针对性分析。[①] 同时，我们还将利用分解方法来定量测算我国劳动生产率的产业结构变化效应。

（一）劳动生产率的产业结构变化符合"配第－克拉克定理"

关于产业结构变迁的经济现象，传统的古典经济学理论认为，随着经济发展，劳动力会流向产值和收入更高的产业（Petty，1963），特别是就业人口会从农业不断向工业和服务业转移（Clark，1940）。结合三次产业而言，Kuznets（1966）归纳出三个具有规律性的典型化特征事实：一是第一产业的产值和就业占比会显著下降；二是第二产业的产值和就业占比会显著上升；三是第三产业的就业占比上升明显，但产值占比上升幅度有限。以上的经济现象被称为"配第－克拉克定理"（Petty and Clark's Law）。

新中国成立以来，我国的经济发展先后经历了三个主要时期，分别是改革开放前的赶超战略时期、改革开放后的遵循比较优势战略时期以及近年来的经济结构调整时期（潘士远、金戈，2008）。在不同时期的发展战略指导下，我国的产业结构变迁对劳动生产率的结构性特征产生了直接影响。

在赶超战略时期，政府以强制性制度变迁的方式推进重工业优先发展，强调第二产业（尤其是重工业部门）对发达国家实施技术赶超（林毅夫、刘明兴，2004）。[②] 如表3－3所示，1978年的第二产业增加值和就业人员占比分别达到47.7%、17.3%，相较于1952年的水平分别提高了26.9个百分点和9.9个百分点；同一时期的第一产业增加值和就业人员占比则从1952年50.5%和83.5%的高水平降至1978年的27.7%和70.5%，其中增加值所占比重减少接近一半；第三产业的就业人员占比略有上升，从1952年的9.1%增至1978年的12.2%，但增加值占比反而出现下滑，1978年所占比重不足25%。可见，尽管这一时期的三次产业结构变化过程基本上反映了"配第－克拉克定理"所揭示的一系列经济现象，但该时期

---

① 结合结构变化的分析，这里采用以三次产业劳动生产率通过加权平均方法得到的全国劳动生产率。

② 二战结束以后，除了我国之外，多数发展中国家也先后实施了以重工业优先发展为主要内容的赶超战略，这属于典型的违背比较优势的发展战略（Lin，2003）。

的劳动生产率改善程度仍然相当有限，从 1952 年的 3166 元/人增至 1978 年的 7775 元/人，年均增长 3.38%，低于中华人民共和国成立以来历史平均增长率水平。究其原因，这一时期的发展战略并不符合当时资源禀赋的比较优势。一方面，资本密集型的重工业在当时工业总体中的比重畸高，其从 1952 年的 35.5% 快速上升至 1978 年的 56.9%，然而，第二产业的就业人员占比上升幅度远低于增加值占比。另一方面，多数的就业人员仍滞留在劳动生产率较低的第一产业（1978 年第一产业的就业人员占比仍高达 70.5%），1978 年第一产业的劳动生产率仅为 1589 元/人，分别只有二、三产业劳动生产率的 1/7、1/5。

表 3 - 3　全国劳动生产率的产业结构特征

年份	全国劳动生产率	第一产业			第二产业			第三产业		
		劳动生产率	增加值占比	就业人员占比	劳动生产率	增加值占比	就业人员占比	劳动生产率	增加值占比	就业人员占比
单位	元/人	元/人	%	%	元/人	%	%	元/人	%	%
1952	3166	1064	50.5	83.5	4950	20.8	7.4	5571	28.7	9.1
1978	7775	1589	27.7	70.5	11162	47.7	17.3	8175	24.6	12.2
1992	12686	2940	21.3	58.5	16021	43.1	21.7	14479	35.6	19.8
2001	29694	5350	14.0	50.0	38427	44.8	22.3	28469	41.2	27.7
2008	64973	12119	10.3	39.6	80777	46.9	27.2	60375	42.8	33.2
2009	70090	13251	9.8	38.1	85146	45.9	27.8	67064	44.3	34.1
2010	78861	15322	9.5	36.7	95386	46.4	28.7	75161	44.1	34.6
2011	86376	17984	9.4	34.8	104339	46.4	29.5	82064	44.2	35.7
2012	91029	20067	9.4	33.6	106951	45.3	30.0	89832	45.3	36.1
2013	95838	22930	9.3	31.4	113251	44.0	30.1	93951	46.7	38.5
2014	101141	25618	9.1	29.5	120250	43.1	29.9	98289	47.8	40.6
2015	106191	27767	8.8	28.3	124285	40.9	29.3	105408	50.2	42.4
2016	113182	29399	8.6	27.7	131557	39.8	28.8	112972	51.6	43.5

注：第一产业增加值占比是指第一产业增加值占国内生产总值的比重，第一产业就业人员占比是指第一产业就业人员占全部就业人员的比重，第二产业和第三产业与之相同。

资料来源：《中国统计年鉴》历年数据、中经网统计数据库。

自 1978 年改革开放以来，我国逐步放弃传统的赶超战略，转而遵循自身的比较优势来选择技术结构和发展产业（林毅夫、刘明兴，2004）。这一时期的劳动生产率得到了显著提高，从 1978 年的 7775 元/人上升至 2008 年的 64973元/人，30 年间平均增长率达到 7.33%，并且三次产业的劳动生产率都有十分明显的改善。随着改革的不断深入，市场逐渐对资源配置起基础性作用，政府的产业政策也开始从以往的指令性向指导性转变，因此，产业结构变迁与劳动生产率也呈现阶段性特征。一是在 1978~1992 年，农村经济改革大规模推进，农业释放出大量剩余劳动力，其就业人员占比从 1978 年的 70.5% 大幅降至1992 年的 58.5%；城市内部不仅开始调整第二产业中轻重工业比例失调的问题，而且也在大力发展第三产业，在此期间，第三产业的增加值和就业人员占比都有明显的提升，而第二产业的就业人员占比虽有所增加，但增加值占比有所减少。二是从 1992 年十四大正式提出建设社会主义市场经济到 2001 年我国加入世界贸易组织直至 2008 年爆发国际金融危机之前，这段时期的全国劳动生产率从 1992 年的 12686 元/人大幅增加至 2008 年的 64973 元/人，年均增长率超过 10%。从产业结构变迁来看，三次产业的劳动生产率均有十分显著的提升。与此同时，第一产业的增加值和就业人员占比持续下降，第三产业的增加值和就业人员占比持续上升，而第二产业则稳中有升。其中，第一产业所释放的就业人员主要由第三产业承接吸纳；在第二产业内部，重工业重新得以快速发展，2008 年重工业在工业总产值中所占的比重超过70%，这也解释了为何第二产业就业人员占比并未显著增加。当然，这一时期的高重工业比重源于要素禀赋结构的提升与比较优势的动态变化，跟赶超战略时期不可同日而语（潘士远、金戈，2008）。

自 2008 年国际金融危机以来，我国经济进入结构调整期。在经济"新常态"下，主要表现为增速换挡、动能转换、结构优化，其结果是短期内我国劳动生产率提升的速度有所放缓。2008~2016 年年均增长6.36%，低于 1978 年以来的平均增速。不过，产业结构变迁仍在继续。在就业人员上，第一产业的就业人员占比下降约 10 个百分点，第三产业仍然吸纳转移出来的大部分劳动力；在增加值上，第三产业的增加值占比不断上升，不仅 2013 年首次高于同期第二产业占比，而且 2015 年的增加值占比又首次超过 50%，同期的第二产业占比则下降了约 6 个百分点。

（二）产业结构变化以鲍莫尔效应和纯生产率效应为主

为考察和测算我国劳动生产率的结构变化效应，我们采用 Fagerberg（2000）的"转换份额法"按三次产业对全国劳动生产率进行分解。

1. 理论基础

t 期的总劳动生产率为 $y_t = \dfrac{Y_t}{L_t}$，其中，Y_t 为 t 期的总产出，L_t 为 t 期的从业人员总数。假设经济体拥有 n 个行业，则按 n 个行业可将总劳动生产率展开为：

$$y_t = \frac{Y_t}{L_t} = \sum_{i=1}^{n} \left(\frac{Y_t^i}{L_t^i} \times \frac{L_t^i}{L_t} \right) = \sum_{i=1}^{n} (y_t^i \times s_t^i) \tag{5}$$

其中，第 i 个行业的劳动生产率为 $y_t^i = \dfrac{Y_t^i}{L_t^i}$，第 i 个行业的从业人员数 L_t^i 占所有行业从业人员数 L_t 的比重为 $s_t^i = \dfrac{L_t^i}{L_t}$。

如前所述，t 期相对于 $t-1$ 期总劳动生产率的变化为[①]：

$$y_t - y_{t-1} = \sum_{i=1}^{n} (y_t^i \times s_t^i) - \sum_{i=1}^{n} (y_{t-1}^i \times s_{t-1}^i) = \sum_{i=1}^{n} (y_t^i \times s_t^i - y_{t-1}^i \times s_{t-1}^i) \tag{6}$$

将上式的总劳动生产率变化分解为三个部分，即：

$$\begin{aligned} y_t - y_{t-1} = \sum_{i=1}^{n} (y_t^i \times s_t^i - y_{t-1}^i \times s_{t-1}^i) &= \sum_{i=1}^{n} (y_t^i - y_{t-1}^i) \times s_{t-1}^i \\ &+ \sum_{i=1}^{n} (s_t^i - s_{t-1}^i) \times y_{t-1}^i + \sum_{i=1}^{n} (y_t^i - y_{t-1}^i) \times (s_t^i - s_{t-1}^i) \end{aligned} \tag{7}$$

具体而言，一是纯生产率效应（Pure Productivity Effect），$\sum_{i=1}^{n} (y_t^i - y_{t-1}^i) \times s_{t-1}^i$ 表示在各行业劳动占比保持不变的情形下，各行业劳动生产率变动对总劳动生产率的影响；二是丹尼森效应（Dension Effect），$\sum_{i=1}^{n} (s_t^i - s_{t-1}^i) \times y_{t-1}^i$ 表示在各行业劳动生产率保持不变的情形下，不同行业间劳动力流动对总劳动生产率的影响；三是鲍莫尔效应（Baumol Effect），$\sum_{i=1}^{n} (y_t^i - y_{t-1}^i) \times (s_t^i - s_{t-1}^i)$ 表示各行业劳动生产率的变动和行业

---

① 这里仅以跨一期为例，事实上，跨多期的总劳动生产率变化情况也是如此。

间劳动力流动相互影响对总劳动生产率的作用效果。①

2. 结构变化效应

从提高劳动生产率的角度而言，三种效应的政策含义便是各行业劳动生产率的增长会通过纯生产率效应直接提升总劳动生产率，劳动力从低生产率行业向高生产率行业流动则通过丹尼森效应直接提高总劳动生产率，不同行业内部劳动生产率增长与劳动力行业间流动的交互影响通过鲍莫尔效应共同作用于总劳动生产率的改善。

如表 3 - 4 所示，对全国劳动生产率进行分解后，我们发现 1949 年以来，总劳动生产率的提升主要是受鲍莫尔效应和纯生产率效应的影响，其中，又以不同行业内部劳动生产率增长与劳动力行业间流动的交互作用对总劳动生产率的影响最大，贡献率为 51.63%，其次是纯生产率效应，贡献率为 45.82%。

表 3 - 4 全国劳动生产率的结构变化效应

单位：元/人

	总劳动生产率的变化	纯生产率效应	丹尼森效应	鲍莫尔效应
1952 ~ 2016 年	93415.4	42802.8	2382.4	48228.7
贡献率（%）	100	45.82	2.55	51.63
1952 ~ 1978 年	2286.8	1134.9	523.7	627.1
贡献率（%）	100	49.63	22.90	27.42
1978 ~ 2016 年	91128.6	53207.7	3163.7	34756.7
贡献率（%）	100	58.39	3.47	38.14
1978 ~ 1992 年	4016.9	2561.7	923.0	531.6
贡献率（%）	100	63.77	22.98	13.23
1992 ~ 2001 年	11066.8	9041.9	990.1	1034.7
贡献率（%）	100	81.70	8.95	9.35

---

① 关于总劳动生产率变化分解的详细内容，可参考高帆（2007）、李国璋和戚磊（2011）。

续表

	总劳动生产率的变化	纯生产率效应	丹尼森效应	鲍莫尔效应
2001～2008 年	32939.1	26920.7	2892.3	3126.1
贡献率（%）	100	81.73	8.78	9.49
2008～2016 年	48360.2	38117.7	6069.1	4173.6
贡献率（%）	100	78.82	12.55	8.63

注：为保证总劳动生产率的变化贡献率为100%，这里的全国劳动生产率增长率是按不变价计算的（以2015年价格为基期）。

资料来源：《中国统计年鉴》历年数据、中经网统计数据库。

从不同时期来看，受不同阶段性特征的影响，三种效应的影响贡献率呈现此消彼长的变化态势。在1978年之前，纯生产率效应、鲍莫尔效应和丹尼森效应三者对总劳动生产率的改善作用相当；自1978年改革开放以来，纯生产率效应和鲍莫尔效应的贡献度有所上升，而丹尼森效应的贡献度较小，其中，特别是纯生产率效应的贡献度日益增强，且占有绝对优势。不过，在农村经济改革大规模推进的1978～1992年，反映劳动力从低生产率行业向高生产率行业流动的丹尼森效应贡献率（22.98%）远高于改革开放之后该效应的历史平均水平（3.47%）；在1992年之后，随着建设社会主义市场经济目标的确立和以加入世界贸易组织为标志我国深度参与国际贸易，总劳动生产率的提高主要是由产业内部生产率提高而驱动，劳动力在产业间配置结构的变化对劳动生产率增长的贡献并不显著，此时的纯生产率效应和鲍莫尔效应的贡献率远大于丹尼森效应。

三 劳动生产率的地区特征

（一）东部沿海地区的劳动生产率增长快于中西部内陆地区

地区劳动生产率是按不变价计算（以2015年价格为基期）的人均地区生产总值来衡量的。[①] 其中，具体计算方法为先按人均地区生产总值指

① 因缺失1978年前的地区年末全部就业人员数，且人均地区生产总值的计算方法与劳动生产率相近，故以人均地区生产总值衡量。

数（上年＝100）调整为以 2015 年价格为 100 的人均地区生产总值指数，再以人均地区生产总值指数（2015 年＝100）对 2015 年人均地区生产总值计算得到 1952～2015 年各年份的人均地区生产总值。劳动生产率的地区样本共包括 28 个省份，重庆归入四川一并核算；同时，由于缺少相关统计资料，这里暂不包括港澳台及海南和西藏。① 在计算过程中，我们所采用的统计指标包括人均地区生产总值、人均地区生产总值指数（上年＝100），以上数据均来源于历年的《中国统计年鉴》和中经网统计数据库。

1. 地区劳动生产率呈长期上升的趋势

1952～2015 年，地区劳动生产率呈明显上升的趋势（见图3－3）。在 28 个省份中，长时间排名第一的是北京市，其劳动生产率从 1952 年的 855 元/人增至 2015 年的 106497 元/人，增长了 124 倍，年均增长 7.96％；即使是长期处在末位的贵州省，其劳动生产率也从 1952 年的 602 元/人增至 2015 年的 29847 元/人，增长约 50 倍，年均增长 6.39％。

为尽可能全面展现 1952 年以来我国地区劳动生产率的增长情况，我们分别选取 1952 年、1978 年、1992 年、2001 年、2008 年与 2015 年这些特定年份来全景呈现 28 个省份各自劳动生产率增长变化情况（见表 3－5、表 3－6）。② 我们发现：一是地区间劳动生产率的排序变化表现各异。其中，部分省份（浙江、福建、江苏、山东、河北、陕西、四川＋重庆、湖北）的排序逐步上升；少数省份（黑龙江、新疆维吾尔自治区、山西、江西、安徽、贵州）的排序逐步下降；有两类省份则相对平稳，一类省份（上海、辽宁、天津、北京、吉林、广东）表现为在靠前排序上的相对平稳，另一类省份（湖南、河南、甘肃、云南）则是在靠后排序上的相对平

---

① 对地区样本的类似处理方法，可参见刘黄金、李强和郑江淮的研究。

② 选择六个特定年份的原因分别是：1952 年和 2015 年是此次考察的起止年份，1978 年是我国正式开始进行改革开放的年份，1992 年是我国正式提出建设社会主义市场经济的年份，2001 年是我国正式加入世界贸易组织（WTO）的年份，2008 年是遭遇国际金融危机的年份。

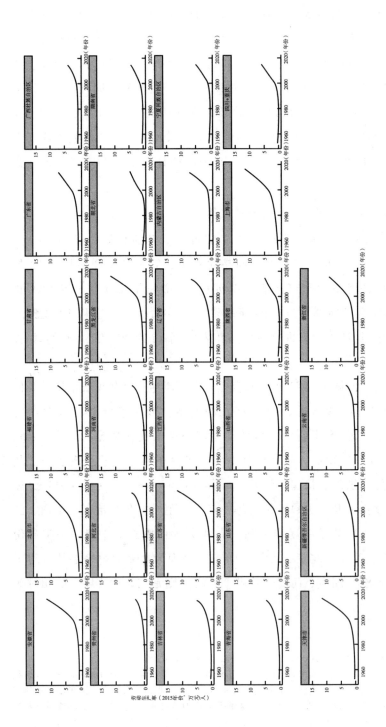

图 3 - 3　全国各地区劳动生产率的变化情况

资料来源：《中国统计年鉴》历年数据，中经网统计数据库。

稳。① 此外，还有两类省份的变化类型呈"先下降后上升"与"先上升后下降"的趋势特征，前者以内蒙古自治区为代表，而后者有宁夏回族自治区、青海、广西壮族自治区等省份。二是地区间劳动生产率的极差（用地区劳动生产率最高省份是地区劳动生产率最低省份的倍数表示）有先扩大后缩小的变化趋势。1952 年地区间劳动生产率的极差最小，只有 3.44 倍；随后便逐步扩大，到 1992 年地区间劳动生产率的极差达到 6.94 倍；接着开始渐渐缩小，在 2008 年为 5.95 倍，截至 2015 年降至 4.13 倍。

表 3-5　全国各地区劳动生产率排序之一（按特定年份）

单位：元/人

排序	1952 年		1978 年		1992 年	
1	黑龙江省	1371	北京市	7464	北京市	20550
2	新疆维吾尔自治区	1236	上海市	6343	上海市	14964
3	天津市	1178	天津市	4293	天津市	9844
4	上海市	928	辽宁省	2818	广东省	7534
5	江西省	889	宁夏回族自治区	2528	辽宁省	7255
6	北京市	855	黑龙江省	2306	浙江省	7109
7	内蒙古自治区	829	青海省	2154	江苏省	6722
8	广东省	757	新疆维吾尔自治区	1932	新疆维吾尔自治区	6598
9	辽宁省	754	湖南省	1786	宁夏回族自治区	6099
10	湖南省	728	山西省	1728	福建省	5460
11	安徽省	713	吉林省	1727	山东省	5117
12	吉林省	709	江苏省	1669	青海省	5060
13	江苏省	707	广东省	1635	黑龙江省	4974
14	宁夏回族自治区	689	广西壮族自治区	1544	吉林省	4971
15	山西省	669	浙江省	1537	湖北省	4449
16	浙江省	636	陕西省	1511	湖南省	4339
17	湖北省	632	湖北省	1509	内蒙古自治区	4330
18	贵州省	602	河北省	1504	山西省	4257

① 这里的排序靠前或靠后是以排序位次在第 14 位（28 个省级样本的一半）前后作为划分标准。

续表

排序	1952 年		1978 年		1992 年	
19	四川＋重庆	602	山东省	1467	陕西省	4167
20	福建省	592	内蒙古自治区	1433	河北省	4105
21	河南省	591	江西省	1395	四川＋重庆	4000
22	青海省	580	福建省	1354	江西省	3947
23	河北省	551	四川＋重庆	1338	广西壮族自治区	3664
24	广西壮族自治区	513	贵州省	1216	河南省	3503
25	甘肃省	471	甘肃省	1211	云南省	3454
26	云南省	469	云南省	1190	贵州省	3359
27	山东省	466	河南省	1123	安徽省	2985
28	陕西省	399	安徽省	1100	甘肃省	2959

注：各地区劳动生产率是以 2015 年作为不变价。

资料来源：《中国统计年鉴》历年数据、中经网统计数据库。

表 3-6　全国各地区劳动生产率排序之二（按特定年份）

单位：元/人

排序	2001 年		2008 年		2015 年	
1	北京市	42717	北京市	76409	天津市	107960
2	上海市	37427	上海市	69802	北京市	106497
3	天津市	25358	天津市	58764	上海市	103796
4	浙江省	20704	浙江省	45792	江苏省	87995
5	江苏省	18966	江苏省	45217	浙江省	77644
6	广东省	18140	广东省	40188	内蒙古自治区	71101
7	辽宁省	15816	辽宁省	35422	福建省	67966
8	福建省	15451	山东省	34041	广东省	67503
9	山东省	14306	内蒙古自治区	33727	辽宁省	65354
10	新疆维吾尔自治区	12120	福建省	33611	山东省	64168
11	宁夏回族自治区	11685	吉林省	25474	四川＋重庆	52321
12	吉林省	11022	湖北省	23857	吉林省	51086
13	湖北省	10974	宁夏回族自治区	23292	湖北省	50654
14	河北省	10883	河北省	23095	陕西省	47626
15	内蒙古自治区	10311	四川＋重庆	22621	宁夏回族自治区	43805
16	黑龙江省	9958	新疆维吾尔自治区	22147	湖南省	42754

续表

排序	2001 年		2008 年		2015 年	
17	湖南省	9884	陕西省	22049	青海省	41252
18	四川＋重庆	9853	山西省	21325	河北省	40255
19	青海省	9692	湖南省	21236	新疆维吾尔自治区	40036
20	陕西省	9539	黑龙江省	21074	黑龙江省	39462
21	山西省	9538	青海省	20632	河南省	39123
22	河南省	8726	河南省	19935	江西省	36724
23	江西省	8277	江西省	18017	安徽省	35997
24	广西壮族自治区	8193	广西壮族自治区	17527	广西壮族自治区	35190
25	安徽省	7671	安徽省	16640	山西省	34919
26	云南省	7465	云南省	14121	贵州省	29847
27	甘肃省	6360	甘肃省	13074	云南省	28806
28	贵州省	6299	贵州省	12834	甘肃省	26165

注：各地区劳动生产率是以 2015 年作为不变价。

资料来源：《中国统计年鉴》历年数据、中经网统计数据库。

2. 地区劳动生产率的增速有快慢

从各地劳动生产率增长率的变化情况来看，1952～2015 年，各地劳动生产率均保持较快的增长态势，大部分省份的劳动生产率年均增速均快于全国 6.43% 的水平（见表 3－7）。其中，多达 16 个省份的劳动生产率年均增长率超过 7%，尤其是山东省的劳动生产率增速最快，达到 8.13%；剩余 12 个省份的劳动生产率年均增长率为 5%～8%。

表 3－7　地区劳动生产率增长率

单位：%

省份	平均增长率	省份	平均增长率	省份	平均增长率
山东	8.13	上海	7.77	湖北	7.21
北京	7.96	天津	7.43	河北	7.05
江苏	7.96	广东	7.39	吉林	7.03
浙江	7.92	辽宁	7.34	青海	7.00
陕西	7.89	四川＋重庆	7.34	广西	6.94
福建	7.82	内蒙古	7.32	河南	6.88

续表

省份	平均增长率	省份	平均增长率	省份	平均增长率
宁夏	6.81	山西	6.48	江西	6.08
云南	6.75	全国	6.43	新疆	5.68
湖南	6.68	安徽	6.43	黑龙江	5.48
甘肃	6.58	贵州	6.39	—	—

注：全国劳动生产率增长率是1952~2016年的年均增长率，地区劳动生产率增长率是1952~2015年的年均增长率。

资料来源：《中国统计年鉴》历年数据、中经网统计数据库。

从东中西部各区域来看，地区劳动生产率增长有一定的分层表现。如表3-8所示，东部地区的劳动生产率增长表现最好，均高于全国平均水平，且所有省份的劳动生产率年均增长率均超过7%；中西部和东北地区的多数省份基本保持年均增长6%~8%的水平，只有2个省份的年均增速在6%之下。

表3-8 地区劳动生产率增长率（按东中西部划分）

单位：%

地区		劳动生产率增长率	地区		劳动生产率增长率
东部地区	山东	8.13	中部地区	江西	6.08
	北京	7.96	西部地区	陕西	7.89
	江苏	7.96		四川+重庆	7.34
	浙江	7.92		内蒙古	7.32
	福建	7.82		青海	7.00
	上海	7.77		广西	6.94
	天津	7.43		宁夏	6.81
	广东	7.39		云南	6.75
	河北	7.05		甘肃	6.58
中部地区	湖北	7.21		贵州	6.39
	河南	6.88		新疆	5.68
	湖南	6.68	东北地区	辽宁	7.34
	山西	6.48		吉林	7.03
	安徽	6.42		黑龙江	5.48

注：各地区劳动生产率是以2015年作为不变价。

资料来源：《中国统计年鉴》历年数据、中经网统计数据库。

从沿海内陆区域看，沿海地区的劳动生产率增长要普遍好于内陆地区（见表3-9）。与东部地区类似，沿海地区的劳动生产率增长率均高于全国平均水平，且多数省份的劳动生产率增长率超过7%；内陆地区的增长则稍逊一点，大都以低于7%的速度增长。

表3-9 地区劳动生产率增长率（按沿海内陆划分）

单位：%

沿海地区			
山东	8.13	辽宁	7.43
北京	7.96	天津	7.39
江苏	7.96	广东	7.34
浙江	7.92	广西	7.05
福建	7.82	河北	6.94
上海	7.77	—	—
内陆地区			
陕西	7.89	湖南	6.68
四川+重庆	7.34	山西	6.58
内蒙古	7.32	安徽	6.48
吉林	7.21	云南	6.42
湖北	7.03	江西	6.39
河南	7.00	甘肃	6.08
青海	6.88	贵州	5.68
宁夏	6.81	新疆	5.48
黑龙江	6.75	—	—

注：各地区劳动生产率是以2015年作为不变价。
资料来源：《中国统计年鉴》历年数据、中经网统计数据库。

（二）地区劳动生产率水平差距扩大但增速差距逐步缩小

新古典经济学强调生产要素通过市场之手（如价格）来优化配置资源，而要实现这一结果的前提就是让生产要素能够充分流动起来。随着技术发展和制度变革，劳动力要素正变得越来越具有流动性，这就意味着地区间的劳动生产率增长存在一定的收敛性，即初始劳动生产率较高的地区随着劳动力要素的不断流入出现劳动生产率增长放缓，原本初始劳动生产率较低的地区反而出现更快提高劳动生产率的现象。对此，我们分别利用收敛指数和散点图示来考察我国地区劳动生产率的收敛性（或者是否存在"σ收敛"现象）。

1. 东中西部劳动生产率的收敛

全国劳动生产率的收敛指数总体表现为不断走高的长期趋势，该收敛指数从 1952 年的 0.466 增至 2015 年的 0.639，这说明在地区结构上，我国省级层面的劳动生产率水平差距不断扩大。不过，全国劳动生产率的收敛指数走势也有鲜明的阶段性特征（见图 3-4），前后大致经历了四轮收敛和发散的阶段。

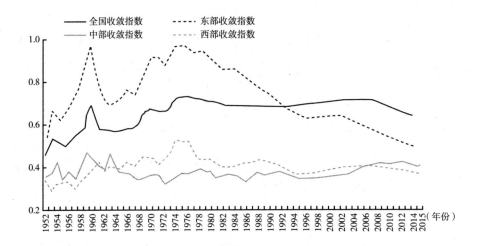

图 3-4　全国与东中西部劳动生产率的收敛指数走势（1952～2015 年）

注：收敛指数是指劳动生产率取对数后的标准差；东中西部的划分参照林毅夫、刘明兴（2003）和严冀、陆铭、陈钊（2005）。

资料来源：《中国统计年鉴》历年数据、中经网统计数据库。

第一阶段是在改革开放之前（1952～1977 年），收敛指数总体呈振荡向上的走势，其中东部和西部地区的收敛指数走势与全国类似，中部地区的收敛指数走势较为平稳，并且东部地区的收敛指数要远高于其他地区和全国的收敛指数。

第二阶段是改革开放初期（1978～1991 年），收敛指数逐年向下缓慢调整，东西部地区的收敛指数走势也同时向下调整，尤其是东部地区的收敛幅度很大，接近收敛指数的 1/3。不过，中部地区的收敛指数走势却依然平稳，并未出现明显的收敛迹象。

第三阶段是 1992 年以后至 2008 年国际金融危机之前（1992～2007 年），全国的收敛指数呈小幅向上的走势，这表明各地区的劳动生产率水平差距有所扩大。这背后却是东中西部地区的收敛指数出现分化走势，即东部地区的劳动生产率水平差距仍在继续收敛，特别是在这一阶段东部地区的收敛指数首次出现低于全国收敛指数的情形；中西部地区的收敛指数都有不同程度的向上调整，并且中部地区一改长期的平稳走势，其调整幅度要大于西部地区，2006 年开始中部地区的收敛指数首次出现高于西部地区的情形。

第四阶段是自 2008 年爆发国际金融危机之后（2008～2015 年），全国的收敛指数走势开始掉头向下调整，但地区间的收敛速度有快有慢，东部地区的收敛指数下降幅度最大，其次是西部地区，而中部地区变化不大。

与前面东中西部劳动生产率的收敛指数变化类似，沿海、内陆地区劳动生产率的收敛指数也反映出我国劳动生产率的收敛指数走势的地区结构性特征（见图 3－5）。一是沿海地区与东部地区劳动生产率的收敛指数走势相近，由于沿海地区只比东部地区多了河北和广西两个省份，导致其劳动生产率的收敛指数略高于后者。二是内陆地区与中西部地区劳动生产率的收敛指数走势一致，且相对更为平稳。三是自改革开放以来沿海地区劳动生产率的收敛指数逐年下降，并在 2006 年首次出现低于全国收敛指数的情形，而内陆地区劳动生产率的收敛指数走势较为平缓，始终维持在收敛指数 0.4 左右的水平。

尽管全国劳动生产率的收敛指数反映出我国省级层面的劳动生产率水平差距在扩大，但在地区结构上，东部地区有"俱乐部收敛"的现象，尤其是自 1978 年改革开放以来，东部地区劳动生产率的收敛指数明显向下调整，并且从 20 世纪 90 年代中后期开始便低于全国收敛指数水平。这一收敛现象在沿海地区也同样存在，只是收敛幅度相对不那么剧烈。

2. 各省份劳动生产率的收敛

地区劳动生产率表现出增长收敛的现象，这从经济含义上来讲，便是

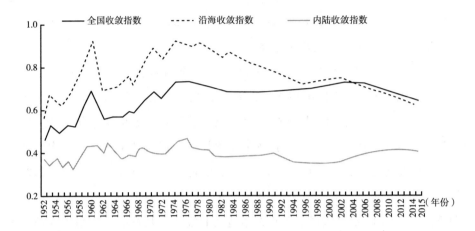

图 3 - 5　全国与沿海、内陆地区劳动生产率的收敛指数走势（1952～2015 年）

注：沿海、内陆地区的划分参照刘夏明、魏英琪、李国平（2004）。
资料来源：《中国统计年鉴》历年数据、中经网统计数据库。

滞后一期的劳动生产率与劳动生产率的当期增长率间存在负相关关系。为此，我们利用 1952～2015 年我国地区劳动生产率的全样本通过散点图示的方法来直观考察该收敛现象。其中，先后绘制出 1952～2015 年、1978～2015 年、1992～2015 年和 2001～2015 年我国地区劳动生产率的散点图（见图 3 - 6）。很显然，随着时间的推移，我国地区劳动生产率的这种负相关关系正逐渐变得越来越显著，尤其是在 1992～2015 年和 2001～2015 年两个时间段。

　　图 3 - 6 的散点图基本囊括了我国 28 个省份在 1952～2015 年各个年份的样本，但受特殊时期特定事件的影响，其波动幅度比较大，这在 1952～2015 年的散点图中体现得较为明显。为缓解该问题，我们采用年均增长率来平滑劳动生产率的当期增长率，并将 1952 年和 1978 年作为期初年份。图 3 - 7 和图 3 - 8 表明，随着时间的推移，我国地区劳动生产率确实存在负相关关系。例如，1978 年劳动生产率最高的上海和北京两市，其在 1978～2015 年的劳动生产率年均增长率却是最低的；与之相反，在同一时期劳动生产率最低的贵州和安徽两省，其在 1978～2015 年的劳动生产率年均增长率超过 9%，高于不少省份；考虑到影响长期增长路径的重要因素（如改革开放等制度因素），作为沿海省份的江苏、浙江、福建等地，尽管

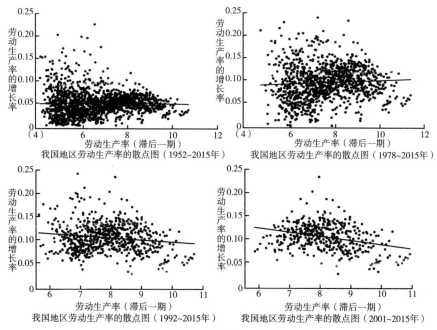

图 3 - 6　我国地区劳动生产率的散点图

注：横轴的劳动生产率（滞后一期）是取对数后的数值。
资料来源：国家统计局。

1978 年的劳动生产率处于平均水平，但在 1978～2015 年的劳动生产率年均增长率却是最高的。

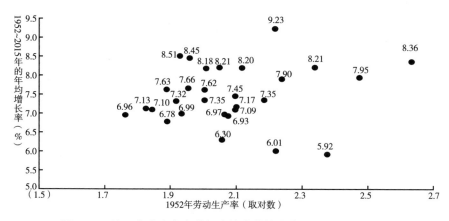

图 3 - 7　地区劳动生产率增长率的收敛性考察（1952 年为期初）

注：全国劳动生产率增长率是 1952～2016 年的年均增长率。
资料来源：国家统计局。

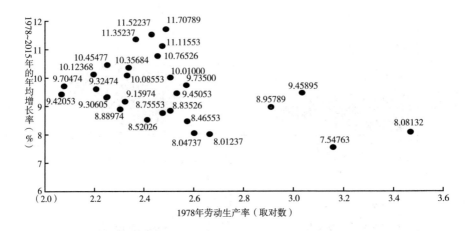

图 3-8　地区劳动生产率增长率的收敛性考察（1978 年为期初）

资料来源：国家统计局。

（三）地区劳动生产率条件收敛现象在东部和沿海地区较为明显

这一部分旨在对地区劳动生产率条件收敛现象进行定量分析，以期对未来制定提高我国劳动生产率的相关政策提供重要参考。

1. 模型设定

基于经济增长和发展经济学等理论，一国地区间的经济增长收敛（或趋同，Convergence）现象会比国与国之间更为显著，并且分地区数据能有效避免大量潜在的非经济因素（多源于国别差异）（Barro，1996；蔡昉、都阳，2000；林毅夫、刘明兴，2003）。随着技术发展和制度变革，劳动力要素愈发变得具有较强的流动性，这意味着劳动生产率也同样表现出增长收敛的现象。为此，通过借鉴经济增长收敛的分析方法，我们将模型形式设定为：

$$\ln lp_{i,t+1} - \ln lp_{i,t} = \alpha_i + \beta \times \ln lp_{i,t} + X_{i,t} + \varepsilon_{i,t} \tag{8}$$

其中，被解释变量是劳动生产率（lp）的当期增长率；核心解释变量是滞后一期的劳动生产率[①]；X 是一组控制变量，以控制其他经济因素对

[①]　为尽量增加数据样本，被解释变量使用当期增长率，而非多期的平均增长率，与此同时，解释变量使用滞后一期项。

劳动生产率变动的影响效果[①]；α_i 表示特定效应，具体反映地区和时间的特征[②]；ε 表示残差项；下标 i 和 t 分别表示地区与年份；ln 是自然对数符号。

根据新古典增长模型所提出的收敛理论，如果核心解释变量的系数 β 显著为负，则符合 β 收敛假设，即劳动生产率增长存在收敛现象；再考虑到一系列影响长期增长路径的重要决定因素，如果核心解释变量的系数 β 仍然显著为负，这也可被称为条件收敛（Conditional Convergence）（Barro and Sala-i-Martin，1992；Mankiw，Romer and Weil，1992）。因此，我们预测：我国地区间的劳动生产率增长满足 β 收敛假设。

2. 变量说明

（1）被解释变量：劳动生产率的当期增长率。我们利用之前得到的 1952~2015 年各年份地区劳动生产率（以 2015 年不变价计）计算劳动生产率的当期增长率。

（2）核心解释变量：滞后一期的劳动生产率。按模型设定，如果核心解释变量的系数 β 显著为负，则符合 β 收敛假设，说明劳动生产率增长存在收敛现象。此外，在稳健性检验中，我们加入滞后二期的劳动生产率作为核心解释变量，来进一步考察多期的收敛特征。

（3）控制变量。由于影响劳动生产率变动的经济和非经济因素较多，故需要控制一系列变量。同时，条件收敛假说也要求考虑一系列影响长期增长路径的重要决定因素。在本书研究的过程中，我们按控制变量的时间跨度分为三类：一是涵盖整个考察时期（1952~2015 年）的变量，二是自 1978 年改革开放以来的变量，三是 20 世纪 90 年代新发展阶段的变量。

在整个考察时期（1952~2015 年），我们考虑如下五个控制变量：第一，储蓄率（lnsav），用各地资本形成总额与货物和服务净出口之和占地区生产总值的比重表示，用于反映资本的积累速度，有利于劳动生产率的提高；第二，政府规模（lngovscale），用地方公共财政支出占地区生产总

① 控制变量均为滞后一期项，旨在处理内生性问题。
② 通过加入个体虚拟变量和时间趋势项来分别控制个体与时间固定效应。

值的比重表示，用于反映地方政府的规模以及干预经济的财政能力，反而会影响劳动生产率的改善；第三，教育质量（lnpstb），用普通小学的生师比（普通小学在校学生数除以普通小学专任教师数）表示，该指标是指每名教师所指导的在校学生人数，属于人力资本的代理指标，生师比越高意味着地区教育质量水平越低；第四，产业结构（lnstruc），用各地第二产业增加值占地区生产总值的比重表示，用于反映劳动生产率较高的第二产业实际变动情况；第五，城镇化水平（lnurban），用各地城镇人口占总人口的比重表示。可以预见，通过采取提高储蓄率和城镇化水平、精简政府规模、改善教育质量、优化产业结构等举措，劳动生产率增长将会加快，反映在计量结果上，表现为储蓄率、产业结构和城镇化水平的指标对劳动生产率增长率的系数将为正，而政府规模和教育水平的指标对劳动生产率增长率的系数则为负。

针对自 1978 年改革开放以来的情况，我们再加入两个变量。一是对外开放程度（lnopen），用各地实际利用外商直接投资额占地区生产总值的比重表示，由于实际利用外商直接投资额是以美元计价，故采用美元对人民币年平均汇率换算成以人民币计价。二是基础设施水平（lnpergllc），用各地人均公路里程（公路总里程除以年末人口数）表示，用于反映基础设施的便利程度。我们预测：对外开放程度越高、基础设施水平越完善，地区劳动生产率增长会越快，即对外开放程度和基础设施水平的指标对劳动生产率增长率的系数为正。

进入 20 世纪 90 年代的新发展阶段，我国开始正式确立建设社会主义市场经济、实施大规模的国有企业改革、提出并贯彻科学发展观等一系列重大经济理论与改革实践。为此，我们还将增加如下三个变量：一是科学技术水平（lnwrzlsq），用各地每万人专利申请授权数（专利申请授权数除以年末人口数）表示；二是国有经济比重（lnsoe），用各地国有投资占比（地区国有投资除以地区固定投资）表示；三是市场化指数①（market），反映地区市场化发展水平和程度。我们预测：科学技术水平

---

① 市场化指数由五个方面指数组成，分别是政府与市场的关系、非国有经济的发展、产品市场的发育程度、要素市场的发育程度、市场中介组织发育和维护市场的法制环境。该指数较高说明地区的相对市场化程度较高（樊纲、王小鲁、张立文、朱恒鹏，2003）。

和市场化发展程度越高、国有经济比重适度，越有利于促进地区劳动生产率的增长，计量结果就表现为科学技术水平和市场化指数的指标对劳动生产率增长率的系数将为正，而国有经济比重对劳动生产率增长率的系数则为负。

　　总之，考察的地区样本共包括28个省份，重庆归入四川一并核算，但不包括海南和西藏；时间跨度为1952～2015年。除市场化指数来自国民经济研究所的《中国市场化指数课题》之外，所用到的其他数据均来自国家和各地统计局发布的公开数据库与统计年鉴（见表3－10）。

表 3－10　变量说明

变量	经济指标	符号	年份	数据来源
劳动生产率	当期增长率	glp	1953～2015	国家统计局
	滞后一期的劳动生产率	L. lnlp	1953～2015	
储蓄率	（资本形成总额＋货物和服务净出口）/地区生产总值	lnsav	1953～2015	国家统计局
政府规模	地方公共财政支出/地区生产总值	lngovscale	1953～2015	国家统计局、财政部
教育质量	普通小学的生师比＝普通小学在校学生数/普通小学专任教师数	lnpstb	1953～2015	国家统计局
产业结构	第二产业增加值/地区生产总值	lnstruc	1953～2015	
城镇化水平	城镇人口/总人口	lnurban	1953～2015	
对外开放程度	实际利用外商直接投资额/地区生产总值	lnopen	1978～2015	国家统计局、中国人民银行
基础设施水平	人均公路里程＝公路总里程/年末人口数	lnpergllc	1979～2015	国家统计局
科学技术水平	每万人专利申请授权数＝专利申请授权数/年末人口数	lnwrzlsq	1990～2015	
国有经济比重	国有投资占比＝地区国有投资/地区固定投资	lnsoe	1999～2015	
市场化指数	市场化总指数	market	1997～2014	国民经济研究所的《中国市场化指数课题》

　　注：除劳动生产率的当期增长率与市场化指数外，其余变量的数据均为取对数后的数值；由于储蓄在部分年份是负值，故对原数值先加1后再取对数。

3. 实证检验及结论

首先，我们利用混合普通最小二乘回归模型（Pooled OLS）进行初步估计（见表3-11）。第（1）列的结果显示，核心解释变量的系数 β 显著为负，满足 β 收敛假设条件，这意味着我国地区劳动生产率增长存在收敛现象。在加入一系列影响长期增长路径的重要决定因素（如储蓄率、政府规模、教育质量、产业结构、城镇化水平等）后，第（2）列的结果显示，系数 β 仍然显著为负，满足条件收敛的假设。分东部和中西部地区进行估计，第（3）~（4）列的结果显示，估计系数 β 均为负，且通过1%显著性水平检验。与此同时，就系数的绝对值大小而言，东部地区的估计系数 β 要远大于中西部地区，这表明条件收敛现象在东部地区更为突出；东部地区的估计系数 β 大于全样本，但中西部地区的估计系数 β 则小于全样本，这说明我国东部地区具有"俱乐部收敛"[1]现象。此外，第（2）~（4）列中的控制变量的估计系数也基本通过显著性水平检验，并符合预期假设命题，其经济含义便是提高储蓄率、第二产业比重和城镇化水平，精简政府规模，缩小生师比将有助于加快劳动生产率的增长。

表3-11 地区劳动生产率的收敛性分析（按混合普通最小二乘回归模型估计）

	（1） 全样本	（2） 全样本	（3） 东部地区	（4） 中西部地区
L. lnlp	-0.031 *** （0.006）	-0.044 *** （0.008）	-0.149 *** （0.029）	-0.037 *** （0.009）
时间趋势项	0.003 *** （0.000）	0.004 *** （0.001）	0.009 *** （0.002）	0.004 *** （0.001）
lnsav	—	0.326 *** （0.042）	1.015 *** （0.173）	0.261 *** （0.040）
ln$govscale$	—	-0.029 *** （0.008）	-0.050 ** （0.020）	-0.019 ** （0.009）

---

[1] 俱乐部收敛，是指不同地区因其初始条件差异会形成不同发展水平的俱乐部，而在俱乐部内部，基础条件相似的地区在发展上会出现收敛现象。

续表

	（1）全样本	（2）全样本	（3）东部地区	（4）中西部地区
ln*pstb*	—	-0.040 ** (0.020)	-0.006 (0.047)	-0.054 *** (0.021)
ln*struc*	—	0.023 * (0.014)	0.149 *** (0.037)	0.025 (0.016)
ln*urban*	—	0.007 (0.010)	0.080 ** (0.032)	0.021 ** (0.011)
常数项	0.122 *** (0.023)	-0.119 (0.078)	-0.076 (0.175)	-0.135 (0.082)
地区因素	控制	控制	控制	控制
样本量	1764	1252	334	918
R^2	0.078	0.153	0.181	0.183

注：括号内是标准误差；***、**、* 分别表示在1%、5%和10%水平上显著；对东中西部的划分同上文说明。

其次，我们利用固定效应模型（FE）对全样本，分东部、中西部以及沿海、内陆地区进行估计[①]，表3-12显示了基本的估计结果。第（1）列的基准模型结果显示，在全样本下，核心解释变量的系数 β 显著为负，满足 β 收敛假设条件。第（2）～（5）列是分东部、中西部以及沿海、内陆地区的估计结果，其核心解释变量的系数 β 均为负，且通过1%显著性水平检验。因此，以上结果再次证实假设命题，即我国地区劳动生产率增长确实存在收敛现象。此外，根据估计系数 β 的绝对值大小，我国的东部和沿海地区都有较为明显的"俱乐部收敛"现象。

表 3-12　地区劳动生产率的收敛性分析（按固定效应模型估计）

	（1）全样本	（2）东部地区	（3）中西部地区	（4）沿海地区	（5）内陆地区
L. ln*lp*	-0.044 *** (0.008)	-0.149 *** (0.029)	-0.037 *** (0.009)	-0.069 *** (0.017)	-0.036 *** (0.010)
ln*sav*	0.326 *** (0.042)	1.015 *** (0.173)	0.261 *** (0.040)	0.809 *** (0.128)	0.245 *** (0.042)

① 针对所采用的估计方法，Wald 检验和 Hausman 检验的结果均支持采用固定效应模型。

	（1） 全样本	（2） 东部地区	（3） 中西部地区	（4） 沿海地区	（5） 内陆地区
lngovscale	-0.029 *** （0.008）	-0.050 ** （0.020）	-0.019 ** （0.009）	-0.048 *** （0.017）	-0.021 ** （0.009）
lnpstb	-0.040 ** （0.020）	-0.006 （0.047）	-0.054 *** （0.021）	-0.042 （0.038）	-0.066 *** （0.022）
lnstruc	0.023 * （0.014）	0.149 *** （0.037）	0.025 （0.016）	0.094 *** （0.029）	0.026 （0.017）
lnurban	0.007 （0.010）	0.080 ** （0.032）	0.021 ** （0.011）	0.014 （0.019）	0.026 ** （0.013）
时间趋势项	0.004 *** （0.001）	0.009 *** （0.002）	0.004 *** （0.001）	0.004 *** （0.001）	0.005 *** （0.001）
常数项	-0.079 （0.077）	-0.137 （0.179）	-0.098 （0.081）	0.034 （0.146）	-0.139 （0.089）
地区因素	控制	控制	控制	控制	控制
样本量	1252	334	918	433	819
R^2	0.132	0.177	0.157	0.151	0.154

注：括号内是标准误差； *** 、 ** 、 * 分别表示在1%、5%和10%水平上显著；对东中西部的划分同上文说明。

为保证估计结果的有效性，我们对模型作以下稳健性检验。其一，先后增加1978年改革开放以后的变量（对外开放程度、基础设施水平）与20世纪90年代新发展阶段的变量（科学技术水平、国有经济比重、市场化指数），并分东部、中西部以及沿海、内陆地区进行估计。其二，加入滞后二期的劳动生产率作为核心解释变量，来进一步考察多期的收敛特征，并替换有关的控制变量。

一是增加1978年改革开放以后的变量对模型分东部、中西部以及沿海、内陆地区进行稳健性检验。表3-13的估计结果依然证实，核心解释变量的系数 β 显著为负，满足 β 收敛假设条件。同时，估计结果也支持我国的东部和沿海地区都有较为明显的"俱乐部收敛"现象的结论。此外，新增的对外开放程度和基础设施水平的指标对劳动生产率增长率的估计系数均为正，这证实了之前的假设，即对外开放程度越高、基础设施水平越完善，地区劳动生产率增长会越快。

表 3 - 13　地区劳动生产率的收敛性分析（新增控制变量以及考察时期从 1978 年起）

	（1） 全样本	（2） 东部地区	（3） 中西部地区	（4） 沿海地区	（5） 内陆地区
L. ln*lp*	- 0. 085 ***	- 0. 136 ***	- 0. 096 ***	- 0. 128 ***	- 0. 087 ***
	（0. 011）	（0. 029）	（0. 014）	（0. 023）	（0. 015）
ln*sav*	0. 211 ***	0. 545 ***	0. 224 ***	0. 411 ***	0. 195 ***
	（0. 036）	（0. 107）	（0. 039）	（0. 078）	（0. 041）
ln*govscale*	- 0. 018 **	- 0. 092 ***	- 0. 005	- 0. 083 ***	- 0. 006
	（0. 007）	（0. 015）	（0. 009）	（0. 013）	（0. 009）
ln*pstb*	- 0. 003	- 0. 076 ***	- 0. 025 *	- 0. 076 ***	- 0. 027 *
	（0. 013）	（0. 023）	（0. 015）	（0. 021）	（0. 015）
ln*struc*	0. 013	- 0. 019	0. 019	- 0. 017	0. 012
	（0. 012）	（0. 030）	（0. 015）	（0. 023）	（0. 017）
ln*urban*	0. 005	- 0. 002	0. 002	0. 024 **	- 0. 002
	（0. 006）	（0. 015）	（0. 007）	（0. 010）	（0. 007）
ln*open*	0. 005 ***	0. 001	0. 005 ***	0. 001	0. 006 ***
	（0. 001）	（0. 002）	（0. 001）	（0. 002）	（0. 002）
ln*pergllc*	0. 033 ***	0. 043 ***	0. 033 ***	0. 037 ***	0. 035 ***
	（0. 006）	（0. 009）	（0. 007）	（0. 009）	（0. 008）
时间趋势项	0. 006 ***	0. 011 ***	0. 007 ***	0. 010 ***	0. 006 ***
	（0. 001）	（0. 003）	（0. 001）	（0. 002）	（0. 001）
常数项	0. 555 ***	0. 722 ***	0. 548 ***	0. 665 ***	0. 548 ***
	（0. 070）	（0. 152）	（0. 093）	（0. 127）	（0. 097）
地区因素	控制	控制	控制	控制	控制
样本量	742	210	532	275	467
R^2	0. 242	0. 430	0. 259	0. 401	0. 250

注：括号内是标准误差；***、**、* 分别表示在 1%、5% 和 10% 水平上显著；对东中西部的划分同上文说明。

　　二是加入滞后二期的劳动生产率（以替代滞后一期的劳动生产率）作为核心解释变量，来进一步考察多期的收敛特征。同时，新增 20 世纪 90 年代新发展阶段的变量（科学技术水平、国有经济比重、市场化指数）以及替换部分控制变量进行稳健性检验[①]。表 3 - 14 的第（1）、（3）列估计

①　其中，我们用普通高中的生师比（*stb*）替换普通小学的生师比来衡量教育质量，用非农业人口比重（*fnbz*）（非农业人口/户籍人口）替换城镇人口比重来衡量城镇化水平，用进出口总额占地区生产总值的比重（*open*1）替换实际利用外商直接投资额占地区生产总值的比重来衡量对外开放程度，用人均等级公路里程（*perdjgllc*）替换人均公路里程来衡量基础设施水平，用技术市场年成交额占地区生产总值的比重（*tech*）替换每万人专利申请授权数来衡量科学技术水平。

结果显示，无论是新增变量还是替换变量，其核心解释变量的系数 β 都显著为负，满足 β 收敛假设条件。在此基础上，考虑以滞后二期的劳动生产率作为核心解释变量，第（2）、（4）列估计结果显示，滞后二期的劳动生产率系数 β 同样显著为负。可见，我国地区劳动生产率增长满足多期 β 收敛假设条件。另外，新加入的变量（科学技术水平和市场化指数）指标对劳动生产率增长率的估计系数为正，而国有经济比重指标对劳动生产率增长率的估计系数为负。这表明之前的预测成立，即科学技术水平和市场化发展程度越高、国有经济比重适度，越有利于促进地区劳动生产率的增长。对于替换变量的估计结果，教育质量和基础设施水平前的估计系数通过显著性水平检验。

表 3 – 14　地区劳动生产率的收敛性分析（滞后二期回归以及新增与替换控制变量）

	（1）全样本	（2）全样本	（3）全样本	（4）全样本
L. lnlp	-0.109 *** (0.017)	—	-0.132 *** (0.020)	—
L2. lnlp	—	-0.263 *** (0.029)	—	-0.330 *** (0.035)
lnsav	0.158 *** (0.039)	0.381 *** (0.069)	0.166 *** (0.040)	0.378 *** (0.072)
ln$govscale$	0.000 (0.013)	-0.016 (0.023)	-0.052 *** (0.014)	-0.078 *** (0.026)
ln$struc$	0.051 *** (0.016)	0.123 *** (0.028)	0.028 (0.019)	0.097 *** (0.034)
lnsoe	-0.012 (0.008)	-0.022 (0.013)	-0.017 * (0.008)	-0.038 ** (0.015)
$market$	0.004 *** (0.001)	0.008 *** (0.002)	0.004 *** (0.001)	0.002 (0.002)
时间趋势项	0.008 *** (0.002)	0.021 *** (0.003)	0.004 * (0.002)	0.018 *** (0.004)
ln$pstb$	-0.057 *** (0.011)	-0.108 *** (0.020)	—	—
ln$urban$	0.010 (0.010)	0.025 (0.018)	—	—
ln$open$	0.003 (0.002)	0.008 ** (0.004)	—	—
ln$pergllc$	0.021 *** (0.005)	0.041 *** (0.010)	—	—

续表

	（1） 全样本	（2） 全样本	（3） 全样本	（4） 全样本
ln*wrzlsq*	0.011 *** （0.003）	0.011 * （0.006）	—	—
ln*stb*	—	—	− 0.037 ** （0.016）	− 0.068 ** （0.028）
ln*fnbz*	—	—	0.010 （0.015）	0.038 （0.028）
ln*open1*	—	—	0.004 （0.005）	0.012 （0.009）
ln*perdjgllc*	—	—	0.038 *** （0.007）	0.074 *** （0.012）
ln*tech*	—	—	0.000 （0.002）	0.003 （0.004）
常数项	0.710 *** （0.092）	1.448 *** （0.158）	1.127 *** （0.130）	2.070 *** （0.232）
地区因素	控制	控制	控制	控制
样本量	421	421	308	308
R^2	0.406	0.546	0.598	0.632

注：括号内是标准误差；***、**、* 分别表示在1%、5%和10%水平上显著；对东中西部的划分同上文说明。

四　劳动生产率的所有制特征

在所有制特征上，一是总体考察不同类型企业（包括外资企业、国有企业、私营企业、集体企业、港澳台企业）的劳动生产率水平及增长速度；二是探究不同所有制企业劳动生产率差异所对应的行业分布特征；三是在同一行业内，比较不同所有制企业（主要是国有与私营企业、国有与外资企业、私营与外资企业）的劳动生产率差异。

（一）不同所有制企业的基本情况

这里采用《中国工业企业数据库》来考察微观企业生产率的分布状

况。该数据库的统计单位为企业法人，样本涵盖我国全部国有工业企业以及规模以上非国有工业企业①。其中，"工业"的细分行业统计口径包括"国民经济行业分类"中的"采掘业"、"制造业"与"电力、燃气及水的生产和供应业"三个门类，且主要集中于制造业，占企业样本量的 90% 以上；在本书的分析时间段内（2001～2007 年），"规模以上"要求企业每年的主营业务收入在 500 万元以上。

私营企业数量大幅增加，外资企业和港澳台企业数量小幅增加，但国有与集体企业数量明显减少。本书以 2001～2007 年的《中国工业企业数据库》企业样本作为分析对象，共包括 1630338 个样本观测值，涉及样本企业 507257 家，平均每家企业报告数据的时间约为 3 年②。从不同所有制企业分年度来看（见表 3－15），私营企业数量大幅增加，从 2001 年的 4.39 万家增加至 2007 年的 19.18 万家，其占全部企业数量的比重也从 27.5% 增至 62.1%；国有企业与集体企业数量明显减少，分别从 2001 年的 4.1 万家、4.4 万家降至 2007 年的 3.2 万家、2 万家；外资企业和港澳台企业数量有所增加，但其占全部企业数量的比重均变动不大，保持在 10% 左右的比例。

表 3－15 不同所有制企业的基本情况

年份	全部企业（家）	国有企业		集体企业		私营企业		港澳台企业		外资企业	
		企业（家）	占比（%）	企业（家）	占比（%）	企业（家）	占比（%）	企业（家）	占比（%）	企业（家）	占比（%）
2001	159368	41306	25.9	43996	27.6	43904	27.5	17595	11.0	12567	7.9
2002	168936	38255	22.6	39616	23.5	58639	34.7	18482	10.9	13944	8.3
2003	187287	35959	19.2	34094	18.2	79773	42.6	20657	11.0	16804	9.0

---

① 数据库全称为"全部国有及规模以上非国有工业企业数据库"，由国家统计局建立，数据主要来自样本企业提交给当地统计局的年报汇总。

② 参考以往文献的做法（聂辉华、江艇、杨汝岱，2012；杨汝岱，2015），我们剔除总产出、中间投入、工业增加值等关键变量缺失（或为负值）的样本，同时也剔除从业人数缺失和小于 8 的样本。

年份	全部企业（家）	国有企业		集体企业		私营企业		港澳台企业		外资企业	
		企业（家）	占比（%）	企业（家）	占比（%）	企业（家）	占比（%）	企业（家）	占比（%）	企业（家）	占比（%）
2004	253240	38892	15.4	28966	11.4	132235	52.2	26433	10.4	26714	10.5
2005	261346	37764	14.4	26023	10.0	142705	54.6	26991	10.3	27863	10.7
2006	291494	37356	12.8	23487	8.1	171613	58.9	28570	9.8	30468	10.5
2007	308667	31822	10.3	20442	6.6	191808	62.1	30976	10.0	33619	10.9

　　注：国有、集体、港澳台、外资企业的认定是以企业实收资本中国有、集体、港澳台、外商资本所占比重最大为准，私营企业的认定是以企业实收资本中法人和个人资本所占比重最大为准。
　　资料来源：根据规模以上工业企业数据测算整理。

（二）2001～2007 年不同所有制企业的劳动生产率

　　外资企业的劳动生产率高于内资企业，内资企业的劳动生产率增速快于外资企业。对于企业的劳动生产率，我们利用企业的工业增加值除以年末企业从业人员数计算得到。值得说明的是，考察期内有部分年度没有直接提供工业增加值的数据①，我们可采用由工业总产值减去中间投入再加上应交增值税计算得到，同时对工业总产值和应交增值税经工业品出厂价格指数（以 2000 年价格指数为 100）平减名义量，对中间投入经原材料、燃料、动力购进价格指数（以 2000 年价格指数为 100）平减名义量（曲玥，2016）。

　　首先，对于劳动生产率的增速，2001～2007 年，我国全部国有及规模以上非国有工业企业（简称"规模以上工业企业"）的劳动生产率均值从58.4 千元/人增加至 164.5 千元/人，年均增长 18.85%。按不同所有制分，表 3-16 显示，国有企业的劳动生产率增速最快（30.28%），并且从劳动生产率最低（41.50 千元/人）的所有制形式企业快速增长至 2007 年劳动生产率较高（202.9 千元/人，仅次于外资企业）的所有制形式企业；外资

---

　　① 自 2008 年之后，《中国工业企业数据库》不仅不直接提供工业增加值数据，而且还缺少中间投入的指标，因此，这里选择的考察期也只能是截至 2007 年。

企业的劳动生产率仍然是最高的（2007年为208.6千元/人），但同期增速是最低的，只有11.03%；私营企业和集体企业的劳动生产率也取得了长足进步，两者都以年均18%～20%的速度增长，到2007年仅略低于全样本企业的劳动生产率均值水平；港澳台企业的劳动生产率改善有限，到2007年是劳动生产率最低的所有制形式企业。

表3-16　不同所有制工业企业的劳动生产率（基于微观数据）

单位：千元/人

年份	全样本企业	国有企业	集体企业	私营企业	港澳台企业	外资企业
2001	58.37	41.50	55.79	55.39	73.94	111.39
2002	67.20	53.80	61.45	60.90	79.88	129.94
2003	76.59	67.72	71.67	69.66	80.39	133.79
2004	96.52	96.78	87.96	81.55	117.56	158.73
2005	111.93	121.77	108.81	100.48	116.38	155.86
2006	132.32	169.49	131.24	120.66	109.20	174.94
2007	164.53	202.88	162.36	152.87	150.91	208.64
年均增长率	18.85%	30.28%	19.49%	18.44%	12.63%	11.03%

注：劳动生产率以2000年为不变价。

资料来源：根据规模以上工业企业数据测算整理。

其次，对于劳动生产率的分布，我们利用密度分布曲线（kernel density）来考察我国企业的总体分布规律。图3-9是对不同所有制工业企业的劳动生产率分布状况的具体反映。相比2001年，2007年的不同所有制工业企业的劳动生产率分布均有不同程度的右移。这意味着在此期间，我国工业企业的劳动生产率总体情况有所改善。其中，国有企业、集体企业和私营企业的右移幅度较为明显，而港澳台企业和外资企业的右移幅度则相对较小。这与之前不同所有制工业企业的劳动生产率增长情况相符。

最后，对于劳动生产率的分布差异，表3-17的变异系数表明，港澳台企业和国有企业的分布最不均衡，然后是外资企业，集体企业和私营企业的分布差异最小。随着时间的推移，相比2001年，不同所有制工业企业2007年的劳动生产率分布差异都有不同程度的扩大，尤其是港澳台企业和国有企业的变异系数增大了2倍以上。

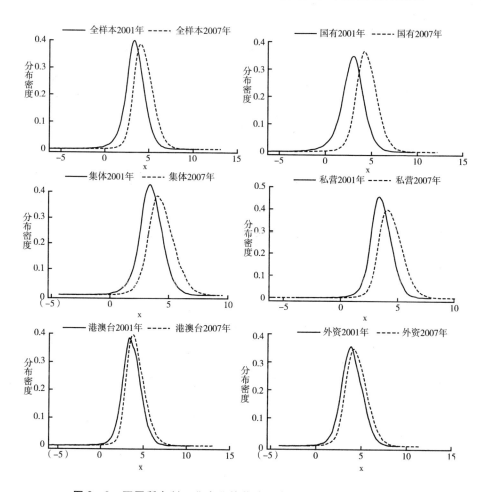

图3-9 不同所有制工业企业的劳动生产率分布（基于微观数据）

注：横轴是将企业劳动生产率取对数，纵轴是企业劳动生产率的分布密度。

资料来源：根据规模以上工业企业数据测算整理。

表3-17 不同所有制工业企业的劳动生产率分布差异（基于微观数据）

年份	国有企业	集体企业	私营企业	港澳台企业	外资企业
2001	3.32	1.82	1.51	5.03	2.22
2007	6.62	2.23	1.92	19.38	4.05
平均变异系数	9.12	2.21	1.76	13.86	4.64

注：劳动生产率分布差异用变异系数衡量，变异系数是样本标准差与均值的比例，变异系数越大表示劳动生产率分布越不均衡。

资料来源：根据规模以上工业企业数据测算整理。

（三）2006～2011 年不同所有制企业的劳动生产率

这一部分则利用宏观数据来印证前面微观企业数据所得出的结论，并从中寻找深层原因。不过，受相关数据局限，企业的劳动生产率是由企业的主营业务收入除以全部从业人员年平均人数计算而得①。

如表 3－18 所示，不同所有制工业企业劳动生产率水平和增速情况与利用微观数据所揭示的现象相一致。同样以 2007 年为例，基于宏观数据的结果，我国企业劳动生产率水平从高到低依次为外资企业、国有企业、私营企业、集体企业、港澳台企业，并且 2006～2011 年，我国企业劳动生产率的增速依次为国有企业、私营企业、集体企业、港澳台企业、外资企业。可见，随着我国近些年的快速发展，内资企业的劳动生产率增长速度明显快于港澳台企业和外资企业，其中又以国有企业和私营企业两者的改善力度最大。截至目前，国有企业的劳动生产率已超过外资企业的水平。

表 3－18　不同所有制工业企业的劳动生产率（基于宏观数据）

单位：千元/人

年份	全样本企业	内资企业	国有企业	集体企业	私营企业	港澳台企业	外资企业
2006	37.65	36.18	39.27	29.56	29.05	28.22	53.64
2007	43.49	42.55	48.33	34.30	34.33	32.04	57.87
2008	45.35	45.26	54.85	32.39	36.71	33.31	56.31
2009	52.05	52.08	62.35	40.19	44.62	37.90	64.24
2010	58.71	59.25	74.22	43.97	50.39	42.19	70.51
2011	69.57	71.88	88.54	56.14	63.37	48.02	77.43
年均增长率	10.78%	12.12%	14.51%	11.28%	13.88%	9.26%	6.31%

注：劳动生产率以 2000 年为不变价；劳动生产率是由企业的主营业务收入除以全部从业人员年平均人数计算而得，主营业务收入经工业生产者出厂价格指数平减调整。

资料来源：国家统计局。

① 工业企业层面（按不同所有制分）没有公布增加值数据，且工业总产值数据只公布至 2011 年，故这里采用企业的主营业务收入来替代（邵敏，2012）。工业企业层面的全部从业人员年平均人数（按不同所有制分）也只公布 2006～2011 年的数据，为此，我们利用上述宏观数据只能计算 2006～2011 年的企业劳动生产率，但这一时间段的宏观数据恰好可以与上面的微观数据有重合且存在延续性，从而起到相互印证的作用。

不同所有制企业的行业分布差异导致其劳动生产率高低不同。从宏观上来看，企业劳动生产率分布状况必然与企业所属行业的劳动生产率之间存在紧密联系，特别是在我国，不同行业具有由不同所有制企业占主导的特征，这容易导致企业劳动生产率出现分化。对此，我们考察经调整后的38个工业行业大类（按工业二分位行业分，见表3-19）。其中，按照《国民经济行业分类与代码》，以上38个工业行业大类大致可分为采矿业（行业代码以字母 B 打头），制造业（行业代码以字母 C 打头），电力、热力、燃气及水生产和供应业（行业代码以字母 D 打头）三个门类。

表3-19 38个工业行业大类的划分

工业行业（二分位）	行业代码	工业行业（二分位）	行业代码
煤炭开采和洗选业	B06	化学原料及化学制品制造业	C26
石油和天然气开采业	B07	医药制造业	C27
黑色金属矿采选业	B08	化学纤维制造业	C28
有色金属矿采选业	B09	橡胶和塑料制品业	C29
非金属矿采选业	B10	非金属矿物制品业	C30
其他采矿业	B12	黑色金属冶炼及压延加工业	C31
农副食品加工业	C13	有色金属冶炼及压延加工业	C32
食品制造业	C14	金属制品业	C33
饮料制造业	C15	通用设备制造业	C34
烟草制品业	C16	专用设备制造业	C35
纺织业	C17	交通运输设备制造业	C36 + C37
纺织服装、鞋、帽制造业	C18	电气机械及器材制造业	C38
皮革、毛皮、羽毛（绒）及其制品业	C19	通信设备、计算机及其他电子设备制造业	C39
木材加工及木、竹、藤、棕、草制品业	C20	仪器仪表及文化、办公用机械制造业	C40
家具制造业	C21	工艺品及其他制造业	C41
造纸及纸制品业	C22	废弃资源和废旧材料回收加工业	C42
印刷业和记录媒介的复制	C23	电力、热力的生产和供应业	D44
文教体育用品制造业	C24	燃气生产和供应业	D45
石油加工、炼焦及核燃料加工业	C25	水的生产和供应业	D46

注：由于《国民经济行业分类与代码》在 2002 年和 2011 年对行业分类进行了两次调整，我们通过比对将工业行业大类从 41 个调整为 38 个，其中，把"橡胶制品业"与"塑料制品业"合并成"橡胶和塑料制品业"，把"汽车制造业"与"铁路、船舶、航空航天和其他运输设备制造业"合并成"交通运输设备制造业"，删去"金属制品、机械和设备修理业"（C43），把"开采辅助活动"（B11）合并计算在"其他采矿业"（B12）中。

　　表 3 - 20 反映了我国 38 个工业行业大类在 2001 年、2007 年和 2015 年劳动生产率分布的具体情况。首先，从行业劳动生产率的整体分布来看，大部分能源类和公用事业类、附加值较高的基础材料类与成品和半成品类的子行业始终保持在工业行业前十位的水平，而排在后十位的工业行业则大多属于那些附加值较低的基础材料类与成品和半成品类的部分子行业。其次，从行业劳动生产率的增长变动来看，随着时间的推移，尽管各子行业的劳动生产率均有不同程度的提升，但行业内部的劳动生产率有随时间变化而逐渐产生分化的现象。一是大部分采矿业的子行业劳动生产率排序总体下行，二是大部分公用事业类的子行业劳动生产率排序总体上行，三是附加值较高的部分制造业劳动生产率保持稳定的增长态势。

表 3 - 20　工业二分位行业的劳动生产率（基于宏观数据）

单位：万元/人

行业代码	2001 年	行业代码	2007 年	行业代码	2015 年
C25	79.23	C16	194.1	C16	414.18
C16	70.18	C25	122.15	C25	188.39
B07	43.69	D44	93.21	C42	179.08
C39	43.35	C31	90.55	C31	177.3
D44	34.05	C39	85.89	D44	166.3
C28	24.26	C28	74.35	C32	164.83
C38	24	C36 + C37	73.35	C28	157.42
C31	24	C42	71.58	C39	155.83
C36 + C37	21.58	C32	61.57	D45	151.48
C32	21.06	D45	59.52	C26	139.06
C27	20.49	C26	56.16	C27	118.44
C26	19.35	C27	51.7	C38	113.12
C15	17.81	C38	50.51	C22	105.85
C40	17.44	C13	49.75	C40	95.25
D45	17.38	C15	45.84	C34	94.27
C14	16.98	C22	45.78	C35	93.53
C33	16.15	C40	43.37	C13	91.33
C29	16.14	C34	41.32	C30	85.64
C22	15.03	C14	40.75	C33	84.76
C21	13.77	B07	39.71	C15	84.18

续表

行业代码	2001 年	行业代码	2007 年	行业代码	2015 年
C20	13.22	C35	39.01	C20	81.19
C23	12.59	C33	35.87	B12	79.87
C34	12	B12	32.29	B08	79.72
C35	11.78	C30	31.77	C23	78.1
C19	11.39	C29	31.01	C14	76.67
C17	11	C23	30.51	C17	71.15
C24	9.41	C20	29.49	B10	62.41
C30	9.32	C17	26.98	C21	56.88
B09	8.73	C21	24.97	B07	56.5
B08	7.36	B10	23.18	B09	56.17
D46	7.27	B08	21.86	C24	55.22
B10	6.71	C41	20.74	C18	44.75
B06	4.2	B09	19.48	C19	42.46
B12	—	C19	18.95	B06	35.19
C13	—	C18	18	D46	26.98
C18	—	C24	15.35	C36 + C37	—
C41	—	D46	14.7	C29	—
C42	—	B06	14.08	C41	—

注：行业代码具体所指行业详见表 3 - 19；劳动生产率以 2000 年为不变价；劳动生产率是由行业的主营业务收入除以全部从业人员年平均人数计算而得，主营业务收入经工业生产者出厂价格指数平减调整。

资料来源：国家统计局。

为便于具体分析不同所有制企业劳动生产率的行业分布特征，我们将上述 38 个工业行业大类进一步划分为四类，即能源类、基础材料类、公用事业类、成品和半成品类。其中，能源类包括 3 个子行业，分别为煤炭开采和洗选业（B06），石油和天然气开采业（B07），石油加工、炼焦及核燃料加工业（C25）；基础材料类包括 10 个子行业，分别为黑色金属矿采选业（B08），有色金属矿采选业（B09），非金属矿采选业（B10），其他采矿业（B12），纺织业（C17），造纸及纸制品业（C22），化学原料及化学制品制造业（C26），黑色金属冶炼及压延加工业（C31），有色金属冶炼及压延加工业（C32），废弃资源和废旧材料回收加工业（C42）；公用事业类包括 3 个子行业，分别为电力、热力的生产和供应业（D44），燃气生产和供应业（D45），水的生产和供应业（D46）；剩余的22个子行业则都属于成品和半成品类。①

很显然，大部分能源类和公用事业类的子行业处于"关系国家安全、国民经济命脉的重要行业和关键领域"，这恰好与国有企业所担负的"服务国家战略、保障国家安全和国民经济运行、发展前瞻性战略性产业"等职责极为相关，故国有企业在上述这些行业长期占据主导地位。相反的是，成品和半成品类的子行业基本属于充分竞争行业和领域，故私营企业和外资企业大多集中于此。此外，基础材料类的子行业受产业政策及国企改革等因素的影响，国退民进的现象较为普遍。

我们利用2015年工业企业主营业务收入数据对不同所有制企业的行业分布进行考察。以某种所有制企业主营业务收入占规模以上工业企业主营业务收入的比例作为衡量标准，分别计算该所有制企业在38个工业行业大类中的主营业务收入占比，并以此逐一比对各自的行业分布。对于国有企业（见图3-10），以22%作为主营业务收入占比的衡量标准，除了少数行业（水的生产和供应业、煤炭开采和洗选业）外，大多数集中于劳动生产率较高的行业，如能源类（石油和天然气开采业，石油加工、炼焦及核燃料加工业）、公用事业类（电力、热力的生产和供应业，燃气生产和供应业）等。另外，国有企业还分布在部分附加值较高的烟草制品业、有色金属冶炼和压延加工业、黑色金属冶炼和压延加工业等子行业。

关于私营企业（见图3-11），以35%作为主营业务收入占比的衡量标准，多达24个子行业满足该标准，主营业务收入占比集中在40%~60%，且基本属于竞争性较强的成品和半成品类与基础材料类的子行业。不过，这些行业的劳动生产率普遍不高，大多都在100万元/人以下（见表3-20）。

关于外资及港澳台企业（见图3-12），以22%作为主营业务收入占比的衡量标准，共有14个子行业高于该标准，但多数不超过30%。这些行业几乎都是成品和半成品类的子行业，但其相应的劳动生产率有较大差

---

① 相似的分类可参见伍晓鹰（2013）的研究。

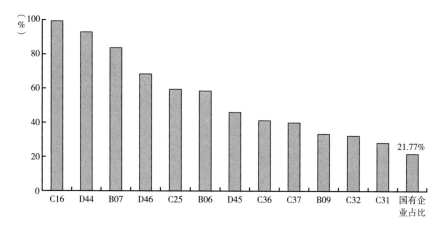

图 3 - 10　国有企业的行业分布（2015 年）

注：横轴显示某一所有制企业的部分行业主营业务收入占比超过总体衡量标准的具体情况；行业代码具体所指行业详见表 3 - 19。

资料来源：国家统计局。

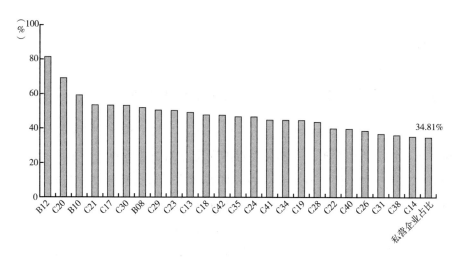

图 3 - 11　私营企业的行业分布（2015 年）

注：横轴显示某一所有制企业的部分行业主营业务收入占比超过总体衡量标准的具体情况；行业代码具体所指行业详见表 3 - 19。

资料来源：国家统计局。

异。例如，计算机、通信和其他电子设备制造业，汽车制造业，电气机械和器材制造业等属于劳动生产率较高的子行业，外资企业多集中于此；纺织服装、服饰业，家具制造业，食品制造业等劳动生产率相对较低的子行业，港澳台企业多经营这些行业。这在一定程度上可以解释为何外资企业的平均劳动生产率要高于港澳台企业。

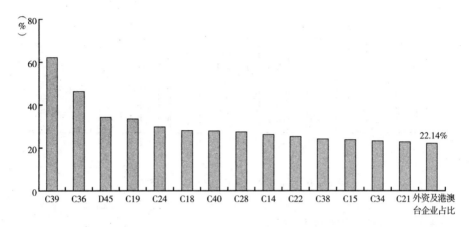

图 3 - 12 外资及港澳台企业的行业分布（2015 年）

注：横轴显示某一所有制企业的部分行业主营业务收入占比超过总体衡量标准的具体情况；行业代码具体所指行业详见表 3 - 19。

资料来源：国家统计局。

（四）同一行业不同所有制企业的劳动生产率比较

外资企业劳动生产率普遍高出内资企业且分布较均衡，国有企业劳动生产率两极分化较严重。基于前文对不同所有制企业行业分布的考察，我们借此选出三类不同所有制企业在相同行业内进行劳动生产率比较。[①] 具体而言，第一类是国有企业与私营企业可比较的行业（1 个），黑色金属冶炼及压延加工业；第二类是国有企业与外资企业可比较的行业（2 个），即交通运输设备制造业、燃气生产和供应业；第三类是私营企业与外资企业可比较的行业（4 个），即化学纤维制造业，通用设备制造业，电气机械及器材制造业，仪器仪表及文化、办公用机械制造业。

首先，在黑色金属冶炼及压延加工业两个行业，国有企业的劳动生产率均值（174.6 千元/人）要略高于与私营企业（171 千元/人），但从劳动

---

① 我们所选的行业既保证了可观的样本量，也对比较不同所有制企业劳动生产率具有一定的代表性；样本的起止时间为 2001 ~ 2011 年。

生产率的中值来看，国有企业（77.3 千元/人）则远低于私营企业（92 千元/人）。造成上述现象的原因在于国有企业内部劳动生产率分化比私营企业内部严重，这在标准差与变异系数上都有相应的体现，特别是前 10% 的国有企业劳动生产率（375.9 千元/人）要高于前 10% 的私营企业（361.3千元/人）。因此，与私营企业相比，国有企业的劳动生产率两极分化严重，即效率高的国有企业比私营企业高、效率低的国有企业比私营企业低，且效率低的国有企业数量不少。

表 3 - 21　国有与私营工业企业的劳动生产率比较

黑色金属冶炼和压延加工业	均值（千元/人）	中值（千元/人）	标准差	变异系数	90% 分位点（千元/人）
国有企业劳动生产率	174.56	77.32	395.35	2.26	375.87
私营企业劳动生产率	170.96	91.95	339.00	1.98	361.30

资料来源：根据规模以上工业企业数据测算整理。

其次，在交通运输设备制造业、燃气生产和供应业两个行业，国有企业劳动生产率都要明显低于外资企业（见表 3 - 22）。不论是以均值、中值还是 90% 分位点来比较，国有企业的劳动生产率均与外资企业存在较大差距。与此同时，变异系数显示国有企业劳动生产率的分布不如外资企业均衡。

表 3 - 22　国有与外资工业企业的劳动生产率比较

交通运输设备制造业	均值（千元/人）	中值（千元/人）	标准差	变异系数	90% 分位点（千元/人）
国有企业劳动生产率	74.89	36.77	181.61	2.43	156.42
外资企业劳动生产率	200.78	85.86	448.09	2.23	431.00
燃气生产和供应业	均值（千元/人）	中值（千元/人）	标准差	变异系数	90% 分位点（千元/人）
国有企业劳动生产率	55.05	21.83	153.76	2.79	107.45
外资企业劳动生产率	186.24	102.47	184.43	0.99	454.61

资料来源：根据规模以上工业企业数据测算整理。

最后，在化学纤维制造业，通用设备制造业，电气机械及器材制造业，仪器仪表及文化、办公用机械制造业四个行业，我们比较私营企业与外资企业的劳动生产率。统计特征的多项指标（均值、中值、90%分位点）均表明，外资企业的劳动生产率比私营企业高，两者有 1.5 ~ 2 倍的水平差距（见表 3 - 23）。此外，上述四个行业又均属于劳动生产率较高的行业，这也意味着即使是在高劳动生产率的行业，不同所有制的企业劳动生产率也还存在较大差距，像此处的外资与私营企业便是这样的案例。

表 3 - 23　私营与外资工业企业的劳动生产率比较

化学纤维制造业	均值（千元/人）	中值（千元/人）	标准差	变异系数	90%分位点（千元/人）
私营企业劳动生产率	126.31	75.61	168.94	1.34	273.88
外资企业劳动生产率	208.78	88.81	443.59	2.12	464.02
通用设备制造业	均值（千元/人）	中值（千元/人）	标准差	变异系数	90%分位点（千元/人）
私营企业劳动生产率	85.69	48.13	174.55	2.04	174.44
外资企业劳动生产率	152.75	80.46	260.56	1.71	332.11
电气机械及器材制造业	均值（千元/人）	中值（千元/人）	标准差	变异系数	90%分位点（千元/人）
私营企业劳动生产率	107.91	54.57	205.97	1.91	228.87
外资企业劳动生产率	151.21	66.06	309.14	2.04	336.71
仪器仪表及文化、办公用机械制造业	均值（千元/人）	中值（千元/人）	标准差	变异系数	90%分位点（千元/人）
私营企业劳动生产率	94.85	46.58	208.53	2.20	203.07
外资企业劳动生产率	181.85	66.23	1417.2	7.79	372.56

资料来源：根据规模以上工业企业数据测算整理。

五　结论与建议

(一) 主要结论

本书揭示出我国劳动生产率的长期增长具有鲜明的特征。主要结论如下。

一是总量和产业特征。劳动生产率长期呈上升趋势，近年来增速有所放缓，增长的波动性趋于减小。同时，劳动生产率背后的产业结构变迁符合"配第－克拉克定理"，并且劳动生产率的提升主要受鲍莫尔效应和纯生产率效应的影响。

二是地区特征。各地劳动生产率水平差距扩大，东部沿海地区的劳动生产率增长快于中西部内陆地区，但增速差距逐步收敛，尤其是东部沿海地区内部的条件收敛现象较为明显。有利于该收敛现象产生的一系列基础性因素包括：促进资本形成、深入推进工业化城镇化、深化政府和国企改革、积极实施对外开放、推动科技进步、提高市场化程度、完善基础设施水平等。

三是所有制特征。外资企业的劳动生产率高于内资企业，但后者的增长速度快于前者。这反映出不同所有制企业的行业分布差异导致其劳动生产率存在不同；而在同一行业内，外资企业劳动生产率普遍高于内资企业且分布更均衡，国有企业劳动生产率两极分化较严重。

（二）几点建议

第一，近年来，劳动生产率的增速回落属于经济进入"新常态"的阶段性特征。目前，我国经济出现了增速换挡、动能转换、结构优化的变化，其结果是短期内劳动生产率提升的速度有所放缓。预计随着经济完成新旧动能的接续转换，在以提质增效为核心的新增长模式下，劳动生产率的再次提速将是题中应有之义。同时，劳动生产率增长率的波动性趋于减小也显示出当前我国经济更具韧性。

第二，在产业层面，遵循产业结构变迁规律，未来劳动生产率的提高取决于新技术的大规模应用和更具弹性的劳动力市场。我国新经济的发展必然要求拥有新产业、新技术以及新型劳动力队伍，并且当前纯生产率效应和鲍莫尔效应对提高劳动生产率的贡献度日益增强。未来提高劳动生产率就主要体现为在产业内部，通过新技术的大规模应用大幅提升生产率水平；在各产业之间，通过劳动力市场的资源优化配置，有效提升劳动力要素的配置效率。

第三，在地区层面，积极培育和发展有利于地区劳动生产率增长收敛现象产生的一系列基础性因素，特别是对目前劳动生产率增长相对较慢的中西部地区，着力做好促进有效资本形成、深入推进工业化城镇化、积极实施对外开放、推动科技进步、提高市场化程度、完善基础设施水平等一系列基础性和长期性的工作。

第四，在所有制层面，继续深化国有企业改革，逐渐消除目前国有企业劳动生产率存在的两极分化现象。一是有针对性地放开国有企业占主导的劳动生产率高的部分行业，尤其是具有竞争性和经营性的业务（或行业），引进以其他所有制企业为代表的社会资本，提高资本配置效率，真正做到"让市场的归市场"。二是按照"提升一批、重组整合一批、淘汰一批"的分类改革思路，有步骤地改革劳动生产率低的国有企业，对于部分被归入"僵尸企业"的国有企业，则要坚定不移地进行处置。

参考文献

蔡昉、都阳，2000，《中国地区经济增长的趋同与差异——对西部开发战略的启示》，《经济研究》第 10 期。

樊纲、王小鲁、张立文、朱恒鹏，2003，《中国各地区市场化相对进程报告》，《经济研究》第 3 期。

高帆，2007，《中国劳动生产率的增长及其因素分解》，《经济理论与经济管理》第 4 期。

李国璋、戚磊，2011，《离岸和本土中间投入对中国工业行业生产率的影响》，《中国工业经济》第 5 期。

李强、郑江淮，2012，《中国劳动生产率的"地区—产业收敛悖论"——基于差异分解的实证研究》，《财贸研究》第 2 期。

林毅夫、刘明兴，2004，《经济发展战略与中国的工业化》，《经济研究》第 7 期。

林毅夫、刘明兴，2003，《中国的经济增长收敛与收入分配》，《世界经济》第 8 期。

刘黄金，2006，《地区间生产率差异与收敛——基于中国各产业的分析》，《数量经济技术经济研究》第 11 期。

刘夏明、魏英琪、李国平，2004，《收敛还是发散？——中国区域经济发展争论的文献综述》，《经济研究》第 7 期。

聂辉华、江艇、杨汝岱，2012，《中国工业企业数据库的使用现状和潜在问题》，《世界经济》第 5 期。

潘士远、金戈，2008，《发展战略、产业政策与产业结构变迁——中国的经验》，《世界经济文汇》第 1 期。

曲玥，2016，《中国工业企业的生产率差异和配置效率损失》，《世界经济》第 12 期。

邵敏，2012，《出口贸易是否促进了我国劳动生产率的持续增长——基于工业企业微观数据的实证检验》，《数量经济技术经济研究》第 2 期。

伍晓鹰，2013，《测算和解读中国工业的全要素生产率》，《比较》第 6 期。

严冀、陆铭、陈钊，2005，《改革、政策的相互作用和经济增长——来自中国省级面板数据的证据》，《世界经济文汇》第 1 期。

杨汝岱，2015，《中国制造业企业全要素生产率研究》，《经济研究》第 2 期。

Barro, R. J. and Sala-i-Martin, X. 1992. "Convergence." *Journal of Political Economy* 100（2）：223 – 251.

Barro, R. J. 1996. "Determinants of Economic Growth: A Cross-Country Empirical Study." *National Bureau of Economic Research.*

Clark, C. 1940. *The Conditions of Economic Progress.* London：Macmillan .

Fagerberg, J. 2000. "Technological Progress, Structural Change and Productivity Growth: A Comparative Study. " *Structural Change and Economic Dynamics* 11.

Kuznets, Simon. 1966. *Modern Economic Growth*, New York：Yale University Press .

Lin, J. Y. 2003. "Development Strategy, Viability, and Economic Convergence. " *Economic Development and Cultural Change* 51（2）：277 – 308.

Mankiw, N. G. , Romer, D. and Weil, D. N. 1992. "A Contribution to the Empirics of Economic Growth." *The Quarterly Journal of Economics* 107（2）：407 – 437.

Petty, William. 1963. *Political Arithmetick, Reprinted in The Economic Writings of Sir William Petty.*

第四章　我国资本生产率变动
特征及影响因素

内容提要： 所有经济体在长期发展中，随着资本积累增加，资本生产率呈总体下降趋势。资本生产率的高低与一国所处的发展阶段、储蓄率水平、劳动力增速、资本折旧率等因素相关。在劳均资本相同的情况下，高资本生产率有利于资本积累。提高全要素生产率和减少政府不当干预有助于减缓资本生产率的下降节奏。从国际比较看，我国的资本生产率偏低，在劳均资本大致相同的情况下，资本生产率比全球平均水平低25%。与相同发展阶段的东亚经济体相比，我国的资本生产率也较低，且下降速度快。我国的劳均资本水平仅为发达国家的15%～25%，持续的资本积累仍然是促进我国劳动生产率提高和经济增长的重要因素。21世纪特别是全球金融危机以来我国资本生产率下降明显，主要原因是资本积累加快和全要素生产率增速趋缓。应通过改善资本配置效率和技术进步等手段提高全要素生产率，减缓资本生产率的下降节奏。

一　资本生产率概念解析

（一）长期内经济体的资本生产率呈下降趋势

资本生产率是指一定时期内单位资本创造的产出，该指标衡量了单位资本的产出能力，单位资本产出越高，资本生产率就越高。资本生产率一般用产出资本比（Y/K）和增量资本产出比（Incremental Capital

Output Ratio，ICOR）两个指标表示。产出资本比衡量了经济体资本的平均生产率，ICOR 表示增加一单位产出需要新增的资本，是边际资本产出的倒数。

用 Y 表示总产出，A 表示衡量技术进步的全要素生产率（Total Factor Productivity，TFP），K 表示资本存量，L 表示劳动力人数，α 表示资本产出弹性，k 表示劳均资本，y 表示劳均产出（即劳动生产率）则有：

$$ICOR = \frac{\Delta K}{\Delta Y} = \frac{\Delta K}{K} \frac{K}{Y} \frac{Y}{\Delta Y} = \frac{1}{\alpha} \frac{K}{Y} \tag{1}$$

由公式（1）可知，在不变弹性生产函数假设下，ICOR 等于资本产出弹性的倒数乘以产出资本比的倒数，也就是说，ICOR 与产出资本比是等价的。本书将产出资本比作为主要参考指标，书中所指资本生产率与产出资本比是对等的。

假设经济体的生产函数为：$Y = AK^{\alpha}L^{1-\alpha}$，那么：

$$\frac{Y}{K} = \frac{AK^{\alpha-1}}{L^{\alpha-1}} = A \left(\frac{K}{L}\right)^{\alpha-1} = Ak^{-(1-\alpha)} \tag{2}$$

由公式（2）可知，经济体的资本生产率水平由全要素生产率和劳均资本水平决定，在其他条件不变的情况下，全要素生产率越高，资本生产率就越高；劳均资本水平越高，资本生产率就越低。由此可知，资本生产率高既可能是因为经济体的全要素生产率高，也可能是因为投资不足、劳均资本存量低。

接下来，我们将探讨资本生产率的变动，将公式（2）两边取对数：

$$\ln\left(\frac{Y}{K}\right) = \ln(A) - (1-\alpha)\ln(k)$$

$$g\left(\frac{Y}{K}\right) = g(TFP) - (1-\alpha)g(k) \tag{3}$$

由公式（3）可知，资本生产率的增速等于全要素生产率的增速减去劳均资本增速乘以劳动产出弹性。在其他条件不变的情况下，全要素生产率的增速上升，资本生产率的增速将上升；劳均资本增速上升，资本生产率的增速将下降。

根据新古典增长模型，劳均资本 k 的积累方程为：

$$\Delta k = sf(k) - (n + \delta)k$$

其中，s 表示储蓄率，n 表示劳动力增速，δ 表示资本折旧率。

当经济增长达到稳态时，劳均资本增速 $\Delta k = 0$，那么：

$$sf(k^*) = (n + \delta)k^*$$

$$\frac{f(k^*)}{k^*} = \left(\frac{Y}{K}\right)^* = \frac{n + \delta}{s} \tag{4}$$

公式（4）显示，当一国或地区经济增长趋于稳态时，资本生产率也将趋于稳态。资本生产率的稳态值与经济体的储蓄率、劳动力增速和资本折旧率相关。在其他条件不变的情况下，储蓄率越低，稳态资本生产率就越高；劳动力增速和折旧率越高，稳态资本生产率就越高。事实上，储蓄率和劳动力增速决定了经济体资本和劳动两种生产要素的相对充裕程度，进而决定了资本和劳动的相对价格。折旧率的高低也反映了资本的成本，折旧率高，资本的成本就高；反之，资本的成本就低。根据生产者成本最小化原则，在均衡状态时，生产要素的边际产出等于其价格。以柯布－道格拉斯生产函数为例：

$$MPK = \alpha A K^{\alpha-1} L^{1-\alpha} = r,$$
$$MPL = (1 - \alpha) A K^{\alpha} L^{-\alpha} = w$$

其中，r 表示资金成本，w 表示劳动力成本。假设经济体 1 资金的相对价格要低于经济体 2 （$\frac{r_1}{w_1} < \frac{r_2}{w_2}$），那么：

$$\frac{K_1}{L_1} \geqslant \frac{K_1}{L_2}$$

意味着经济体 1 在均衡状态下的劳均资本要大于经济体 2，在其他条件不变的情况下，经济体 1 资本生产率的稳态值要低于经济体 2。

将资本生产率对劳均资本求导：

$$\frac{d\left(\frac{Y}{K}\right)}{dk} = (\alpha - 1) A k^{\alpha-2} < 0 \tag{5}$$

$$\frac{\mathrm{d}^2\left(\frac{Y}{K}\right)}{\mathrm{d}k^2} = (\alpha - 1)(\alpha - 2)Ak^{\alpha-3} > 0 \tag{6}$$

由公式（5）可知，在新古典增长框架下，一国或地区在向稳态收敛的过程中，资本生产率逐渐下降。公式（6）显示，资本生产率的下降速度是劳均资本存量的增函数，劳均资本越高，资本生产率的下降速度就越慢。综上所述，长期内资本生产率呈下降趋势，资本生产率的高低及变化趋势与经济体的储蓄率、劳动力增速、资本折旧以及经济发展阶段有关。

（二）劳均资本相同时资本生产率越高越好

如上文所述，资本生产率高既可能是因为全要素生产率高，也可能是因为投资不足，因此我们不能简单地对资本生产率的高低做出价值判断，认为资本生产率高就是好事，资本生产率低就是坏事。这是因为投资不足导致的高资本生产率并不可取。

根据劳动生产率的计算公式 $\frac{Y}{L} = y = A\left(\frac{K}{L}\right)^{\alpha} = Ak^{\alpha}$ 可知，与资本生产率不同，在其他条件相同的情况下，劳均资本越高，劳动生产率就越高。由于经济发展的主要目标是增加劳动生产率，提高人均产出和收入，是否就能认为资本生产率越低越好？显然不是。

根据公式 $\Delta k = sf(k) - (n + \delta)k$ 可知，$\frac{\Delta k}{k} = s\frac{f(k)}{k} - (n + \delta)$，资本生产率越高，资本积累速度就越快，越有利于提高劳动生产率，也可以说资本生产率越高，想要实现同等速度的资本积累，需要付出的消费成本就越低。从这个意义上来讲，资本生产率应该越高越好。总的来说，我们所追求的应该是全要素生产率提高带来的资本生产率提高，即在劳均资本相同的情况下，资本生产率越高越好。

（三）提高资本配置效率有助于减缓资本生产率的下降节奏

在新古典增长框架下，全要素生产率 A 是外生的，与所投入的生产要素无关，资本生产率随着资本积累逐渐下降。一国资本生产率水平与该国所处的经济发展阶段和具体国情有关，因此，有些文章指出资本生产率并不能反映宏观投资效率（樊潇彦、袁志刚，2006）。

实际上，资本数量的积累和资本配置效率的改善都能促进经济增长。柯布－道格拉斯生产函数中的 K 仅反映了资本投入的数量，并未考虑资本配置效率和资本技术含量等因素的影响，资本配置效率和资本技术含量等因素的影响都被核算在全要素生产率这一余值中。但在现实中，技术进步与资本积累通常是相辅相成的，技术进步的成果会物化在新增投资内，进而进入生产函数。资本配置效率随着经济体的投资行为逐渐变化，政府的不当干预可能会降低资本配置效率。如果投资结构没有考虑到国内乃至全球需求结构的变化，就会导致经济体供给结构和需求结构的错配，进而导致部分行业产能过剩，资本生产率显著下降。因而，我们放宽全要素生产率外生的条件，假设全要素生产率受资本积累的影响，即 $\frac{Y}{K} = A\ (k)\ k^{-(1-\alpha)}$，那么：

$$\frac{\partial(\frac{Y}{K})}{\partial k} = k^{-(1-\alpha)} \frac{\partial A}{\partial k} - (1-\alpha) A k^{-(2-\alpha)} \tag{7}$$

如公式（7）所示，当一国的资本配置效率和资本质量随着资本积累逐渐改善提升（$\frac{\partial A}{\partial k} > 0$）时，资本生产率的下降趋势将减缓甚至出现上升；如果由于政府过度干预、激励扭曲等因素导致无效投资和重复投资的增加，资本配置效率会下降（$\frac{\partial A}{\partial k} < 0$），那么资本生产率将加速下降。也就是说，投资效率提高有助于减缓资本生产率的下降趋势，但投资效率恶化将加快资本生产率的下降趋势，也就是说，资本生产率在短期内快速下降很可能是投资效率恶化的征兆。

（四）应更多关注资本生产率的长期变化

投资具有滞后效应，资本一旦形成，将长期发挥作用。一般来讲，不同类型资本的折旧期限是不一样的。机器设备的折旧期限较短，在5~10年，技术更新越快，折旧速度就越快。铁路、高速公路、机场、水库大坝等基础设施的折旧年限较长，有的可长达上百年。我国著名的水利工程都江堰在两千多年后的今天依然发挥着重要作用。由于投资对产出的影响具有滞后性，特别是基础设施投资，当年的资本形成并非在当年就能发挥出最大作用，大规模的基础设施投资可能导致经济体短期内资本生产率显著下降，但从长期来看，却有利于增加产出。因此，在讨论资本生产率的时候，应当更多关注其长期变化。如果当前的投资是为了更好地满足今天和未来高标准的社会需求，那么资本生产率在短期内显著下降是可以容忍的。

二　资本生产率的国际比较

（一）我国资本生产率总体偏低

我们根据宾州大学国际比较项目（Penn World Table 9.0）提供的资本存量、产出和就业数据计算出全球 169 个经济体的资本生产率和劳均资本，并绘制成散点图。总体来讲，资本生产率随着劳均资本的增加而下降，下降的速度逐渐放缓，这与我们在第一部分总结的规律相符。为了判断我国资本生产率水平的高低，我们筛选出劳均资本存量在 8.6 万美元至 8.8 万美元之间的经济体及其资本生产率，结果显示，这些经济体的资本生产率均值为 0.32。也就是说，在劳均资本相同的情况下，我国的资本生产率要比世界平均水平低 25%。

（二）我国劳均资本和全要素生产率与发达国家差距较大

表 4-1 显示了主要发达国家过去 60 多年资本生产率的变化趋势，其大体呈下降的趋势。目前，我国的资本生产率要低于美国，高于英国、德国和意大利，与日本、法国和加拿大接近。资本生产率的大小及变化趋势与一国所处的发展阶段密切相关，当前无论是从人均 GDP 还是从劳动生产率来看，我国的经济发展水平都显著落后于发达国家，因此，我国资本生产率与发达国家缺乏直接的可比性。我们将影响资本生产率变动的两大因素进行比较，找出我们与发达国家之间的差距。如表 4-2 所示，我国劳均

资本水平仍然很低，仅相当于发达国家的15%～25%。也就是说，从总量投资的角度来讲，我国并不存在过度投资的问题，相反与发达国家相比，我国的投资仍显不足，加快资本积累仍然是我国实现经济赶超的重要手段。我国全要素生产率水平仅相当于美国的0.43，与其他发达国家也存在较大差距。也就是说，由于我国全要素生产率水平较低，在劳均资本水平较低的情况下，资本生产率已经下降至接近发达国家的水平。全要素生产率水平低一方面可能是因为我国经济发展起步晚，主要依靠承接国外技术转移促进 TFP 的发展，自主创新能力弱；另一方面也可能是劳动力和资本等生产要素的配置效率低所致，政府过多不当干预导致大量劳动力和资本滞留在落后过剩产能领域。

表4-1　发达国家资本生产率长期变化趋势

	1950～1970 年	1970～1990 年	1990～2014 年
美国	0.38	0.34	0.34
德国	0.33	0.28	0.29
英国	0.37	0.38	0.32
法国	0.39	0.34	0.30
意大利	0.37	0.32	0.24
加拿大	0.46	0.38	0.31
日本	0.60	0.54	0.32

资料来源：根据宾州大学国际比较项目提供的数据计算。

表4-2　中国与 G7 国家资本存量对比（2014 年）

	美国	日本	德国	法国	英国	意大利	加拿大	中国
资本生产率	0.31	0.25	0.21	0.25	0.21	0.16	0.25	0.24
劳均资本（万美元）	35.6	28.1	44.3	35.7	38.1	55.2	32.4	8.7
TFP（美国＝1）	1	0.71	0.95	0.93	0.78	0.74	0.78	0.43

资料来源：宾州大学国际比较项目。

（三）与相近发展阶段的经济体相比我国资本生产率偏低且下降较快

我们将劳动生产率大致相近的经济体定义为经济发展阶段相同的经济体。世界大型企业联合会统计数据显示，2014 年，我国劳动生产率为

21827 美元（以 2011 年 PPP 折算的美元），我们以该值的 5% 作为上下限标准，选出劳动生产率落入（20735，22918）区间的东亚经济体和年份，然后计算这些经济体在此年份之前 10 年的平均资本生产率及变化情况。

当前我国资本生产率为 0.24，在 9 个经济体中，仅高于印度尼西亚。从过去 10 年的平均水平来看，9 个经济体资本生产率由高到低分别是中国台湾（0.86）、中国香港（0.73）、日本（0.58）、韩国（0.53）、马来西亚（0.39）、新加坡（0.38）、中国大陆（0.31）、印度尼西亚（0.28）和泰国（0.26），中国大陆排倒数第三。从资本生产率的变化幅度来看，过去 10 年，中国资本生产率下降了 40%，下降幅度仅次于印度尼西亚（−46.6%）。综上所述，与经济发展处于相近阶段的部分经济体相比，中国的资本生产率水平整体偏低，而且下降速度较快。

通过比较 9 个经济体在相同发展阶段的劳均资本可知，我国的劳均资本在这些经济体中排名靠前，仅次于新加坡和印度尼西亚。由此可知，与日本、韩国和中国台湾等东亚经济体相比，中国大陆劳动生产率的提高更加依赖资本积累。过去 20 多年的高投资是我国快速实现工业化、推进城镇化的重要保证。但是，我国资本生产率快速下降的事实也提醒我们，在高速投资的过程中，如果资本配置效率恶化，将导致实际有效资本形成大打折扣。资本生产率显著下降，会显著影响到我国未来资本积累的速度，进而影响到劳动生产率增速。

表 4 − 3　相近发展阶段经济体资本生产率

经济体	年份	劳动生产率（美元）	劳均资本（美元）	资本生产率		
				当年值	前 10 年平均	10 年变化(%)
中国大陆	2014	21827	86901	0.24	0.31	− 40
日本	1968	21078	34902	0.55	0.58	− 8.5
韩国	1990	22295	57693	0.51	0.53	5
新加坡	1988	22491	106700	0.34	0.38	− 34
中国台湾	1981	21627	39675	0.7	0.86	− 28
中国香港	1969	22390	29194	0.79	0.73	16.9
马来西亚	1993	21925	62189	0.4	0.39	− 2.9
印度尼西亚	2012	21954	104835	0.19	0.28	− 46.6
泰国	2009	23613	71741	0.31	0.26	3

资料来源：宾州大学国际比较项目、世界大型企业联合会。

我们将中国大陆、日本、韩国、新加坡、中国台湾和中国香港 6 个经济体的经济增速进行 5 年平均，并将经济增速超过 7% 的时期定义为高速增长时期。结果显示，与经济高速发展时期的经济体相比，我国的资本生产率下降很快。在经济腾飞早期，我国资本生产率为 0.6 ~ 0.7，在 6 个经济体中属中等水平，与韩国接近。21 世纪以来，我国经济增速依然维持高速增长，但是资本生产率快速下滑，2011 ~ 2014 年已经下降至 0.26，低于韩国、中国台湾、新加坡经济高速增长期。这表明近年来我国经济高速增长主要依靠大规模资本投入支撑，但是既有投资模式对产出的带动作用已经显著削弱。我国有必要改善旧有的投资模式，提高投资效率。

表 4 - 4　高速增长时期经济体资本生产率变化

经济体	年份	经济增速（%）	产出资本比
中国大陆	1981 ~ 1985	10. 7	0. 73
	1986 ~ 1990	8. 0	0. 69
	1991 ~ 1995	12. 3	0. 62
	1996 ~ 2000	8. 6	0. 49
	2001 ~ 2005	9. 8	0. 42
	2006 ~ 2010	11. 3	0. 34
	2011 ~ 2014	7. 9	0. 26
日本	1961 ~ 1965	9. 4	0. 58
	1966 ~ 1970	9. 2	0. 55
韩国	1966 ~ 1970	11. 5	0. 65
	1971 ~ 1975	9. 7	0. 63
	1976 ~ 1980	8. 4	0. 61
	1981 ~ 1985	9. 0	0. 52
	1986 ~ 1990	10. 4	0. 55
	1991 ~ 1995	7. 9	0. 46
新加坡	1966 ~ 1970	12. 9	0. 44
	1971 ~ 1975	9. 6	0. 50
	1976 ~ 1980	8. 6	0. 46
	1986 ~ 1990	8. 7	0. 34
	1991 ~ 1995	8. 7	0. 29

续表

经济体	年份	经济增速(%)	产出资本比
中国台湾	1961~1965	10.2	1.08
	1966~1970	10.3	1.14
	1971~1975	9.8	0.99
	1976~1980	11.2	0.81
	1981~1985	7.2	0.68
	1986~1990	9.3	0.71
	1991~1995	7.5	0.64
中国香港	1961~1965	13.3	0.72
	1976~1980	11.6	0.76
	1986~1990	7.8	0.61

　　注：本部分为国际比较，为了保证结果的可比性，统一引用宾州大学国际比较项目提供的数据计算资本生产率。由于计算方法和口径不一，本部分中国资本生产率的数据与下文笔者自行测算的资本生产率数据存在差异。

　　资料来源：宾州大学国际比较项目和 WDI。

三　全国资本生产率估算及分解

　　前文利用宾州大学国际比较项目的数据初步判断了我国资本生产率在国际上的水平。下文将重新对我国资本存量进行估算，并在此基础上估算我国的资本生产率。实际产出的估算较为简单，1952~2016 年，我国实际 GDP 从 4836 亿元增加至 73.5 万亿元（2015 年不变价），增加了约 151 倍；1978 年改革开放后，我国 GDP 稳步提升，年均复合增长率为 9.6%。由于实际资本存量的估算较为复杂，本部分将首先对全国资本存量进行估算。

（一）21 世纪以来我国资本存量快速增加

　　20 世纪 90 年代初以来，国内外许多学者对中国历年资本存量进行了估算（邹至庄，2005；张军、章元，2003；何枫等，2003；王小鲁等，2009）。绝大多数文献在估算资本存量时都采用 Goldsmith 在 1951 年提出的永续盘存法（PIM）。本书也将采用这一方法对我国 1952~2016 年的实际资本存量进行估算。

永续盘存法计算资本存量的基本公式为：$K_t = I_t + (1 - \delta_t) K_{t-1}$。

其中，K_t 为 t 年资本存量，I_t 为 t 年新增投资，两者均为实际价值，δ_t 为资本折旧率。由此可知，估计一国或地区实际资本存量需要确定基年资本存量、当期投资、投资价格指数和资本折旧率四组数据。

基年资本存量（K_0）。关于中国早期的资本存量，官方并没有公布，研究者一般都要自行推算，结果存在较大差异。初始资本存量对近期资本存量的影响较大，但随着时间序列不断延长，初始资本存量的影响将越来越小。本书基期 1952 年的资本存量将采用邹至庄估计中 GDP 与资本存量的比例来确定，即 1952 年资本存量是 GDP 的 2.8 倍，为 1902.1 亿元。

当期投资（I_t）。本书将采用固定资本形成总额表示当期投资。GDP 支出法核算中的资本形成总额与宏观经济学中的"投资"相对应。早期也有一些文献采用全社会固定资产投资表示当期投资，但由于近几年全社会固定资产投资和固定资本形成之间的差额越来越大，因此该指标在估算资本存量时已经很少使用。

投资价格指数。我们在谈论资本存量时一般指的是实际值，因此需要利用与投资相关的价格指数将各年投资折算为用基期价格表示的实际投资额。本书 1952～2004 年的价格指数按照《中国国内生产总值核算历史资料（1952～2004）》中的固定资本形成发展速度计算；2005～2015 年的数据则使用 WDI 数据库中固定资本形成不变价增速推算，2016 年为利用经济增长贡献率估计数。

资本折旧率（δ_t）。资本折旧率对资本存量估计的影响较大，不同文献的处理方法略有不同。大多数文献会采用一个统一的资本折旧率，但该值的设定差异较大，低的有 0% 和 5%，高的在 10% 左右；也有一些文献会根据建筑和设备的折旧率进行加权合计。鉴于多数文献在估计中采用 5% 的折旧率，本书也沿用这一折旧率。

最后我们将各年估算结果用 2015 年价格表示，估计结果见图 4 - 1。截至 2016 年，我国实际资本存量达 306 万亿元（2015 年价）。中华人民共和国成立的最初十几年，我国资本存量增速的波动较大，20 世纪 60 年代中期起，资本存量增速总体呈上升趋势。1966～1975年、1976～1985年、1986～1995年、1996～2005年和2006～2015年五个十年，中国资本存量平均增速分别为6.8%、8.4%、10.1%、11.7%和12.6%，2016年为10%。

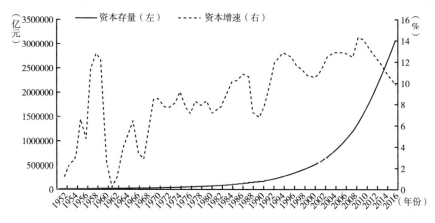

图4－1　全国资本存量及增速（1952～2016年）

资料来源：笔者根据相关数据估算。

（二）近年来我国资本生产率快速下降

图4－2显示了我国1952～2016年产出资本比和ICOR的变化趋势。1978年以前，我国产出资本比的波动较大，最高时为0.51（1958年），最低为0.29（1962年）。改革开放之后，我国产出资本比大致分为三个阶段：1978～1994年，产出资本比在波动中缓慢上升，从0.37上升至0.42；1995～2007年，我国产出资本比逐渐下降，从1995年的0.42下降至2007年的0.33；2008年起，产出资本比呈现加速下降的趋势，产出资本比从2008年的0.32下降至2016年的0.24，下降速度约为1995～2007年的两倍。

与产出资本比相比，ICOR的波动更为明显。我们计算出我国"六五"至"十二五"期间ICOR的均值，结果显示，1981～1985年和1991～1995年两个时间段内的ICOR值较低，分别为2.32和2.24，2011～2015年的ICOR值最高，达到5.51（见表4－5）。

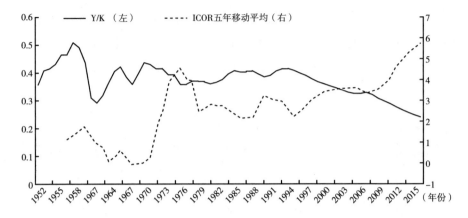

图 4 - 2　全国资本生产率走势

注：1960 年和 1976 年的 ICOR 值分别为 - 82.3 和 - 12.2，为了在图中更好地呈现 ICOR 的变化趋势，我们将这两个异常点删除。

资料来源：笔者根据相关数据估算，由于方法和口径不同，与宾州大学国际比较项目提供的数据有出入。

表 4 - 5　我国产出资本比和 ICOR 五年均值

	1981 ~ 1985 年	1986 ~ 1990 年	1991 ~ 1995 年	1996 ~ 2000 年
Y/K	0.38	0.40	0.41	0.38
ICOR	2.32	3.22	2.24	3.42
	2001 ~ 2005 年	2006 ~ 2010 年	2011 ~ 2015 年	2016 年
Y/K	0.34	0.32	0.27	0.24
ICOR	3.59	3.77	5.51	6.02

（三）全要素生产率增速减缓是我国近期资本生产率快速下降的主要原因

根据公式（3），资本生产率的变化可以分解为全要素生产率和劳均资本的变动。我们首先计算出 1978 年以来我国全要素生产率和劳均资本的变化情况，初步分析我国资本生产率变化的原因。

首先，假设资本和劳动的产出弹性不变，对如下方程进行回归：

$$\ln\left(\frac{Y}{L}\right) = \alpha\ln\left(\frac{K}{L}\right) + \beta t + \sigma_t \tag{8}$$

回归结果显示，α = 0.56，将资本产出弹性代入生产函数计算出全要素生产率，并计算全要素生产率的增速：

$$Y = AK^{0.56}L^{0.44}$$

$$TFP = A = \frac{Y}{K^{0.56}L^{0.44}}$$

$$g(tfp) = \frac{FTP_t}{FTP_{t-1}} - 1 \tag{9}$$

为了检验上述结果的可靠性，我们利用各省 GDP 收入法汇总数据，计算出劳动者报酬占 GDP 的比重，并将其作为可变的劳动产出弹性 (1 - α) 代入生产函数计算全要素生产率及其增速。我们将不变弹性假设下计算出的全要素生产率称作 TFP1，可变弹性假设下计算出的全要素生产率称作 TFP2，结果显示，两种方法下计算出的 TFP 增速较为接近（见图 4 - 3），因此我们沿用不变弹性假设下的计算结果。

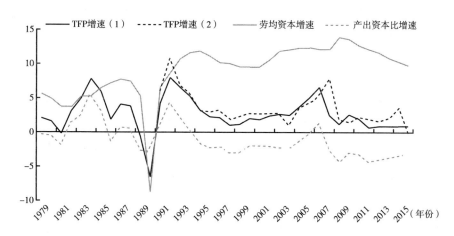

图 4 - 3　资本生产率变动分解

资料来源：笔者根据相关数据测算。

自 20 世纪 90 年代起，我国资本积累速度显著提升，特别是 21 世纪以来，劳均资本增速长期维持在 10% 以上。2001～2009 年，我国劳均资本增速从 9.5% 上升至 13.9%，特别是 2009 年，受大规模经济刺激的影响，劳均资本增速相比 2008 年大幅上升了 1.8 个百分点。2010～2016 年，我国劳均资本增速开始回落，从 2009 年的 13.9% 下降至 2016 年的 9.8%。我国全要素生产率增速波动较为明显。21 世纪以来，全要素生产率增速呈现先升后降的趋势，2000 ~ 2007 年，全要素生产率增速从 2.04% 上升至 6.6%，2008 ~ 2016 年，全要素生产率增速快速下降，从 2007 年的 6.6% 下降至 2016 年的 1%（见表 4 - 6）。因而，我们可以初步判断，近几年我国资本生产率加速下降，一方面是 2009 ~ 2010 年大规模经济刺激导致固定资本形成快速增加，劳均资本存量显著上升，另一方面是全要素生产率增速快速下降。

表 4 - 6　我国资本生产率变化分解

	1981 ~ 1985 年	1986 ~ 1990 年	1991 ~ 1995 年	1996 ~ 2000 年
TFP 增速	4.33	0.55	5.47	1.74
劳均资本增速	4.89	3.79	9.9	10.09
Y/K 增速	2.16	- 1.06	1.2	- 2.47
	2001 ~ 2005 年	2006 ~ 2010 年	2011 ~ 2015 年	2016 年
TFP 增速	2.65	3.6	1.07	1.00
劳均资本增速	11.30	12.83	11.52	9.78
Y/K 增速	- 2.06	- 1.75	- 3.66	- 3.05

　　我国近年来资本生产率加速下滑这一客观事实引起了社会的广泛关注，有关重复投资、无效投资和盲目投资等资源错配的争论逐渐增多。结合资本生产率的变化特征，笔者认为我们应当客观评价我国近几年资本生产率的变化。投资具有滞后效应，特别是基础设施投资。全球金融危机爆发后，为了减缓外部需求下降造成的不利冲击，中央政府出台了一系列经济刺激政策，大量基建项目陆续上马。据国家统计局统计，2009 年全年固定资产投资完成额增加 30.4%，其中基础设施建设投资上升了 40.2%，增速大约是 2008 年的 2 倍。2013 年以来，我国基础设施建设投资增速一直高于全社会固定资产投资增速。基础设施投资短期内大幅增加导致资本生产率显著下降，但有利于补齐我国基础设施建设整体落后、区域不平衡的短板，突破我国经济发展瓶颈，增加经济体的潜在产出。

　　全要素生产率增速下降导致的资本生产率下降更值得担忧。我国近几年全要素生产率增速下降有多方面原因。一是全球金融危机造成的巨大冲击，这是事前没有预料到的，之前的投资决策并没有预测到此次危机的发生。金融危机后，全球需求显著下降，导致部分行业出现严重的产能过剩，总产出也下降。二是生产要素配置扭曲，诸如对私营企业或明或暗的歧视，以及大量金融资源被国有企业占有。在经济刺激期间，部分资金又持续流入产能过剩行业、技术落后企业，导致产能过剩进一步加剧、"僵尸企业"僵而不死。三是早先的市场经济改革、国有企业改革以及入世带来的红利逐渐消失，新的改革又面临阻力大、推进慢的困境，经济发展越来越受到当前体制机制的约束。四是我国与发达国家间的技术差距缩小，简单的学习、模仿所能带来的全要素生产率增量逐渐下降，全要素生产率提升越来越依赖于自主创新和研发。总体来讲，我国应通过改善资本配置效率和技术进步等方式提高全要素生产率，减缓资本生产率的下降节奏。较高的资本生产率有助于提高资本积累速度，从而提高我国的劳动生产率。

四　有关我国资本生产率变化的几点认识

（一）高投资率是我国资本快速积累的重要保障

1. 我国投资率呈阶梯式增长且高于全球平均水平

如图 4-4 所示，全球固定资本形成率长期保持在 25% 左右的水平，我国的固定资本形成率长期高于全球平均水平。总体来讲，我国固定资本形成率大致呈阶梯式增长。1978~1988 年，我国固定资本形成率在 30% 上下。1989~1991 年，受国内环境影响，投资率大幅下跌，从 1988 年的 31.9% 下降至 1990 年的 24.6%。1992 年，受邓小平南方谈话的鼓舞，我国固定资产投资大幅增长，1993 年投资率陡然上升至 38%，此后又逐渐下降至 32% 的水平。1998 年起，我国固定资本形成率又逐渐上升，特别是在我国加入世界贸易组织以后，固定资产投资大幅攀升，固定投资率从 2000 年的 33.4% 上升至 2004 年的 40.6%。2005~2007 年，固定资本形成率有所下降，2007 年下降至 38.9%。2008 年全球金融危机爆发后，为了减缓外部需求下降对经济造成的不利影响，中央政府出台了"一揽子"经济刺激计划，固定资产投资大幅攀升。2009 年，我国固定资产资本形成率陡升至

44.9%，相比 2008 年增加了 4.8 个百分点，2013 年又进一步上升至 45.5%。
2014 年起，我国固定资产投资率有所下降，2015 年下降至 43.8%。WDI 数
据库显示，当前我国固定资产投资率是世界主要经济体中最高的，仅次于
南美洲的苏里南和南亚的不丹，高出世界平均水平 20 个百分点。

我国如此高的投资率，在历史上鲜有国家达到。在以高储蓄率为特征
的东亚和东南亚经济体中，仅新加坡在 20 世纪 80 年代初、马来西亚在 20
世纪 90 年代中期达到或接近过该水平。与经济发展阶段相近时期的部分经
济体相比，我国的投资率也是最高的（见表 4 - 7），这表明我国经济增长
更加依赖资本投入。21 世纪以来（除 2005 年），投资对我国 GDP 增长的
贡献率一直在 40% 以上，最高时曾达到 86.5%。高投资率为我国资本快速
积累提供了重要支撑。

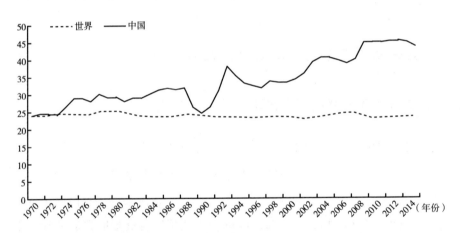

图 4 - 4 中国与世界固定资本形成率对比

资料来源：WDI。

表 4 - 7 相同发展阶段东亚经济体投资率

国家和地区	年份	平均投资率(%)	国家和地区	年份	平均投资率(%)
中国大陆	2006 ~ 2015	43	中国香港	1960 ~ 1970	25
日本	1961 ~ 1970	33	马来西亚	1986 ~ 1995	33
韩国	1981 ~ 1990	28	印尼	2006 ~ 2015	30
新加坡	1981 ~ 1990	38	泰国	2001 ~ 2010	25
中国台湾	1976 ~ 1985	26	—	—	—

资料来源：中国台湾的数据源于 Wind 数据库，其余数据来自 WDI。

2. 政府和居民投资快速增加是我国投资率上升的主要原因

按照投资主体不同,投资可以划分为企业(包括金融企业和非金融企业,这里指非金融企业)、政府和居民(包括居民和个体经营户,但出于习惯统称为居民)投资。

企业投资在总投资中占据主导地位,其在总投资中的占比变化大致分为三个阶段。1993 年,企业投资占比达到有数据统计以来的最高值78.3%;1994~2005 年,企业投资占比逐渐下降,2005 年下降至61.1%。2006~2008 年,企业投资占比显著回升,2008 年上升至69.3%。2009 年起又逐渐下降,近两年有所回升,2015 年为64.4%,相较1993 年的高峰下降了约14 个百分点。

政府投资在总投资中的占比从1992 年的5.8% 上升至2010 年的11.8%,上升了6 个百分点。2011~2013 年,政府投资占比出现短暂下降,2013 年下降至10.3%。2014~2015 年,在稳增长的背景下,政府投资占比又显著上升,2015 年为12.1%。

居民投资占比与企业投资占比呈大致相反的走势。1993~1994 年,居民固定投资占比达到有数据统计以来的最低值15.8%。1995~2005 年,居民投资占比逐渐上升,特别是20 世纪90 年代末实施住房市场化改革以后,居民投资占比显著上升,2005 年居民资本形成占比上升至28.1%。2006~2008 年,居民投资占比显著下降,2008 年下降至19.8%。2009 年起,居民投资占比开始回升,2013 年上升至26.5%,2014~2015 年又有所下降,2015 年为23.6%。

1992~2015 年,我国企业、政府和居民三个部门的资本形成率(各部门投资占 GDP 的比重)分别上升了0.8、3.3 和3.8 个百分点,其中,政府和居民投资率上升幅度最为显著。由此可见,政府和居民投资快速增加是我国整体投资率显著上升的主要原因。政府投资大幅增加主要源于快速城镇化过程中,我国对市政建设和交通运输等基础设施的需求增加。政府是基础设施最主要的投资主体,其投资率快速上升。居民投资显著增加主要受20 世纪90 年代末住房市场化改革,以及21 世纪以来房地产市场繁荣发展、住房价格大幅上涨等因素影响。

表 4-8　我国资本形成结构变化

单位：%

年份	资本形成构成			资本形成率			
	企业	政府	居民	企业	政府	居民	总计
1992	76.00	5.78	18.22	28.04	2.13	6.72	36.90
1993	78.30	5.90	15.80	34.28	2.58	6.92	43.78
1994	77.72	6.48	15.80	32.38	2.70	6.58	41.66
1995	77.53	6.14	16.33	32.09	2.54	6.76	41.39
1996	74.21	6.33	19.46	29.63	2.53	7.77	39.93
1997	72.40	7.58	20.02	27.11	2.84	7.50	37.45
1998	70.76	8.38	20.86	25.92	3.07	7.64	36.63
1999	70.25	8.20	21.55	25.49	2.98	7.82	36.29
2000	69.37	8.57	22.06	24.03	2.97	7.64	34.64
2001	70.13	8.52	21.35	25.07	3.05	7.63	35.75
2002	67.69	8.82	23.49	25.22	3.28	8.75	37.25
2003	65.10	11.20	23.70	26.34	4.53	9.59	40.46
2004	63.84	10.94	25.22	27.13	4.65	10.72	42.50
2005	61.13	10.77	28.10	25.16	4.43	11.57	41.16
2006	66.79	11.01	22.20	28.07	4.63	9.33	42.03
2007	68.83	10.43	20.74	28.11	4.26	8.47	40.84
2008	69.28	10.89	19.83	29.95	4.71	8.57	43.23
2009	67.45	11.90	20.64	31.71	5.59	9.70	47.00
2010	67.19	11.83	20.98	31.67	5.58	9.89	47.14
2011	64.59	10.45	24.96	30.34	4.91	11.73	46.98
2012	64.83	10.33	24.83	30.29	4.83	11.60	46.72
2013	63.20	10.31	26.49	29.03	4.73	12.17	45.93
2014	63.60	11.09	25.31	29.75	5.19	11.84	46.78
2015	64.37	12.07	23.56	28.80	5.40	10.54	44.74

资料来源：根据历年资金流量表计算。

（二）政府和企业可支配收入上升是储蓄率上升的主要原因

根据国民收入恒等式"消费+储蓄=消费+投资+货物和服务贸易净出口"，得到"投资=储蓄-净出口"。当投资大于储蓄时，经常账户出现逆差，外资流入弥补投资和储蓄之间的缺口；当投资小于储蓄时，经常账户出现顺差，资本流出。虽然说在开放宏观经济条件下，一国投资和储蓄之间的缺口可以通过资本跨境流动进行调节，但从长期可持续发展角度来看，国内投资最主要还是依靠国内储蓄支撑。长期对外贸易逆差将导致经济体的外部债务负担增加，容易引发金融危机。1994年墨西哥金融危机和1997年东南亚金融危机就是典型的例子。21世纪以来，我国储蓄率水平从此前的40%上下攀升至50%上下，大约是世界平均水平的两倍。2007~2008年，我国储蓄率一度高达52%，近几年才呈现出下降趋势[①]。

1. 政府和企业部门在国民储蓄中的占比显著上升

国民总储蓄具体由政府、居民和企业三个部门的储蓄构成。我们将根据国家统计局公布的资金流量表数据计算出各部门储蓄率和储蓄结构的变动。值得注意的是，资金流量表下的实物交易和金融交易部分在核算时存在一定的统计误差。因此，在计算部门储蓄前需要对资金流量表下的实物交易部分进行统计误差修正，即在实物交易部分的部门可支配收入和部门储蓄基础上加上各自的统计误差项。[②] 统计误差 = 金融交易的净金融投资 - 实物交易的净金融投资，统计误差为正，表示可支配收入和储蓄被低估；统计误差为负，表示可支配收入和储蓄被高估（李扬、殷剑锋，2007；徐文舸，2017）。

表4-9给出了1992~2015年各部门储蓄率和储蓄结构变化。结果显示，居民储蓄在国民储蓄构成中的占比呈波动下降趋势，非居民部门显著上升。居民部门储蓄在国民储蓄中所占比重从1992年的58.7%下降至2010年的31.2%，此后便在31%~45%上下波动，1992~2002年居民储蓄占比的均值为51.1%，2003~2015年居民储蓄占比的均值下降至40.8%。企业部门储蓄占比从20世纪90年代后期开始逐渐增加，到全球金融危机爆发后企业储蓄占比才开始下降，但仍在40%以上。1992~2012年企业储蓄占比的均值为37.9%，2003~2015年企业储蓄占比的均值上升

---

① 数据来源于 WDI 数据库。

② 李扬和殷剑锋（2007）指出资金流量表中实物交易部分和金融交易部分的"净金融投资"项一直存在巨大的"统计误差"。为了使两者一致，国家统计局每年都要用"统计误差"项来对资金流量的实物表进行修正。统计误差 = 金融交易的净金融投资 - 实物交易的净金融投资 = 金融交易的净金融投资 -（可支配收入 - 最终消费 - 资本形成总额），作者指出消费和投资在统计上出错的概率相对较小，因此统计误差主要归因于可支配收入被低估或者高估。

至 50.1%。金融危机前夕，除个别年份，政府储蓄占比在 10%～12% 徘徊，金融危机后，政府储蓄占比显著上升，2009～2015 年政府储蓄占比的均值为 12.8%。由此可见，当前我国国民储蓄构成中，有六成左右是由企业和政府构成的非居民储蓄。

表 4-9　各部门储蓄率和储蓄结构变化

单位：%

年份	居民储蓄率	企业储蓄率	政府储蓄率	各部门储蓄占比		
				居民	企业	政府
1992	22.17	12.45	3.15	58.71	32.96	8.34
1993	19.96	16.02	4.77	48.98	39.31	11.72
1994	21.32	15.39	5.09	51.00	36.83	12.17
1995	20.32	15.81	4.93	49.49	38.51	12.00
1996	22.51	12.74	4.84	56.15	31.78	12.07
1997	21.13	15.26	3.87	52.49	37.91	9.61
1998	21.30	14.10	4.10	53.92	35.69	10.39
1999	20.02	14.33	3.75	52.55	37.61	9.84
2000	15.74	16.81	4.71	42.25	45.11	12.64
2001	17.37	16.01	4.73	45.57	42.02	12.40
2002	20.57	15.84	3.90	51.04	39.29	9.67
2003	20.24	18.47	4.74	46.57	42.51	10.92
2004	20.50	24.88	1.93	44.47	53.99	4.19
2005	24.64	17.98	5.24	51.48	37.58	10.94
2006	20.50	24.16	5.30	41.04	48.35	10.61
2007	23.17	34.59	0.11	45.66	68.16	0.21
2008	25.68	4.06	4.06	48.94	7.74	7.74
2009	17.86	27.85	6.53	34.19	53.31	12.50
2010	16.56	31.54	4.91	31.24	59.49	9.27
2011	19.25	25.63	6.09	37.77	50.29	11.95
2012	22.34	22.37	5.57	44.43	44.49	11.07
2013	16.81	24.95	6.91	34.53	51.27	14.20
2014	16.94	24.28	8.01	34.41	49.32	16.26
2015	20.04	20.93	6.96	41.80	43.68	14.52

资料来源：根据资金流量表数据计算。

2. 政府和企业在国民收入分配中的比重显著上升

对总储蓄率计算公式进行分解 $s = \dfrac{S}{Y} = \dfrac{S_{居民} + S_{企业} + S_{政府}}{Y}$，其中，居民和政府部门的储蓄分别等于各自可支配收入减去消费，企业部门的储蓄就是其可支配收入。居民和政府的储蓄率由其储蓄倾向和可支配收入决定，储蓄倾向在很大程度上又是由可支配收入决定，由此可知，储蓄率水平与经济体的收入分配格局有很大关系。

1992～2015 年，我国居民可支配收入占比大致呈先降后升的趋势（见表 4-10）：1996 年，我国居民可支配收入占比达到有数据统计以来的最高点 69%，此后便一直下降，2008 年下降至 57.2%，相比 1996 年下降了11.8 个百分点；2009～2013 年，居民可支配收入占比开始回升，2015 年为 61.6%，但仍比 2000 年低 4.5 个百分点。政府部门可支配收入占比在21 世纪以来上升明显，2000～2015 年，政府部门可支配收入占比从14.5% 上升至 18.5%，上升了 4 个百分点。企业部门可支配收入占比则呈现先升后降的趋势：1996～2008 年，企业部门可支配收入占比从 16.4% 上升至 24.5%，上升了 8.1 个百分点，2009～2014 年，企业部门可支配收入占比逐渐下降，2015 年下降至 19.8%，与 2000 年持平。由此可知，2000年至金融危机前夕，我国储蓄率大幅提高主要是政府和企业在国民收入分配中的比重快速增加。金融危机以来，企业可支配收入占比下降，是储蓄率下降的重要原因。

可支配收入是在初次收入分配的基础上，经过经常转移的形式对初次分配进行再次分配的结果。21 世纪以来，居民在两次收入分配中所占的比重变化不大，企业可支配收入所占比重要比初次收入分配所占比重平均低3.4 个百分点，而且近年来的差距逐渐扩大，相对应的是，政府可支配收入所占比重平均高出初次收入分配比重约 3.4 个百分点。从两次分配的构成和变化来看，21 世纪以来至金融危机前夕，得益于入世带来的红利，我国企业产出和收入快速增加，与此同时，人口红利逐渐释放，加之受利率管制等因素影响，居民的劳动报酬和财产性收入增长有限，企业的盈利水平快速提升，导致企业的可支配收入增加。同时，政府通过生产税、土地出让金、国企分红和所得税等方式扩大自身在国民收入分配中的比重。金融危机过后，受外部需求下降的影响，企业的产出和收入下降，但与此同时，劳动力供给出现拐点，企业经营成本下降空间有限，企业的营利能力减弱，企业在国民收入分配中所占比重开始下降。

表 4-10 我国两次收入分配情况

单位：%

年份	收入再分配占比			初次收入分配构成		
	企业部门	政府部门	居民部门	企业部门	政府部门	居民部门
1996	16.4	14.6	69.0	20.0	12.8	67.2
1997	17.7	14.3	68.0	21.8	12.5	65.7
1998	17.5	14.2	68.3	20.5	12.9	66.6
1999	19.2	14.1	66.7	20.7	13.1	66.2
2000	19.4	14.5	66.1	21.2	13.1	65.7
2001	20.6	15.0	64.4	23.1	12.7	64.2
2002	21.1	16.3	62.6	23.4	14.0	62.6
2003	21.9	16.1	62.0	24.2	13.7	62.1
2004	24.3	16.6	59.1	26.9	13.9	59.2
2005	23.7	17.4	58.9	26.6	14.1	59.3
2006	23.7	17.9	58.4	26.9	14.3	58.8
2007	23.9	18.8	57.3	27.5	14.6	57.9
2008	24.5	18.3	57.2	28.3	14.1	57.6
2009	23.8	17.5	58.7	27.3	13.9	58.8
2010	23.6	18.0	58.4	26.9	14.6	58.5
2011	21.9	18.8	59.3	25.8	15.0	59.2
2012	20.6	19.2	60.2	24.7	15.5	59.8
2013	19.8	18.9	61.3	24.1	15.2	60.7
2014	20.5	18.9	60.6	24.7	15.2	60.1
2015	19.8	18.5	61.6	24.1	15.0	60.9

资料来源：Wind 数据库。

3. 多因素导致我国居民储蓄长期处于较高水平

据测算（见图 4-5），1992～2000 年，我国居民储蓄倾向均值约为 31%。21 世纪以来，我国居民储蓄意愿明显增强，2001～2015 年，我国居民储蓄意愿均值上升至 34.4%，2008 年居民储蓄意愿达到接近 40% 的水平。从全球范围来看，我国居民的储蓄意愿长期处于较高水平。我国居民储蓄意愿偏高主要受四方面因素的影响。

一是人口红利释放增强了居民的储蓄意愿。20 世纪 80 年代起，随着中华人民共和国成立以后两次婴儿潮时期出生的人口逐渐成长，并进入劳动力市场，加之计划生育政策的实施，我国 15～64 岁的劳动人口占比逐渐增加，人口抚养比则逐渐下降。劳动人口占比从 1982 年的61.5% 上升至 2010 年的 74.5%，同期人口抚养比从 62.6% 下降至34.2%。被抚养人口的比例下降，提供储蓄的人口增多，消费压力较小，储蓄意愿增强。①

二是收入分配差距拉大，降低了居民整体消费意愿。经过近 40 年的高速发展，我国国民收入大幅扩大加，与此同时，收入差距也不断扩大。国家统计局发布的数据显示，过去十多年，我国居民收入基尼系数均在 0.4的国际警戒线以上，2008 年最高时达 0.491，近年来虽有所下降，但仍位于较高水平，而且多个研究机构测算的数据都要高于官方数据。② 大量财富聚集在少数高收入者手中，高收入者的边际消费意愿较低，降低了社会整体消费意愿，储蓄意愿增加。

三是社会保障水平低，居民预防性储蓄动机强。虽然经过多年的发展，我国社会保障体系有了一定程度的完善，农村居民和城镇非就业人口也可以享受医疗保险和养老保险，但是我国社会保障水平低这一现状尚未根本改变，社会保障的覆盖范围仍然有限。愈加昂贵的住房支出、医疗支出和教育支出使得居民对未来支出预期的不确定性增加，防御性储蓄动机增强。一个典型的例了就是，21 世纪以来房地产市场繁荣发展，住房价格大幅上涨导致居民投资显著增加。

四是金融市场不发达影响居民跨期消费安排。长期以来，我国金融体系都是国有银行占主导。金融体系主要是为政府和国有企业融资服务，与居民有关的信贷市场发展缓慢，居民的资金需求缺口难以通过金融市场弥补，严重制约了居民的跨期消费能力。

---

① 不过，2011 年我国人口结构出现拐点，劳动人口占比开始下降，抚养比开始上升。2014年，我国 65 岁及以上老年人口占比首次超过 10%，人口老龄化问题加剧。随着新中国成立后两次婴儿潮时期出生的人口步入老年，加上全面放开二胎政策，可以预见在较长一段时间内，我国人口抚养比将呈上升态势。被抚养人口比例上升，提供储蓄的人口减少，消费压力加大，居民的储蓄倾向将呈现下降趋势。

② 例如，西南财经大学公布的我国家庭金融调查结果显示，2010 年我国家庭的基尼系数高达 0.61。

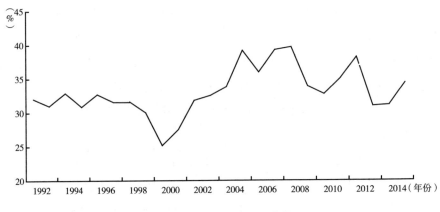

图 4 - 5　居民储蓄倾向变化

资料来源：根据历年资金流量表数据测算。

（三）资本配置效率有待提高

从国际比较来看，在劳均资本相同的情况下，我国资本生产率要低于全球平均水平。资本生产率偏低将影响我国资本积累速度和经济增长的可持续性。我们认为这与政府过度干预、国有企业预算软约束和地方政府投资高涨等因素导致的资本错配有关，即资本并没有流向符合市场需求的领域。

1. 产业政策宏调化降低产业政策稳定性

我国的宏观调控政策十分宽泛，产业政策被视作国家宏观调控的重要手段。宏观调控的主要目的是熨平经济波动，降低经济波动造成的不良影响，因此宏观调控具有因时而异、相机抉择的特点。但是，产业政策与行业的长期健康发展相关，应保持相对稳定。产业政策宏调化容易导致政策反复，增加政府干预。经济走高时，政府就从产能过剩、加强环保、提升技术标准等角度切入，以限制投资等产业政策调控经济；经济不景气、保增长压力加大时，又通过加快投资审批核准等手段发力，在短期内连续上项目、扩投资，很多项目在论证尚不充分的条件下就核准通过。一个项目核准可能长达数年，但在必要的时候，核准时间也可以大大缩短，产业政策实施充满不确定性。过多依靠产业政策进行宏观调控容易导致资源错配和结构失衡。例如，国家早在 2003 年就把抑制钢铁和电解铝的投资规模确定为产业政策目标之一，2008 年金融危机期间的大规模刺激计划又将这两个行业列入十大振兴产业之列，并通过加快审批、促进企业兼并重组、信贷和税收优惠等手段拉动投资需求，导致这些行业的产能过剩问题进一步加剧。

2. 国有企业预算软约束降低了国有企业的投资效率

虽然国有企业投资在我国全社会固定资产投资中的占比逐渐下降，但仍保持一定的水平。2011~2015 年，国有企业固定资产投资仍然占到我国全社会固定资产投资的 1/4。由于承受了大量的政策性负担，国有企业一直存在预算软约束的问题。国有企业预算软约束，是指在国有企业发生亏损后，政府通过追加投资、增加贷款、降低税负、提供补贴等方式对其实施救助的现象。预算软约束将加重国有企业管理层的道德风险，导致管理层过度投资，弱化投资的成本控制，使得投资并非以增进企业价值为主，而是以提高管理者的私人利益为主，这必然导致国有企业的投资效率下降。同时，预算软约束的存在使得大量僵尸企业隐匿在国有企业中，大量金融资源被僵尸企业占用，但生产率高、对市场变化更为敏感的民营企业面临融资难、融资贵的问题，新兴的、生产率更高的企业难以崛起，经济体的活力逐渐丧失。

3. 地方政府谋发展的热情增加了投资的盲目性

中国的地方竞争以及以经济增长为主要指标的官员考核机制使得地方政府具有强烈的投资冲动。地方官员任期有限，依靠投资提高本地区 GDP 水平是最快捷有效的途径，只要政策与财力允许，地方政府都会不遗余力地增加投资。大量重复投资、无效投资就隐含在地方官员"粉饰业绩"的政绩工程中。

五　结论和建议

综上所述，资本生产率随着资本积累逐渐下降是一个客观的过程，我们不能简单地对资本生产率高低做出价值判断。但在劳均资本相同的情况下，资本生产率越高越好，资本生产率越高，资本积累速度就越快，需要牺牲的消费就越少。提高投资效率有利于降低资本生产率的下降节奏。从国际比较来看，当前我国资本生产率偏低，要比劳均资本大致相同的经济体均值低25%，与相近发展阶段的经济体相比也处于靠后的位置。我国的劳均资本水平仅为发达国家的15%～25%，维持较高的投资率，加快资本积累对中国经济增长来说仍然十分必要。与此同时，我们还要从提高全要素生产率入手，通过提升资源的配置效率、促进技术进步等手段提高投资产出效率，从而增强经济发展的可持续性。对此，我们提出如下建议。

（一）缩小与发达经济体的劳均资本差距

当前阶段，我国仍应加快资本积累。维持一个较高的投资率是资本积累的关键，大多数经济体在其经济腾飞阶段通常都伴随着高投资。但在资本积累的过程中要处理好投资和消费的关系，投资率不可能无限上升，特别是在我国劳动力供给已经出现拐点、人口红利逐渐消失、储蓄率下降已成趋势的情况下，提高资本生产率便显得十分必要。

（二）优化资本配置效率

虽然从资本总量的角度来看，我国劳均资本存量仍然较低，但从投资结构来讲，我国需要进一步优化资本配置结构，增加有效资本形成，提高经济体的潜在产出能力，减缓资本生产率的下降趋势。十九大报告提出，要发挥投资对优化供给结构的关键性作用，要优化存量资源配置，扩大优质增量供给，实现供需动态平衡。

首先，继续推进投融资体制改革。减少政府对投资的干预，放宽部分垄断性行业准入限制，让企业成为真正的投资主体。政府的主要责任在于营造一个产权有效激励、要素自由流动、价格反应灵活、竞争公平有序、企业优胜劣汰的市场环境。其次，降低国有企业预算软约束。加强对国有企业管理层的问责和监督，对那种以损害国有资产为己牟利的行为要予以严惩；坚持清理僵尸企业，僵尸企业占用大量的金融资源，阻碍新企业的成长，拉低了经济体的生产率。再次，改善民营企业融资环境，促进民间投资。民营企业是社会主义市场经济中最具活力的部分，对新产业、新业态高度敏感，善于发现人们不容易注意到的投资机会，带来生产和生活方式的大变革。但是大多数民营企业属于中小企业，融资难、融资贵一直是制约民营中小企业发展的难题，因此，政府应出台相关政策改善民营中小企业融资环境，提高其投资能力。最后，改进地方官员考核机制，不再以GDP论英雄，严防地方官员的投资冲动。

专栏 1：资本生产率与资本回报率

在讨论投资效率时，很多文献会使用资本回报率这一概念。资本回报率是指平均每一单位资本所能获得的投资收益，或单位资本能够实现的边际投资收益。资本回报率又分为宏观资本回报率和微观资本回报率，宏观资本回报率根据国民收入相关指标和资本存量计算，微观资本回报率基于企业财务数据计算。微观资本回报率较为直观，但没有考虑投资的外部性。CCER（2007）根据企业财务数据衍生出包括净利润/权益、净利润/资产、净利润/固定资产、利润总额/权益、利润总额/资产、利润总额/固定资产、总回报/权益、总回报/资产、总回报/固定资产在内的九个指标表示资本回报率。Dollar and Wei（2007）和邵挺（2010）利用增加值/资本存量表示企业的投资效率。由此可见，微观资本回报率因对投资收益（分子）和资本存量（分母）的理解不同而存在差异。由于本书研究的是整个经济体的资本生产率，宏观模型化资本回报率与本书要研究的资本生产率概念关联度更高，因此本专栏仅介绍宏观资本回报率。

根据白重恩、张琼（2014）等的研究，资本 j 的名义回报率：

$$i_j(t) = \frac{P_Y(t)MPK_j(t)}{P_{K_j}(t)} - \delta_j + \dot{P}_{K_j}(t) \tag{1-1}$$

其中，$P_Y(t)MPK_j(t)$ 表示一单位资本 j 的收益，$P_{K_j}(t)$ 表示资本 j 的价格水平，δ_j 表示资本折旧，$\dot{P}_{K_j}(t)$ 表示资本 j 的价格变动。

产出中支付给资本的份额：

$$\alpha(t) \equiv \frac{\sum_j MPK_j(t) K_j(t)}{Y(t)} \tag{1-2}$$

将公式（1-1）带入公式（1-2），得到：

$$\alpha(t) = \frac{P_K(t) K(t) [i(t) - \dot{P}_K(t) + \delta(t)]}{P_Y(t) Y(t)} \tag{1-3}$$

由公式（1-3），得到实际的资本回报率 $r(t)$：

$$r(t) = i(t) - \dot{P}_Y(t) = \alpha(t) * \frac{P_Y(t) Y(t)}{P_K(t) K(t)} + [\dot{P}_K(t) - \dot{P}_Y(t)] - \delta(t) \tag{1-4}$$

对公式（1-4）的时间进行全微分：

$$\Delta r(t) \approx \frac{P_Y(t) Y(t)}{P_K(t) K(t)} \Delta\alpha(t) + \alpha(t) \Delta(\frac{P_Y(t) Y(t)}{P_K(t) K(t)}) + \Delta\dot{P}_K(t) - \Delta\dot{P}_Y(t) - \Delta\delta(t) \tag{1-5}$$

由公式（1-4）可知，资本回报率由经济体资本的收入份额、产出资本比、资本价格、产出价格和折旧决定。白重恩、张琼（2014）的研究指出，任意时期资本回报率水平的大小主要取决于经济体在该时期产出资本比的高低，即资本生产率的高低。追赶型经济体由于劳均资本存量较低，资本生产率较高，因而其资本回报率一般要高于发达经济体，这也是发达经济体向发展中经济体进行直接投资的主要动机。

专栏 2：全社会固定资产投资与固定资本形成的差距缘何扩大

全社会固定资产投资是中国特有的一类统计指标，是指以货币形式表现的在一定时期内全社会建造和购置固定资产的工作量以及与此有关的费用的总称。固定资本形成源于全社会固定资产投资，从 2003 年起，我国全社会固定资产投资完成额与固定资本形成之间的差距逐渐增大①。2015 年，支出法 GDP 中的固定资本形成总额仅占全社会固定资产投资的 53.7%，固定资本形成与全社会固定资产投资相差 26 万亿元，占当年 GDP 的 37.3%。

---

① 全社会固定资产投资是从建设项目管理角度设置的指标，凡是建设项目需要支付的费用都包括在其中。固定资本形成作为支出法 GDP 的构成部分，按照 GDP 核算的基本准则，必须是生产活动创造出来的产品才能计入固定资本形成。

　　张军（2014），吴海英、余永定（2015）阐释和分析造成两者差距的原因。张军（2014）按照统计局的调整方法，根据全社会固定资产投资数据调整计算出固定资本形成数据。结果显示，统计局公布的固定资本形成数据要比估计结果低30%，估计的结果与全社会固定资产投资数据几乎相同（见附图4-1）。作者认为，统计局更相信收入法核算的GDP，资本形成数据是统计局为了适应收入法而得到的余项，不是用投资基础数据核算得到的。吴海英、余永定（2015）给出了从全社会固定资产投资到固定资本形成的调整过程及结果。结果显示，2012～2014年大约只有18%的差异来自全社会固定资产投资和固定资本形成统计口径的不同。作者也认为，支出法GDP中的固定资本形成越来越成为生产/收入法GDP扣减消费、货物服务净出口、存货变动后的余值，而不是来自投资统计收集到的固定资产投资数据。地方固定资产投资高报是固定资产投资越来越偏离固定资本形成的重要原因。中国固定资本形成和全社会固定资产投资见附图4-1。

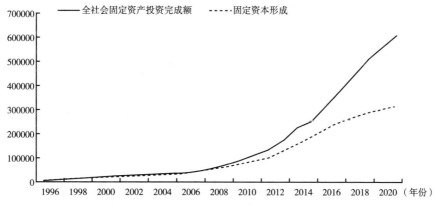

附图4-1　中国固定资本形成和全社会固定资产投资

资料来源：国家统计局。

专栏3：我国全社会固定资产投资结构分析

1. 房地产固定资产投资占比显著上升

　　从投资行业来看，制造业，房地产业，交通运输、仓储和邮政业，水利、环境和公共设施管理业，电力、燃气及水的生产和供应业是我国固定资产投资前五大行业。与"十五"期间相比，我国制造业投资占比在"十一五"期间显著增加至32%，并在"十二五"期间小幅上升至32.8%；"十二五"期间，我国房地产投资占比显著上升，从此前23%的水平上升至25.8%，上升幅度在十九个行业大类中是最大的，经济发展对房地产的依赖程度进一步加深；交通运输、仓储和邮政业，水利、环境和公共设施管理业，电力、燃气及水的生产和供应业三大行业主要涉及基础设施投资，属于资本密集型行业，除水利、环境和公共设施管理业在投资中的占比有所上升，交通运输、仓储和邮政业，电力、燃气及水的生产和供应业固定资产投资占比在"十二五"期间都出现下降（见附表4-1）。

附表4-1　全社会固定资产投资行业构成

单位：%

	制造业	房地产业	交通运输、仓储和邮政业	水利、环境和公共设施管理业	电力、燃气及水的生产和供应业
2003~2005 年	28.05	23.10	11.00	7.37	7.95
2006~2010 年	31.90	22.92	10.63	8.08	6.63
2011~2015 年	32.81	25.77	8.58	8.63	4.55

资料来源：国家统计局。

2. 建筑安装工程投资占比大幅上升

从投资构成来看，"十二五"期间，建筑安装工程占比大幅上升，"十五"和"十一五"期间建筑安装工程投资分别为60.8%和61.1%，到"十二五"期间大幅上升至66.7%。设备工器具购置占比则从"十五"期间的23.4%逐渐下降至"十二五"期间的20.3%。其他费用占比在"十二五"期间下降至13%（见附表4-2）。

附表4-2　全社会固定资产投资构成

单位：%

	建筑安装工程	设备工器具购置	其他费用
2001~2005 年	60.77	23.37	15.85
2006~2010 年	61.13	22.34	15.76
2011~2015 年	66.71	20.31	12.98

资料来源：国家统计局。

3. 私营企业投资大幅攀升

私营企业、有限责任公司和国有企业是我国前三大投资主体，2015年，该三类企业固定资产投资占比分别为 30.5%、26% 和 24.9%。其中，私营企业投资占比持续增加，相比 2006 年的 17.5% 上升了 13 个百分点，是所有投资主体中上升幅度最大的；有限责任公司在固定资产投资中的比重呈现先升后降的趋势，总体来讲，"十二五"期间，有限责任公司固定资产投资平均占比相比"十一五"期间上升了 2.6 个百分点，达到 27%；国有企业固定资产投资占比整体呈现下降趋势，但具有一定的逆周期性，2009~2010年，国有企业固定资产投资占比相比 2008 年显著上升，之后又重回下降轨道。另外，股份有限公司和外商企业在我国固定资产投资中的占比持续下降，分别从 2006 年的 7.4% 和 9.9% 下降至 2015 年的 3.7% 和 4%（见附图 4-2）。

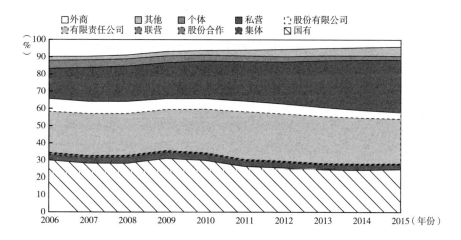

附图 4-2　全社会固定资产投资所有制结构

资料来源：国家统计局。

4. 自筹资金是最主要的资金来源且占比逐渐增大

我国固定资产投资资金来源构成包括国家预算内资金、国内贷款、利用外资、自筹资金和其他资金五类。其中，自筹资金占比最大，并呈现上升趋势，自筹资金占比从 2001 年的 49.8% 上升至 2015 年的 71%；国内贷款是除去其他资金以外的第二大资金来源，但呈现逐渐下降的趋势，从 2001 年的 19.1% 下降至 2015 年的 10.4%；国家预算内资金占比呈现波动下降的趋势，并具有逆周期特征，经济繁荣时期占比下降，衰退时期占比上升；利用外资在我国固定资产投资资金来源中的占比持续下降，2015 年仅为 0.5%（见附图 4 - 3）。

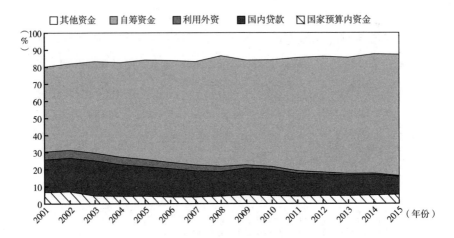

附图 4 - 3　全社会固定资产投资实际到位资金来源构成

资料来源：国家统计局。

参考文献

白重恩、张琼，2014，《中国资本回报率及其影响因素分析》，《世界经济》第 10 期。

樊潇彦、袁志刚，2006，《我国宏观投资效率的定义与衡量：一个文献综述》，《南开经济研究》第 1 期。

龚六堂、谢丹阳，2004，《我国省份之间的要素流动和边际生产率的差异分析》，《经济研究》第 1 期。

何枫、陈荣、何林，2003，《中国资本存量的估算及其相关分析》，《经济学家》第 5 期。

贺菊煌，1992，《我国资产的估算》，《数量经济技术经济研究》第 8 期。

李扬、殷剑锋，2007，《中国高储蓄率问题探究——1992～2003 年资金流量表的分析》，《经济研究》第 7 期。

卢锋，2016，《宏调的逻辑——从十年宏调史读懂中国经济》，中信出版社。

罗知、郭熙保，2014，《劳动力转移对资本回报率影响的机制分析与实证研究》，《数量经济技术经济研究》第 1 期。

单豪杰、师傅，2008，《中国工业部门的资本回报率》，《产业经济研究》第 6 期。

邵挺，2010，《金融错配、所有制结构与资本回报率：来自 1999—2007 年我国工业企业的研究》，《金融研究》第 9 期。

盛明泉、张敏、马黎珺、李昊，2012，《国有产权、预算软约束与资本结构动态调整》，《管理世界》第 3 期。

王林辉、袁礼，2014，《资本错配会诱发全要素生产率损失吗?》，《统计研究》第 8 期。

王小鲁、樊纲、刘鹏，2009，《中国经济增长方式转换和增长可持续性》，《经济研究》第 1 期。

吴海英、余永定，2015，《中国经济转型中的投资率问题》，《金融评论》第 6 期。

徐文舸，2017，《国内总储蓄率高企及居民消费率下降的分解与探究》，《社会科学研究》第 1 期。

张军、章元，2003，《资本存量 K 的再估计》，《经济研究》第 7 期。

张军，2014，《中国的投资率到底有多高》，《经济资料译丛》第 4 期。

中国国家统计局国民经济核算司，2007，《中国国内生产总值核算历史资料（1952—2004）》，中国计划出版社。

邹至庄，2005，《中国经济转型》，中国人民大学出版社。

Chang-Tai, Hsieh and Peter J. Klenow, 2009. "Misallocation and Manufacturing TFP in China and India." *Quarterly Journal of Economics* 25：45 – 68.

Dollar and Wei. 2007. "Das（Wasted）Kapital：Firm Ownership and Investment Efficiency in China." *NBER Working Paper* No. 13103.

Shimin Chen, Zheng Sun, Song Tang, Donghui Wu. 2011. "Government Intervention and Investment Efficiency：Evidence from China." *Journal of Corporate Finance* 17 ：259 – 271.

第五章　我国全要素生产率的
变动及影响因素

内容提要： 本章运用索洛模型对改革开放以来我国经济增长、资本存量和劳动力历史变动进行回顾，建立 C-D 生产函数，估算 1978 年以来全要素生产率。1978~2016 年 TFP 平均每年拉动经济增长 2.8 个百分点，贡献率约为 29%。与其他时期相比，20 世纪 90 年代 TFP 对中国经济增长的贡献率最高，1991~1999 年 TFP 平均每年拉动经济增长约 4 个百分点，贡献率为 36.5%。21 世纪以来 TFP 的贡献率有所下降，而资本的贡献率显著上升。2008 年全球金融危机后，中国 TFP 对经济增长的贡献率显著下降，远低于阶段平均水平。全要素生产率影响因素分析结果显示，国有经济比重对全要素生产率的影响显著，人力资本和研发投入强度的影响不显著。

一　改革开放以来我国的经济增长

1978 年以来，我国经济保持了三十多年的快速增长，1978~2015 年 GDP 年均增长率达到了 9.8%。我国经济的快速增长不是平稳的，即经济增长呈现周期波动特征。根据统计数据，按 GDP 增长速度的谷－谷划分，1981~2015 年我国经济增长可划分成三个较大的周期。第一周期：1981~1990 年，周期长 9 年，上升期 3 年，GDP 年平均增长 9.8%，波幅为 11.4 个百分点，1984 年经济增长速度最快，达到了 15.2%，这也是 1978 年以来的最高点。第二周期：1990~1999 年，周期长 9 年，上升期 2 年，GDP 年平均增长 10.7%，波幅为 10.4 个百分点。第三个周期：1999~2016 年，周期长 17 年，GDP 年均增速 9.4%，波幅为 7.5 个百分点（见图 5-1）。

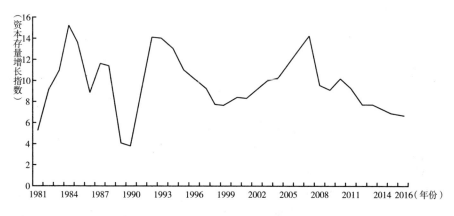

图 5 - 1　中国经济增长速度的变化

资料来源：CEIC 数据库。

经济增长周期波动变化主要有三个特点。第一，波动周期越来越长，周期波动幅度越来越小，尤其是 1999 年以来的第三周期，与以往相比周期长度变长，波幅降低。这表明我国的经济增长速度变得越来越平稳。第二，每个周期经济平均增长速度变化不大。1990~1999 年 GDP 年均增速仅比上一周期上升了不到 1 个百分点，1999~2016 年 GDP 平均增速与上两个周期相比略有下降。第三，经济增长上升期明显变长。前两个周期，经济增速上升较短，仅为 2~3 年，第三个周期经济上升期明显变长，比前两个周期要长 5~6 年。

二　资本和劳动力增长

（一）资本增长

20 世纪 90 年代初以来，国内外许多学者对中国历年资本存量进行了估算。绝大多数学者的估算采用了 Goldsmith 提出的永续盘存法（PIM）。

永续盘存法计算资本存量的基本公式为：

$$K_t = I_t + (1 - \rho_t)K_{t-1} \tag{1}$$

式中 K_t 为 t 年资本存量，I_t 为 t 年新增资本量，ρ_t 为折旧率。

按照永续盘存法估计历年资本存量需要确定的变量是初始年资本存量（K_0）、年度投资额（I_t）和折旧率（ρ_t）。现有研究文献对这三个变量（以及投资价格指数）的选取不尽相同，因而估算的结果也有所不同。具有代表性的包括邹至庄（2005, 2012），张军、章元（2003），何枫等（2003），王小鲁等（2009）的研究。这些文献基本上都采用 PIM 法估计资本存量，只是统计指标的选取和处理有所不同。邹至庄（2005, 2012）采用过去统计中的积累数据来估算资本增量，因而避免了折旧率的选取。尽管这些估计由于基础数据指标的选用和折旧率的不同，估算结果存在差异，但资本存量增长率的变动趋势基本上是一致的（见图5-2）。

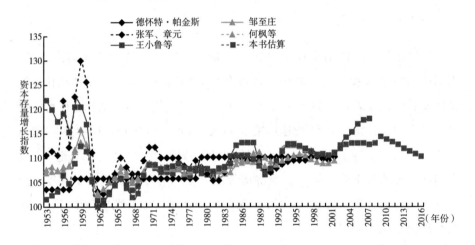

图 5-2　中国资本存量不同估计结果（增长指数）的比较

德怀特·帕金斯的研究表明，初始资本存量和折旧率对近期资本存量增速的影响较大，而对较远时期资本存量增速的影响不大。多数文献在估计中折旧率取 5%。这里我们采用 PIM 方法对我国 1952～2016 年的资本存量进行重新估算。测算中折旧率取 5%；基期 1952 年资本存量采用邹至庄（2005）的估计中 GDP 与资本存量的比例来确定，即 1952 年资本存量是 GDP 的 2.8 倍；投资数据采用不变价固定资本形成额[①]（估算结果见本章

---

① 1952～2004 年按《中国国内生产总值核算历史资料（1952—2004）》中的固定资本形成发展速度计算；2005～2015 年使用 WDI 数据库中固定资本形成不变价增速，2016 年数据是利用贡献率数据估算的。

附录 3）。本书估计的结果介于上述 5 个估计结果的中间。本书及上述 5 个估计结果显示，1961 年以前中国资本存量波动及各结果之间的差别较大，1961 年以后波动和差别较小。

从本书估计结果看，1960 年以后中国资本存量增长速度总体呈上升趋势。1964 ~ 1980 年资本存量年平均增速为 6.8%，1984 ~ 2016 年为11.3%。1978 年后各时期 GDP 和资本存量增速计算结果见表 5 - 1。

表 5 - 1　1978 ~ 2016 年各时期 GDP 和资本存量增速

单位：%

	GDP	资本存量
1978 ~ 1990 年	9.0	8.7
1990 ~ 1999 年	10.7	11.2
1999 ~ 2016 年	9.4	12.2
1978 ~ 2016 年	9.6	10.8

需要说明的是，笔者在研究中发现，新增资本指标的选取对资本存量的估计结果影响较大。2000 ~ 2007 年本书的估计与王小鲁的估计结果有较大差异，后者的估计结果要明显高于前者的结果，原因是后者采用固定资产投资额来估计新增资本，前者用固定资本形成额来估计新增资本。这一时期两者的数据差异较大，固定资产投资额远高于固定资本形成额。也就是说，固定资产投资中有很大一部分没有形成固定资产（比如土地购置投资、企业兼并重组投资等）。因此，用固定资产投资额来估算新增资本量，会高估资本存量及其增长速度。

（二）劳动力增长

现有研究文献基本上都采用统计年鉴中的历年就业人数指标来表示中国劳动力状况，本书也使用这一指标来反映劳动力的状况。该指标显示，1953 ~ 2014 年中国劳动力增长大致经历了三个阶段（见图 5 - 3）：1953 ~ 1972 年快速上升期（除去 1959 ~ 1961 年"大跃进"运动导致的负增长时期）；1973 ~ 1985 年加速上升期；1985 ~ 2016 年增速逐渐下降期。

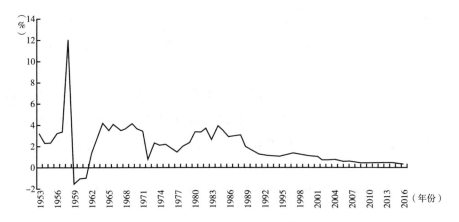

图 5 - 3 中国就业人数增速的变动

资料来源：根据 CEIC 数据库中相关指标计算。

三 全要素生产率的变动

许多学者对 20 世纪 50 年代以来我国经济增长的贡献进行了测算，这些研究主要关注的是全要素生产率对经济增长的贡献率及其变动。绝大多数研究表明，1952～1978 年我国 TFP 对经济增长的贡献为负，1978 年以后转为正，这是改革开放和经济体制改革的主要成果。一些研究根据 TFP 对经济增长的贡献，将 1978 年以后的时期分为几个阶段，详细考察了 TFP 的变动情况。本书根据上述估计数据以及新古典增长模型，对 1978～2016 年中国经济增长的贡献进行分解测算，由于数据选择和计算方法不同，结果也不同。

本报告采用的柯布－道格拉斯（C－D）生产函数的形式是：

$$Y_t = A \, e^{\gamma t} \, K_t^{\beta} \, L_t^{\alpha} \tag{2}$$

其中 Y_t 表示 t 期的实际产出（实际 GDP），K_t 表示 t 期末的资本存量，L_t 表示 t 期劳动力，β 和 α 分别表示资本和劳动的产出弹性，γ 为年均 TFP 增长率。公式（2）用人均的形式表示，并两边取对数，有：

$$\ln(y_t) = \ln(A) + \beta\ln(k_t) + \gamma t \tag{3}$$

公式（3）中 y_t 表示 t 期的人均产出，k_t 表示 t 期末人均资本存量。我们利用估计出的 1978～2016 年资本存量数据，劳动力和 GDP 数据（见本章附录3）对上述生产函数进行回归，结果如下：

$$\ln(y_t) = 2.5304 + 0.5608\ln(k_t) + 0.02769t$$
$$(0.3939) \quad (0.0562) \quad\quad (0.0051) \quad\quad\quad (4)$$
$$\text{Adjusted R}^2 = 0.9995$$

根据上述本书 1978～2016 年的回归方程，可以计算出 1978～2016 年的经济增长中 TFP 的贡献率（见图 5-4）。1978～2016 年 TFP 平均每年拉动经济增长 2.8 个百分点，贡献率约为 28.8%。我们按经济增长波动周期，计算了三个阶段 TFP 对经济增长贡献率的均值。从均值变动看，1978·1990 年 TFP 平均每年拉动经济增长 3.2 个百分点，贡献率约为 34.8%；1991～1999 年 TFP 平均每年拉动经济增长 3.9 个百分点，贡献率约为 36.5%；2000～2016 年 TFP 平均每年拉动经济增长 2.4 个百分点，贡献率约为 25.3%。由此可见，20 世纪 90 年代中国经济增长中 TFP 的贡献最大，21 世纪以来 TFP 的贡献率有所下降，而资本的贡献率显著上升。值得注意的是，2008 年全球金融危机后，中国 TFP 对经济增长的贡献率显著下降，远低于阶段性平均水平。

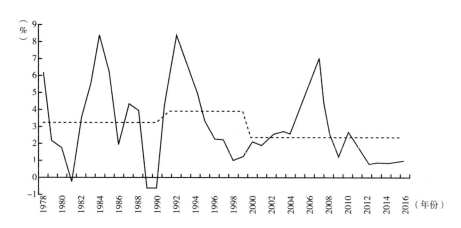

图 5-4　1978～2016 年 TFP 对经济增长贡献率的变动

资料来源：根据回归方程计算。

四 可变要素弹性法计算 TFP

前文测算 TFP 使用了总量生产函数，其中要素投入弹性是常数。下文尝试采用可变要素弹性来测算 TFP，以比较不同方法测算结果的差异。这里我们使用两种方法进行测算。

（一）第一种方法

此种方法参照白重恩（2015）的方法，考虑到生产税净额作为劳动和资本的共同产出，因此劳动报酬占比的公式为：

$$劳动报酬占比 = \frac{劳动报酬}{劳动报酬 + 营业盈余 + 固定资产折旧} \tag{5}$$

由于收入法 GDP 的核算只有分省的 1993～2016 年的数据，其中部分年份部分省份暂缺，但是对整体影响可以忽略不计。该种方法计算的 1993～2016 年劳动、资本投入占比如表 5-2 所示，趋势如图 5-5 所示。

表 5-2 白重恩方法要素份额计算结果

年份	劳动份额	资本份额	年份	劳动份额	资本份额
1993	0.5763	0.4237	2005	0.5068	0.4932
1994	0.5875	0.4125	2006	0.5033	0.4967
1995	0.5954	0.4046	2007	0.5028	0.4972
1996	0.5929	0.4071	2008	0.5452	0.4548
1997	0.5954	0.4046	2009	0.5498	0.4502
1998	0.5959	0.4041	2010	0.5309	0.4691
1999	0.5883	0.4117	2011	0.5325	0.4675
2000	0.5784	0.4216	2012	0.5421	0.4579
2001	0.5722	0.4278	2013	0.5454	0.4546
2002	0.5678	0.4322	2014	0.5512	0.4488
2003	0.5499	0.4501	2015	0.5626	0.4374
2004	0.5016	0.4984	2016	0.5531	0.4469

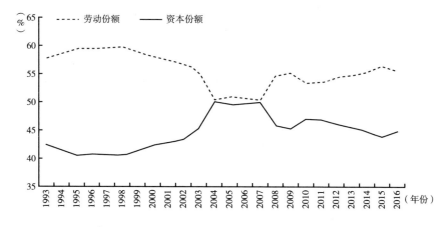

图 5 - 5　白重恩方法要素份额变动

　　根据上述数据，代入本章附录 3 中的相关数据，可计算中国 1993 ~ 2016 年的 TFP 值，如表 5 - 3 所示。

表 5 - 3　白重恩方法 TFP 增长率计算结果

年份	TFP	TFP 增长率（%）	GDP 增长率（%）	贡献率（%）
1993	0. 27	—	14. 0	—
1994	0. 28	6. 10	13. 1	46. 59
1995	0. 30	4. 57	10. 9	41. 95
1996	0. 31	4. 10	10. 0	40. 97
1997	0. 32	3. 61	9. 3	38. 78
1998	0. 33	2. 54	7. 8	32. 59
1999	0. 34	2. 74	7. 6	36. 04
2000	0. 35	3. 51	8. 4	41. 74
2001	0. 36	3. 16	8. 3	38. 12
2002	0. 37	3. 75	9. 1	41. 18
2003	0. 39	3. 72	10. 0	37. 18
2004	0. 40	2. 07	10. 1	20. 45
2005	0. 41	4. 79	11. 3	42. 42
2006	0. 44	5. 68	12. 7	44. 73
2007	0. 47	7. 35	14. 2	51. 75
2008	0. 50	6. 89	9. 6	71. 73

续表

年份	TFP	TFP 增长率(%)	GDP 增长率(%)	贡献率(%)
2009	0.52	3.04	9.2	33.00
2010	0.53	1.99	10.4	19.12
2011	0.55	3.27	9.3	35.21
2012	0.57	3.05	7.7	39.65
2013	0.58	2.51	7.7	32.57
2014	0.60	2.91	7.3	39.86
2015	0.62	3.91	6.9	56.71
2016	0.62	0.60	6.7	8.94
均值	—	3.73	—	38.75

据此，可计算 1994~2016 年中国经济的全要素生产率平均每年增长3.73%，平均对经济增长的贡献率为 38.75%，具体趋势如图 5-6 和图 5-7 所示。

在 2010 年之前，TFP 增长率和 GDP 增长同步的频率较高，但是在2011~2015 年，TFP 增长率并没有随着经济增长速度的下滑而下降，反而保持着一定的上升趋势，导致其对经济增长的贡献率比重上升。2016 年TFP 增长率显著下降。

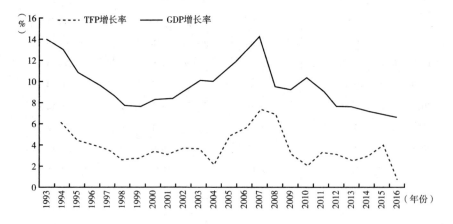

图 5-6 GDP 增长率和 TFP 增长率比较

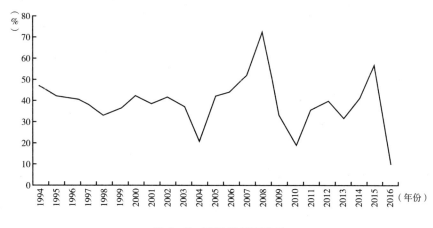

图 5 - 7　TFP 贡献率变动

（二）第二种方法

第二种方法相较于白重恩的方法有所改进，白重恩认为生产税净额为资本和劳动共同贡献，应该按照所有资本所得和劳动所得同比例分摊，第二种方法的改进之处在于，确定生产税净额的分摊比例。

由于固定资产折旧是前期投入成本的摊销，该部分在资本所得中是不纳税的，因此这部分不参加生产税净额的摊销，所以生产税净额的摊销比为劳动报酬占劳动报酬和营业盈余总和中的比例。改进后公式如下：

$$劳动报酬占比 = \frac{劳动报酬 \times [1 + 劳动报酬/(劳动报酬 + 营业盈余)]}{收入法 GDP 总额} \quad (6)$$

该种方法提高了劳动报酬在生产税净额中的占比，因此所计算的劳动报酬占比相比上述第一种方法要高，具体计算数值如表 5 - 4 所示。

表 5 - 4　第二种方法要素份额计算结果

年份	劳动分配额	资本分配额	年份	劳动分配额	资本分配额
1993	0.5891	0.4109	1998	0.6114	0.3886
1994	0.6007	0.3993	1999	0.6048	0.3952
1995	0.6080	0.3920	2000	0.5961	0.4039
1996	0.6059	0.3941	2001	0.5899	0.4101
1997	0.6098	0.3902	2002	0.5852	0.4148

续表

年份	劳动分配额	资本分配额	年份	劳动分配额	资本分配额
2003	0.5672	0.4328	2010	0.5454	0.4546
2004	0.5159	0.4841	2011	0.5475	0.4525
2005	0.5217	0.4783	2012	0.5576	0.4424
2006	0.5178	0.4822	2013	0.5606	0.4394
2007	0.5173	0.4827	2014	0.5668	0.4332
2008	0.5603	0.4397	2015	0.5779	0.4221
2009	0.5656	0.4344	2016	0.5681	0.4319

第二种方法要素份额变动趋势如图 5 - 8 所示。

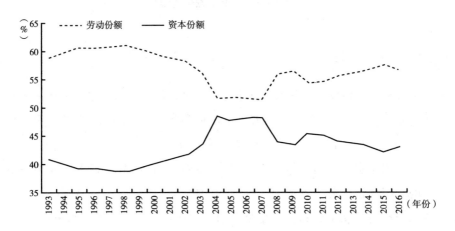

图 5 - 8　第二种方法要素份额变动

根据上述数据，结合其他相关数据，可计算中国 1993 ~ 2016 年的 TFP 值，如表 5 - 5 所示。

表 5 - 5　第二种方法 TFP 增长率计算结果

年份	TFP	TFP 增长率(%)	GDP 增长率(%)	贡献率(%)
1993	0.26	—	14.0	—
1994	0.28	6.23	13.1	47.53
1995	0.29	4.75	10.9	43.62
1996	0.31	4.22	10.0	42.20
1997	0.32	3.69	9.3	39.63

续表

年份	TFP	TFP 增长率（%）	GDP 增长率（%）	贡献率（%）
1998	0.33	2.66	7.8	34.06
1999	0.34	2.87	7.6	37.75
2000	0.35	3.65	8.4	43.50
2001	0.36	3.33	8.3	40.13
2002	0.37	3.93	9.1	43.17
2003	0.39	3.92	10.0	39.17
2004	0.40	2.16	10.1	21.37
2005	0.42	5.06	11.3	44.82
2006	0.44	5.91	12.7	46.56
2007	0.47	7.42	14.2	52.27
2008	0.51	7.13	9.6	74.26
2009	0.53	3.44	9.2	37.37
2010	0.54	2.24	10.4	21.55
2011	0.56	3.65	9.3	39.20
2012	0.57	3.39	7.7	44.08
2013	0.59	2.71	7.7	35.24
2014	0.61	3.16	7.3	43.27
2015	0.63	4.12	6.9	59.70
2016	0.64	0.58	6.7	10.19
均值	—	3.89	—	40.50

据此，可计算 1994～2016 年中国经济的全要素生产率平均每年增长 3.89%，平均对经济增长的贡献率为 40.5%，具体趋势如图 5-9 和图 5-10 所示。

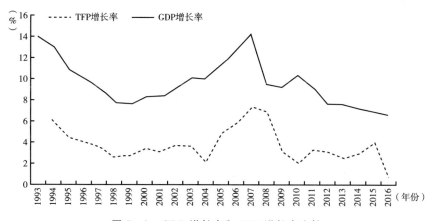

图 5-9　GDP 增长率和 TFP 增长率比较

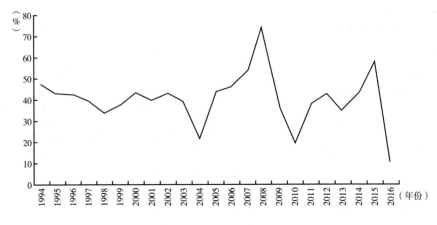

图 5 - 10 TFP 贡献率变动

比较两种方法：第二种方法计算的 TFP 比第一种高，原因是前者的劳动份额高，而劳动要素增长是比较慢的，所以测算出的 TFP 相对高一些。

五 全要素生产率影响因素分析

从理论上讲，影响 TFP 的因素有很多，比如技术进步、人力资本等。根据统计数据的可得性，下文我们考察 20 世纪 90 年代以来，研发投入和人力资本两个因素对我国 TFP 的影响，其实证估计的假设命题是：随着研发投入和人力资本的不断提高，全要素生产率有明显改善，两者对全要素生产率增长率的系数均显著为正。

（一）变量和指标说明

1. 被解释变量：全要素生产率

我们依据要素投入弹性设定为常数或者可变系数的不同情况，共给出三种全要素生产率增长率的指标。其中，TFP1 是使用白重恩方法计算的全要素生产率增长率；TFP2 是使用改进的白重恩方法计算的全要素生产率增长率；TFP3 是使用本书采用总量 C - D 生产函数计算的全要素生产率增长率。

2. 解释变量：研发投入与人力资本

在基准模型中，我们拟采用人均研发支出和人均教育支出①分别表示研发投入与人力资本的指标；在稳健性检验中，我们则将研发人员（折合全时人员）替代人均研发支出表示研发投入的指标，高等教育毛入学率（18～22 周岁）替代人均教育支出表示人力资本的指标。

以上相关数据的描述性统计见表 5－6。

表 5－6　描述性统计

变量	变量符号	样本量	均值	标准差
全要素生产率（白重恩方法计算,%）	TFP1	22	3.91	1.45
全要素生产率（改进白重恩方法计算,%）	TFP2	22	4.07	1.47
全要素生产率（总量生产函数方法计算,%）	TFP3	22	2.61	1.54
人均研发支出（元/人）	rd	19	685.24	584.18
人均教育支出（元/人）	edu	18	1869.62	1267.14
研发人员（折合全时人员,万人/年）	rdperson	21	179.38	107.09
高等教育毛入学率（18～22 周岁,%）	enroll	20	19.53	8.87

资料来源：根据相关年份《中国统计年鉴》数据计算。

（二）实证分析及结论

一方面，为使估计结果更能体现经济含义，我们对模型中的主要解释变量均取对数；另一方面，为避免内生性问题，主要解释变量将取滞后一期项，并且像教育和研发上的支出往往会对全要素生产率有滞后影响。表5-7 显示了基本的估计结果。第（1）～（3）列的基准模型显示，不管是用何种全要素生产率指标，人均研发支出和人均教育支出对全要素生产率都有显著正向影响，该结果符合预期。同时，人均教育支出的系数大于人均研发支出，这表明相比人均研发支出，每增加 1 个百分点的人均教育支出将会促进全要素生产率增长 0.03～0.04 个百分点。可见，以上结果证实了假设命题，即随着研发投入和人力资本的不断提高，全要素生产率有明显改善，而相比研发投入，人力资本的拉动效应更为明显。

---

①　两个指标都调整为以 2015 年作为不变价。

表5-7　对全要素生产率的影响因素分析（按主要解释变量的基准模型）

	(1)	(2)	(3)
	TFP1	TFP2	TFP3
L. lnrd	6.949*	7.138*	10.333***
	(3.892)	(3.943)	(3.546)
L. lnedu	9.521*	9.758*	14.369***
	(5.342)	(5.412)	(4.867)
常数项	27.153*	27.835*	38.330***
	(13.203)	(13.376)	(12.029)
样本量	21	21	21
R^2	0.150	0.154	0.332

注：括号内是标准误差；***、*分别表示在1%、10%水平上显著；ln是指取对数的符号；L. 是指取滞后一期项的符号。

资料来源：根据估计结果整理。

为保证估计结果的有效性，这里采用替换不同解释变量的方法进行稳健性检验。其中，我们分别将研发人员（折合全时人员）替代人均研发支出表示研发投入的指标，高等教育毛入学率（18~22周岁）替代人均教育支出表示人力资本的指标。值得说明的是，这些变量对劳动生产率的影响存在一定的滞后性，尤其高等教育毛入学率更是会滞后到高校毕业生四年后走上社会的那一刻。

表5-8显示了稳健性检验的回归结果。第（1）～（3）列的估计结果显示，解释变量研发人员（折合全时人员）和高等教育毛入学率的系数显著为正。这再次证实了假设命题，随着研发投入和人力资本的不断提高，全要素生产率有明显改善。

表5-8　对全要素生产率的影响因素分析（稳健性检验）

	(1)	(2)	(3)
	TFP1	TFP2	TFP3
lnrdperson	13.821*	13.822*	11.451
	(6.878)	(7.007)	(7.229)
L4. enroll	1.112*	1.115*	0.895
	(0.547)	(0.557)	(0.575)

续表

	（1）TFP1	（2）TFP2	（3）TFP3
常数项	56.484* (26.412)	56.614* (26.905)	46.645 (27.760)
样本量	17	17	17
R^2	0.228	0.224	0.154

注：括号内是标准误差；* 表示在 10% 水平上显著；ln 是指取对数的符号；L4. 是指取滞后四期项的符号。

资料来源：根据估计结果整理。

（三）小结

上述回归分析结果显示，随着研发投入和人力资本的不断提高，全要素生产率有明显改善；相比研发投入，人力资本的拉动效应更为明显；利用研发人员（折合全时人员）和高等教育毛入学率指标作稳健性检验的结果也再次证实了这一结论。

附录1　不同研究对中国资本存量测算的比较

根据新古典模型，估计生产函数的关键是估算资本存量。国内主要文献使用的方法大体相同，主要区别有两个方面：一是在估算中，基期资本存量和折旧率的取值不同；二是在估算历年不变价资本形成时，使用的价格指数不同。现将主要文献对这些数据和参数的选取归纳列表（见附表 5-1）。

附表 5-1　主要文献对资本存量 K 的估计

文献来源	对资本存量 K 的估计
邹至庄,1993,2005	采用 PIM 法推算资本存量。基年(1952 年)资本存量为 2213 亿元(1978 年价)(其中包括 720 亿元土地资本)。各年实际资本增量的估计，是先计算实际 GDP，利用居民消费价格指数折算实际消费，然后用实际 GDP 减去消费得到实际资本形成数据。资本形成包括存货。折旧率为 4%（来自：中国统计信息和咨询服务中心 1990 年出版的《中国报告:1949—1989 年社会和经济发展》)。在估计生产函数时，剔除了 1958～1969 年的数据(因涉及"大跃进"和"文革")

续表

文献来源	资本存量 K 的估计
德怀特·帕金斯,2005	采用 PIM 方法估计 1952～2003 年资本存量。假定 1952 年初始资本存量是国内生产总值水平的两倍。使用资本形成额作为资本增量,用制造业部门的国内生产总值减指数作为资本增量价格指数。折旧率为 2.5%
张军、施少华,2003	1952～1990 年的资本存量数据取自贺菊煌(1992)的研究数据,1994～1998 年的资本数据在此基础上根据各年的全社会固定资产投资总额推算
张军、章元,2003	采用 PIM 方法,用生产性积累指标估计 1952～2001 年资本存量,回避了折旧问题。基年 1952 年为 800 亿元(1952 年价)。假设 1993 年以后生产性积累的增速与全社会固定资产投资的增速仍然基本保持一致,拟合出以后各年的生产性积累数据。全国固定资产投资价格指数用上海市的固定资产投资价格指数来代替
郭庆旺、贾俊雪,2004	采用 PIM 方法估计 1978～2002 年资本存量,初始 1978 年资本存量为 3837 亿元(1978 年价),用固定资产投资额估算资本增量,并使用张军、章元(2003)估算的全国固定资产投资价格指数折算额。折旧率为 5%
何枫、陈荣、何林,2003	采用 PIM 方法估计 1952～2001 年资本存量。1952 年为 5428 亿元(1990 年价),历年资本增量用资本形成额,利用《中国国内生产总值核算历史资料(1952—1995)》中的资本形成和指数。在 1953 年我国资本存量的估算基础上,我们沿用了张军(2003)的估算;而在历年资本流量的估算上,则沿袭了贺菊煌(1992)的思路。选择了通过拟合资本平减指数(或固定资本平减指数)与商品零售指数(1990 年 =100)在 1952～1995 年的关系来估算 1996～2001 年的资本总额平减指数,以推算我国 1996～2001 年以 1990 年价格表示的资本(或固定资本)形成总额。没有考虑折旧
王小鲁、樊纲、刘鹏,2009	采用永续盘存法估算资本存量;使用固定资产投资价格指数作为平减指数;基年(1952 年)固定资本存量为 700 亿元(1978 年价格),取自邹至庄(1993)的计算;1952～1977 年的折旧率按 5% 计算,并假设改革期间(1978～2007)资本折旧平滑加速,最终达到 8%。外资存量根据全社会固定资产投资中的"利用外资"数据以永续盘存法计算
李京文等,1993	使用 PIM 方法估计 1952～1990 年资本存量,只给出了资本存量增长指数,没有说明初值的估计方法。资本增量用固定资产投资和固定资产形成率推算。采用投资价格指数折算不变价存量,但没有说明使用何种指标。关于折旧,根据当时的折旧制度扣除折旧,但没有具体说明
贺菊煌,1992	采用 PIM 方法和不变价积累指标推算 1952～1990 年的资本存量。1952 年为 2648 亿元(1990 年价)
吴三忙,2007	采用永续盘存法估计 1952～2003 年的资本存量。基年的资本存量取自沈坤荣(1999)(使用全部独立核算工业总产值作为产出量指标,以固定资产原值与流动资金占用额作为资本投入总量。没有说明初值的确定)。历年资本增量用固定资本形成总额估计,没有说明固定资本形成价格指数的使用。折旧率为 10%

附录 2　不同国家 TFP 对经济增长贡献率的测算

不同国家 TFP 对经济增长贡献率的测算见附表 5 - 2。

附表 5 - 2　不同国家 TFP 对经济增长贡献率的测算

	TFP 贡献率(%)	资料来源
美国 1909 ~ 1949 年	87.5	Solow,1957
美国 1929 ~ 1957 年	32	Edward F. Denison,1962(引自易纲等,2003)
美国 1948 ~ 1979 年	24	Dale,Jorgenson et al,1987;Alwyn. Young ,1995(引自易纲等,2003)
泰国		郭庆旺,贾俊雪,2005
1984 ~ 1990 年	34.5	
1994 ~ 1995 年	25.6	
新加坡		
1974 ~ 1980 年	31.1	
1984 ~ 1990 年	48.6	
1994 ~ 1995 年	56.2	
韩国		
1974 ~ 1980 年	26.2	
1984 ~ 1990 年	52.2	
1994 ~ 1995 年	42.2	
日本		
1954 ~ 1960 年	27.8	
1964 ~ 1970 年		
1974 ~ 1980 年	14.9	
1984 ~ 1990 年	17.6	
1994 ~ 1995 年	- 10.2	
德国		
1954 ~ 1960 年	64	
1964 ~ 1970 年		
1974 ~ 1980 年	29.6	
1984 ~ 1990 年	31.6	
1994 ~ 1995 年	- 114	
美国		
1954 ~ 1960 年	42	
1964 ~ 1970 年		
1974 ~ 1980 年	9	
1984 ~ 1990 年	16.8	
1994 ~ 1995 年	26.8	

附录3　中国历年 GDP、资本存量估算值和就业人数

中国历年 GDP、资本存量估算值和就业人数见附表 5-3。

附表 5-3　中国历年 GDP、资本存量估算值和就业人数

年份	GDP 指数 （上年 = 100）	GDP（2015 年价） （亿元）	资本存量（2015 年价） （亿元）	就业人数 （万人）
1952	—	4836	13541	20729
1953	115.6	5591	13695	21364
1954	104.2	5825	14033	21832
1955	106.8	6221	14434	22328
1956	115.0	7155	15382	23018
1957	105.1	7520	16098	23771
1958	121.3	9121	17927	26600
1959	108.8	9924	20209	26173
1960	99.7	9894	22661	25880
1961	72.7	7193	23224	25590
1962	94.4	6790	23279	25910
1963	110.2	7483	23542	26640
1964	118.3	8852	24329	27736
1965	117.0	10357	25563	28670
1966	110.7	11465	27187	29805
1967	94.3	10812	28130	30814
1968	95.9	10368	28934	31915
1969	116.9	12121	30552	33225
1970	119.4	14472	33138	34432
1971	107.0	15485	35977	35620
1972	103.8	16074	38760	35854
1973	107.9	17343	41710	36652
1974	102.3	17742	45120	37369
1975	108.7	19286	49254	38168
1976	98.4	18977	53028	38834
1977	107.6	20420	56851	39377
1978	111.7	22809	61596	40152
1979	107.6	24542	66490	41024
1980	107.8	26457	72041	42361
1981	105.1	27806	77146	43725
1982	109.0	30308	82840	45295
1983	110.8	33582	89386	46436

续表

年份	GDP 指数 （上年 = 100）	GDP（2015 年价） （亿元）	资本存量（2015 年价） （亿元）	就业人数 （万人）
1984	115.2	38686	97711	48197
1985	113.4	43870	107679	49873
1986	108.9	47774	118693	51282
1987	111.7	53364	131616	52783
1988	111.2	59341	145590	54334
1989	104.2	61833	156112	55329
1990	103.9	64245	166748	64749
1991	109.3	70219	179784	65491
1992	114.2	80191	197320	66152
1993	113.9	91337	220610	66808
1994	113.0	103211	248670	67455
1995	111.0	114564	280722	68065
1996	109.9	125906	315976	68950
1997	109.2	137489	352523	69820
1998	107.8	148213	392477	70637
1999	107.7	159626	434637	71394
2000	108.5	173194	480683	72085
2001	108.3	187569	531949	72797
2002	109.1	204638	592172	73280
2003	110.0	225102	666662	73736
2004	110.1	247837	752626	74264
2005	111.4	276090	849848	74647
2006	112.7	311154	959603	74978
2007	114.2	355338	1081095	75321
2008	109.7	389805	1215310	75564
2009	109.4	426447	1389197	75828
2010	110.6	471651	1584227	76105
2011	109.5	516457	1792826	76420
2012	107.9	557257	2017291	76704
2013	107.8	600724	2259869	76977
2014	107.3	644376	2514036	77253
2015	106.9	689052	2780676	77451
2016	106.7	735219	3058534	77603

　　资料来源：GDP 指数和就业人数来自 CEIC 数据库，1952 年价 GDP 是按增长指数折算而得，资本存量数据为本书估算。1952～2004 年固定资本形成指数使用《中国国内生产总值核算历史资料（1952—2004）》中的固定资本形成发展速度，2005～2015 年使用 WDI 数据库中固定资本形成增速，2016 年为使用经济增长贡献率估计数。1952 年资本存量使用邹至庄（2005）估计数据中资本存量与 GDP 的比例确定。每年折旧率取 5%。

参考文献

蔡昉，2005，《经济增长方式转变与可持续性源泉》，《宏观经济研究》第 12 期。

郭庆旺、贾俊雪，2004，《中国潜在产出与产出缺口的估算》，《经济研究》第 5 期。

郭庆旺、贾俊雪，2005，《中国全要素生产率的估算：1979—2004》，《经济研究》第 6 期。

何枫、陈荣、何林，2003，《中国资本存量的估算及其相关分析》，《经济学家》第 5 期。

贺菊煌，1992，《我国资产的估算，数量经济技术经济研究》第 8 期。

胡鞍钢、郑京海，2004，《中国全要素生产率为何明显下降》，《中国经济时报》3 月 26 日。

李京文、D. 乔根森、郑友敬、黑田昌裕，1993，《生产率与中美日经济增长研究》，中国社会科学出版社。

李京文、龚飞鸿、明安书，1996，《生产率与中国经济增长》，《数量经济技术经济研究》第 12 期。

李治国、唐国兴，2003，《资本形成路径与资本存量调整模型——基于中国转型时期的分析》，《经济研究》第 2 期。

林毅夫，2002，《自生能力、经济转型与新古典经济学的反思》，《经济研究》第 12 期。

林毅夫、蔡昉、李周，1994，《中国的奇迹：发展战略与经济改革》，上海三联书店。

林毅夫、任若恩，2007，《东亚经济增长模式相关争论的再探讨》，《经济研究》第 8 期。

刘明、李善同，2011，《改革开放以来中国全要素生产率变化和未来增长趋势》，《经济研究参考》第 33 期。

门可佩、曾卫，2004，《中国未来 50 年人口发展预测研究》，《数量经济技术经济研究》第 3 期。

沈坤荣，1999，《经济发展阶段与增长方式转变》，《数量经济技术经济研究》第 9 期。

沈坤荣，1997，《中国综合要素生产率的计量分析与评价》，《数量经济技术经济研究》第 11 期。

孙敬水，1996，《TFP 增长率的测算和分解》，《数量经济技术经济研究》第 9 期。

孙琳琳、任若恩，2005，《中国资本投入和全要素生产率的估算》，《世界经济》第 12 期。

王小鲁、樊纲、刘鹏，2009，《中国经济增长方式转换和增长可持续性》，《经济研究》第 1 期。

吴三忙，2007，《全要素生产率与中国经济增长方式的转变》，《北京邮电大学学报》（社会科学版）第 1 期。

吴延瑞，2008，《生产率对中国经济增长的贡献：新的估计》，《经济学》（季刊）第 3 期。

吴振球、王建军，2013，《地方政府竞争与经济增长方式转变：1998—2010 基于中国省级面板数据的经验研究》，《经济学家》第 1 期。

席玮、于学霆，2015，《我国人口年龄结构的预测与分析》，《统计与决策》第 3 期。

新英格兰大学效率与生产力分析中心（CEPA），《DEAP2.1 版本指南：数据包络分析》，CEPA 工作报告。

徐瑛、陈秀山、刘凤良，2006，《中国技术进步贡献率的度量与分解》，《经济研究》第 8 期。

杨朝勇，2003，《队列要素法与浙江省人口预测》，浙江大学博士学位论文。

易纲、樊纲、李岩，2003，《关于中国经济增长与全要素生产率的理论思考》，《经济研究》第 8 期。

张军、施少华，2003，《中国经济全要素生产率变动：1952—1998》，《世界经济文汇》第 2 期。

张军、章元，2003，《资本存量 K 的再估计》，《经济研究》第 7 期。

郑京海、胡鞍钢、A. Bigeton，2008，《中国的经济增长能否持续：一个生产率的分析视角》，《经济学》（季刊）第 3 期。

郑玉歆，1999，《全要素生产率的测度及经济增长方式的"阶段性"规律——由东亚经济增长方式的争论谈起》，《经济研究》第 5 期。

中国国家统计局国民经济核算司，2007，《中国国内生产总值核算历史资料（1952—2004）》，中国计划出版社。

邹至庄，2005，《中国经济转型》，中国人民大学出版社。

邹至庄，2012，《邹至庄论中国经济》，格致出版社、上海人民出版社。

Chow, Gregory C. 1993. "A Model of Chinese National Income Determination." *Journal of Political Economy*, pp. 782 – 792.

Chow, Gregory C. 2010. *Note on a Model of Chinese National Income Determination*, *Economic Letters*, pp. 195 – 196.

OECD. 2005. *OECD Economic Surveys of China*. OECD Publishing, Paris.

Solow, Rober. 1957. "Technical Change and the Aggregate Production Function." *The Review of Economics and Statistics*, Vol. 39, Issue 3.

第六章　劳动生产率和全要素
生产率的国别比较

　　内容提要：跨国比较发现，我国劳动生产率目前处于较低水平，但增速很快，与发达国家的差距正在缩小。在 123 个经济体中筛选出样本经济体 1950~2016 年的数据，对劳动生产率的主要决定因素进行分析，结果显示，资本积累与全要素生产率的提高均对劳动生产率有明显影响，并且相对于资本积累而言，未来全要素生产率的影响随着劳动生产率的提高将更为显著。进一步分析全要素生产率增长率背后的决定因素及其作用机制发现，技术创新、人力资本、制度体系和政府治理能力是影响全要素生产率的重要因素；三种对全要素生产率的作用机制中，2020 年前，制度体系改善和治理能力提升将分别通过人力资本和技术创新发挥较大作用，2030 年前，人力资本与技术创新结合将对全要素生产率具有持续影响。

一　引言

（一）劳动生产率反映生产效率和发展阶段

　　劳动生产率反映了单位劳动投入的产出效率，也是国民收入增长的主要源泉。保持经济长期增长的关键是在技术和制度创新条件下持续提高生产率，而劳动生产率是生产率中最基本的因素。劳动生产率不仅决定着劳动报酬从而对国内投资和消费产生影响，而且在相当大程度上代表生产能力，对经济持续发展发挥作用。国际经验表明，新兴经济体增长的关键是劳动生产率的提高。

同时，劳动生产率也代表了经济发展阶段。尽管学界对劳动投入和劳动产出的衡量方式有所不同①，但较普遍的方法是用从业人员数量代表一个经济体的劳动投入，用 GDP 代表劳动产出，劳动生产率就代表劳均 GDP。如果忽略非从业人员，一个经济体的劳动生产率就是它的人均 GDP，反映出该经济体的发展阶段。

因此，本书对劳动生产率的国际比较除了比较国别间的水平外，将更多讨论劳动生产率决定因素的差异，以及这些差异背后的影响因素，从而为我国劳动生产率的提高和实现经济赶超提出政策建议。

（二）劳动生产率增长可分解为劳均资本和全要素生产率的增长

假定总量生产函数的形式为柯布–道格拉斯形式：

$$Y = A K^{\alpha} L^{1-\alpha} \tag{1}$$

其中，Y 为总产出，A 为全要素生产率（TFP），K 为资本存量，L 为就业人数，α 代表资本的产出弹性，$0 < \alpha < 1$。

简单变换后，可以得到劳动生产率的表达式：

$$y = \frac{Y}{L} = A \times \left(\frac{K}{L}\right)^{\alpha} = A k^{\alpha} \tag{2}$$

其中，y 是劳动生产率，k 是劳均资本存量。

再对（2）式进行全微分，可以得到劳动生产率的分解形式：

$$\frac{\Delta y}{y} = \alpha \frac{\Delta k}{k} + \frac{\Delta A}{A} \tag{3}$$

公式表明，劳动生产率增长率的主要决定因素为资本的产出弹性、劳均资本的增长率和全要素生产率的增长率。当资本的产出弹性一定时，劳均资本（资本深化）的增速加快，以及全要素生产率增长加快，都将带来劳动生产率的提高。

---

① 如世界大型企业联合会定义了两种劳动生产率，第一种是 GDP 与劳动时间的比值（仅统计了部分发达国家），第二种是 GDP 与从业人员的比值。

在这种分解方式下，两个决定因素都具有较明确的经济含义。其中，劳均资本是资本与劳动的比例，体现了资本与劳动的替代关系。从直观上看，单位劳动配备的资本越多，如生产使用的机器越先进、技术含量越高，将直接提高单位劳动的产出价值和效率。从历史上看，人类由农业社会向工业社会转变，劳动生产率大幅提升，伴随着资本积累和资本深化。Hoffman（1958）认为资本深化和重工业化是工业化升级的必然阶段，资本与劳动的比例必然会随着资本的积累而提高。然而，很多学者认为，资本深化过快也会带来一系列问题，如导致边际资本产出下降（张军，2004）、技术进步减缓（谢千里等，1995；张军，2005）、就业岗位减少等（Atkinson and Stiglitz，1969；林毅夫、刘明兴，2004）。

在边际报酬递减规律的作用下，只有提高全要素生产率，才能促使生产可能性边界向外移动，提高要素利用的效率，促进劳动生产率的提升和经济增长的持续。全要素生产率是学界研究的重点之一。丁伯根、索洛、丹尼森经过研究，用外生的索洛余值显示 TFP 的作用，解释跨国收入差异。而内生增长理论则从干中学、技术变迁、人力资本等角度对 TFP 和经济增长进行分析。

（三）本书的研究路径

本书的研究路径如下（见图 6-1）：首先，通过国际比较，确定当前我国的劳动生产率水平和增速在世界各经济体中所处位置；其次，通过与发达国家以及历史相近阶段国家的比较，探讨我国在劳均资本和全要素生产率方面的差距；再次，通过运用跨国面板数据，定量分析劳均资本和全要素生产率对劳动生产率的贡献，并分 2016~2020 年和 2020~2030 年两个阶段，探讨随着发展阶段的变化，两个因素的相对重要性；最后，运用跨国面板数据，对全要素生产率的影响因素和作用机制做出进一步分析，并依据我国的发展阶段，探讨各因素和机制相对贡献的变化。根据所得结论，提出提高我国全要素生产率和劳动生产率的对策建议。

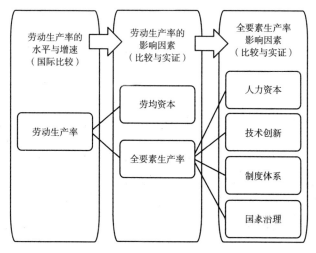

图 6 - 1 本书的研究路径

二 劳动生产率的跨国比较

（一）我国劳动生产率较低，但增速很快

1. 我国劳动生产率仍处于较低水平

从世界大型企业联合会公布的数据来看，我国劳动生产率仍处于较低水平（见表 6 - 1）。2016 年，世界平均劳动生产率[①]为 51921 美元，而我国的劳动生产率为 23486 美元，约相当于世界平均水平的 45.2%，在公布的 123 个经济体中排名第 85 位。我国劳动生产率相当于 OECD 国家平均水平的 27.8%，金砖国家的 73%，亚太国家的 46.9%，拉美国家的 65.5%。这说明从世界范围来看，我国的劳动生产率水平仍然较低，不仅与发达国家差距较大，而且低于相近阶段的发展中国家。

正如前文分析，劳动生产率实际上反映的是劳均收入水平。因此，我国劳动生产率较低也意味着，我国尽管经济总量已位居世界第二，但由于人口众多，人均收入和劳动生产率仍有较大的提升空间。

[①] 本书的劳动生产率指各国按购买力平价调整，以 2011 年美元计的不变价 GDP 与就业人数之比。

表 6 - 1   1990 ~ 2016 年我国与部分经济体劳动生产率的比较

年份	中国（2011 年美元/人）	中国相当于样本经济体平均水平的百分比（%）				
		世界平均	OECD 国家	金砖国家	亚太国家	拉美国家
1990	3953	10. 7	6. 9	17. 5	17. 9	14. 5
2001	7232	17. 4	10. 2	33. 2	23. 1	23. 6
2005	10726	23. 5	13. 8	41. 8	28. 9	33. 7
2010	17098	35. 1	21. 3	55. 8	39. 5	48. 9
2015	22631	44. 1	27. 1	70. 2	46. 5	62. 8
2016	23486	45. 2	27. 8	73. 0	46. 9	65. 5

注：计算劳动生产率所用 GDP 按购买力平价调整的 2011 年美元不变价计。剔除部分异常值后，本表包括 103 个经济体的数据。

资料来源：世界大型企业联合会。

2. 我国劳动生产率增速高于其他经济体

我国劳动生产率的增速高于世界各经济体（见表 6 - 2）。2001 ~ 2016 年，世界劳动生产率平均增速为 1.4%，而我国劳动生产率平均增速为 7.7%，是世界平均增速的 5 倍多。同期，OECD 国家、金砖国家、亚太国家和拉美国家劳动生产率的平均增速分别为 1.1%、2.4%、3.3%、1.1%，我国的年均增速分别相当于这些组别国家年均增速的 7.0 倍、3.2 倍、2.3 倍、7.0 倍。从五年平均值看，我国的劳动生产率增速始终是世界平均水平的 4 倍以上。

表 6 - 2   2001 ~ 2016 年我国与部分经济体劳动生产率增速的比较

单位：%

年份	中国	世界平均	OECD 国家	金砖国家	亚太国家	拉美国家
2001 ~ 2005	8. 7	2. 2	2. 1	3. 1	4. 4	1. 2
2006 ~ 2010	9. 3	0. 9	0. 4	3. 5	3. 1	1. 3
2011 ~ 2015	5. 2	0. 8	0. 7	0. 7	2. 4	0. 5
2016	3. 8	1. 2	1. 1	- 0. 2	3. 0	- 0. 4
2001 ~ 2016	7. 7	1. 4	1. 1	2. 4	3. 3	1. 1

资料来源：世界大型企业联合会。

劳动生产率的持续较高增速也反映了我国自改革开放以来经济增长的良好表现。改革开放后，我国经济增速长期维持在 8% 以上，而发达国家的经济增速一般维持在 3% 或更低的水平，忽略人口因素，劳动生产率的增速直接反映了我国的经济增速。这充分反映出我国劳动生产率和人均 GDP 呈追赶趋势，与发达国家的差距在不断缩小。

3. 我国劳动生产率低的主要原因是劳均资本和全要素生产率相对较低

如前文分析，劳动生产率的水平取决于全要素生产率和劳均资本存量的水平。目前①决定我国劳动生产率的劳均资本和全要素生产率均处于相对较低的水平（见图 6-2）。123 个经济体的数据显示出劳动生产率与劳均资本、全要素生产率之间的正相关关系，即劳动生产率较高的国家，具有较高的劳均资本存量和全要素生产率水平。2014 年，世界平均劳均资本为 163538 美元，而我国劳均资本为 86902 美元，约相当于世界平均水平的 0.53；世界各经济体的平均全要素生产率约相当于美国的 0.64，我国全要素生产率约相当于美国的 0.43，约为世界平均水平的 0.67。说明与全要素生产率相比，我国的劳均资本与世界平均水平差距更大。

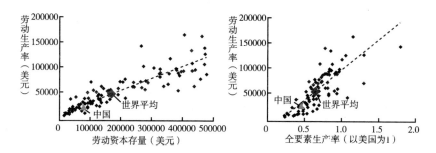

图 6-2　123 个经济体的劳均资本存量、全要素生产率与劳动生产率（2014 年）

注：图 6-2 剔除了全要素生产率大于 2.5 的样本，共 36 个观测值，分别是巴林、科威特、卡塔尔和沙特阿拉伯的部分年份，主要原因是这些中东国家的发展轨迹和发展特征不具有普遍意义。

资料来源：世界大型企业联合会、宾州大学国际比较项目。

（二）与发达国家比较，我国劳动生产率差距更多源于劳均资本较低

1. 我国与 G7 国家劳动生产率的差距更多源于劳均资本的差距

与 G7 国家相比，我国的劳动生产率与劳均资本和全要素生产率均处

———————————

① 由于宾州大学国际比较项目的最新数据统计至 2014 年，故后文以 2014 年作为比较年份。

于较低水平（见表 6 - 3）。其中，2014 年我国的劳动生产率为 21827 美元，仅相当于美国的 19%，法国的 23%，加拿大、德国和意大利的 25%，英国的 26%，日本的 30%，G7 国家平均水平的 24%。

从劳动生产率的决定因素看，我国的劳均资本差距更大，2014 年我国为 86902 美元，约相当于意大利的 16%，法国的 20%，英国的 23%，德国和美国的 24%，加拿大的 27%，日本的 31%，G7 国家平均水平的 23%。全要素生产率方面，我国 2014 年约相当于美国水平的 43%，法国的 45%，德国的 46%，加拿大的 55%，意大利的 58%，英国的 60%，日本的 61%，G7 国家平均水平的 52%。这说明从目前来看，我国与发达国家的劳动生产率差距更多来源于劳均资本的差距。

表 6 - 3　2014 年我国与 G7 国家的生产率比较

经济体	劳动生产率		全要素生产率		劳均资本	
	水平（2011 年不变价美元）	中国的相对水平（%）	水平（以美国为1）	中国的相对水平（%）	水平（2011 年不变价美元）	中国的相对水平（%）
中国	21827	100	0.43	100	86902	100
加拿大	87760	25	0.43	55	323837	27
法国	95401	23	0.78	45	443125	20
德国	87840	25	0.95	46	356784	24
意大利	87994	25	0.93	58	552395	16
日本	73747	30	0.74	61	280624	31
英国	84715	26	0.71	60	381478	23
美国	117787	19	0.72	43	355979	24
G7 国家平均	90749	24	1.00	52	384889	23

资料来源：劳动生产率数据来自世界大型企业联合会，劳均资本和全要素生产率数据来自宾州大学国际比较项目。

这一发现反映出劳均资本提升对劳动生产率提高的重要性，也印证了乔根森国际比较的结论。乔根森通过对国民经济核算的系统性分析，对美国等 G7 国家的"二战"后经济数据进行分解，发现 1948～1979 年美国经济增长最重要的贡献因素是资本投入。在此期间，美国经济年均增长 3.4%，资本和劳动投入增加的贡献合计为 2.6%，贡献率在 3/4 以上。全要素生产率的增长只有 0.8%，贡献率为 1/4。同时，乔根森还发现，1960~1995 年，在所有 G7 国家中，投入增长的作用大于全要素生产率增长的作用①，尽管全要素生产率对增长仍是重要的。

2. 发达国家都经历了劳均资本快速积累的时期

从发展轨迹看，自 "二战" 后 G7 国家都经历了劳均资本快速上升的时期，尤其表现出某种追赶美国的特征（见图 6-3）。以美国 1950 年劳均资本为 1，有 4 个 G7 国家的劳均资本仅相当于美国的 0.4 或以下，分别是日本（0.1）、意大利（0.3）、德国（0.35）、法国（0.4），英国和加拿大的劳均资本相当于美国的 0.58 和 0.65。经过持续较快积累，到 1996 年，6 国的劳均资本相当于美国的比例均达到 0.7 以上，到 2014 年，6 国的劳均资本则相当于美国水平的 0.8 左右，这说明战后 60 多年发达国家的劳动生产率不断向美国趋近，劳均资本相对水平的缩小发挥了重要作用。

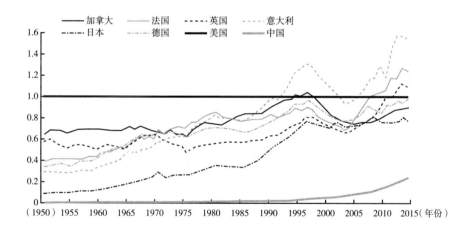

图 6-3　G7 国家与我国的劳均资本情况（美国为 1）

资料来源：宾州大学国际比较项目数据库。

对我国而言，在相对值上，我国 2014 年的劳均资本水平仅相当于美国的 0.24，约相当于日本劳均资本 1960 年的水平，相当于其余 5 个发达国家（除美国和日本）1950 年或以前的水平。在绝对值上，我国

---

① 不过在乔根森的定义中，资本和劳动力质量的改善也算投入。

2014 年劳均资本为 86902 美元，约相当于美国 1950 年前、加拿大 1958 年、德国和法国 1967 年、英国 1968 年、意大利 1969 年、日本 1987 年的水平。从发达国家的发展历程看，我国的劳均资本仍有很大的提升空间。

（三）与部分经济体劳动生产率相近时期相比，我国全要素生产率较低

1. 与相近发展阶段的经济体相比，我国的劳均资本较高、全要素生产率较低

在劳动生产率相近的 41 个经济体中，我国劳均资本为 86902 美元，排名第 5，处于较高水平（见表 6 - 4），仅次于牙买加（126504 美元，2014）、印度尼西亚（108304 美元，2013）、新加坡（106700 美元，1988）以及南斯拉夫联盟共和国（87934 美元，2001）。41 个样本国家劳均资本的平均水平为 49298 美元，其中日本（1968 年）、德国（1953 年）、法国（1953 年）、韩国（1990 年）的劳均资本分别为 34902 美元、38280 美元、44126 美元和 57693 美元。

全要素生产率方面，我国约相当于美国当年水平的 0.43，排在第 31 位，处于中下水平，高于波兰、斯里兰卡、印度尼西亚等国，但多数经济体的全要素生产率约在美国水平的 0.5 以上，并且 41 个经济体全要素生产率的平均水平约相当于美国水平的 0.6%。这说明我国的全要素生产率与其他经济体相比仍有较大差距。

表 6 - 4　相近发展阶段各经济体的生产率比较

经济体	年份	劳动生产率（美元/人）	全要素生产率		劳均资本（美元/人）
			水平	排名	
中国	2014	21827	0.43	31	86902
牙买加	2014	21621	0.31	40	126504
印度尼西亚	2013	22777	0.38	38	108304
新加坡	1988	22491	0.82	6	106700
南斯拉夫联盟共和国	2001	21600	0.41	35	87934
乌克兰	2013	20744	0.46	29	80669
拉脱维亚	1994	21202	0.40	37	77905

续表

经济体	年份	劳动生产率（美元/人）	全要素生产率		劳均资本（美元/人）
			水平	排名	
哈萨克斯坦	1999	22768	0.26	41	70434
爱沙尼亚	1994	22653	0.37	39	67822
斯里兰卡	2010	22802	0.42	34	63512
马来西亚	1993	21952	0.59	17	62189
乌拉圭	1985	22711	0.55	22	57895
韩国	1990	22295	0.59	18	57693
泰国	2005	22598	0.44	30	53704
哥伦比亚	2004	22873	0.41	36	51441
多米尼加	1997	22756	0.57	20	50286
秘鲁	2009	21771	0.56	21	49571
爱尔兰	1971	21512	0.73	12	48628
芬兰	1960	22520	0.60	16	48420
立陶宛	1993	20987	0.51	26	46204
法国	1953	22241	0.54	24	44126
中国台湾	1982	21973	0.96	2	42907
德国	1953	21984	0.43	33	38280
墨西哥	1954	21994	0.90	4	39720
危地马拉	2006	22085	0.69	14	38799
希腊	1964	22224	0.54	23	38569
以色列	1961	22087	0.77	8	37189
亚美尼亚	2014	21568	0.53	25	36610
日本	1968	21078	0.51	27	34902
意大利	1956	22832	0.58	19	37311
西班牙	1964	22863	0.79	7	31740
葡萄牙	1965	21977	0.76	10	29657
中国香港	1969	22390	0.90	5	29194
奥地利	1956	21863	0.65	15	28758
厄瓜多尔	1971	22879	0.51	28	26142
波兰	1972	21951	0.43	32	23038
哥斯达黎加	1970	22912	0.91	3	22833
南非	1962	21794	0.75	11	22663
巴西	1975	22583	0.71	13	18892
智利	1965	22869	0.97	1	18714
保加利亚	1997	22837	0.76	9	16078
样本平均	—	22189	0.60	—	49298

资料来源：世界大型企业联合会、宾州大学国际比较项目。

2. 从发展轨迹看，保持全要素生产率持续增长更重要

针对我国全要素生产率相对较低的特征，为得到进一步解释，我们考察了这些相近发展阶段样本经济体的全要素生产率增长轨迹。研究发现，在相近时期的样本国家中，全要素生产率排名靠前的经济体并未表现出持续较高的技术水平。

考察全要素生产率排名前六位的经济体（见图6-4），发现各经济体的全要素生产率所处阶段并不具有规律性。其中，部分经济体的全要素生

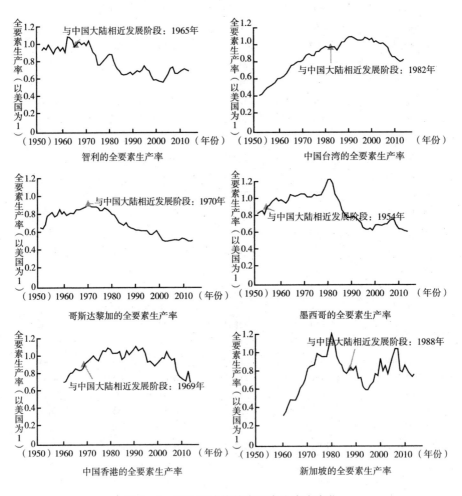

图6-4 部分经济体的全要素生产率变化

资料来源：世界大型企业联合会、宾州大学国际比较项目。

产率处于下降阶段（如智利、哥斯达黎加等），这些拉美国家也是通常被认为陷入"中等收入陷阱"的国家。这说明，尽管我国当前的全要素生产率水平与这些国家和地区有较大差距，但并非排名靠前的所有经济体都是我国"学习"的对象，相反，我国应引以为戒，避免出现全要素生产率持续下降的现象。

从 G7 国家的全要素生产率发展轨迹看，可以找到与我国相近发展阶段对应年份的国家有 4 个，分别是法国（1953 年）、德国（1953 年）、意大利（1956 年）和日本（1968 年）。2014 年我国全要素生产率的相对水平为 0.43，而这些发达国家在相应阶段的全要素生产率（分别为 0.51、0.43、0.59 和 0.54）都低于样本经济体的平均水平（0.6）（见图 6 - 5）。但这些国家都经历了全要素生产率快速上升时期（即技术进步追赶美国、与美国缩小差距的时期），带来劳动生产率和经济的持续增长。

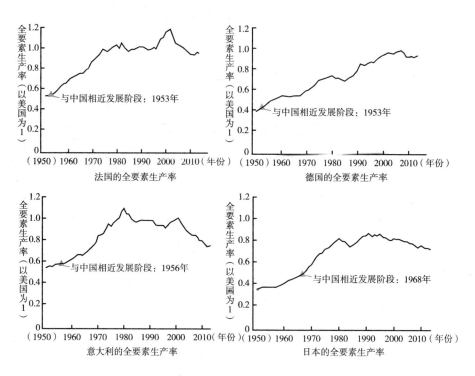

图 6 - 5　部分 G7 国家的全要素生产率变化

资料来源：世界大型企业联合会、宾州大学国际比较项目。

从代表性经济体全要素生产率的发展规律来看，尽管我国劳动生产率与相近发展阶段的经济体比相对较低，但我们不应仅关注当前的差距，而应借鉴发达经济体的成功经验，关注如何促进全要素生产率的持续提升。

三 劳动生产率的决定因素

（一）劳均资本与全要素生产率决定劳动生产率

1. 计量方法

（1）模型设定。根据上文分析可知，一国劳动生产率的高低由该国劳均资本存量和全要素生产率水平两者共同决定。为此，我们将模型形式设定为：

$$\ln lp_{i,t} = c_i + \alpha \times \ln perck_{i,t} + \beta \times \ln tfp_{i,t} + X_{i,t} + \varepsilon_{i,t} \tag{4}$$

其中，被解释变量是劳动生产率（lp），解释变量是劳均资本存量（$perck$）和全要素生产率（tfp）；X 是一组控制变量，以控制其他经济因素对劳动生产率的影响效果；ε 表示残差项；下标 i 和 t 分别表示国家与年份；ln 是自然对数符号。

其中，劳动生产率是由各国以美元计的不变价 GDP 与就业人员数之比得出的。劳均资本存量用经过价格和汇率因素调整后得到的各国资本存量与就业人员数之比表示。全要素生产率则采用一国与技术前沿国家（以美国为 1）全要素生产率之比来表示。[①]

我们选取了三个控制变量，分别是：开放程度（$open$），用一国进出口总额占当年 GDP 的比重表示，更高的开放程度有利于各国间知识和技术的广泛传播，对劳动生产率有促进作用；金融发展水平（dc），用一国对私

---

① 关于全要素生产率的指标选取，为更好地反映全要素生产率的动态变化和经济含义，这里采用一国与技术前沿国家（以美国为 1）全要素生产率之比，而非全要素生产率的水平值。

人部门的银行信贷占当年 GDP 的比重表示，较优的金融发展水平往往从融资上对企业技术改造、转型升级等提供便利，进而带动劳动生产率的提高；产业结构（ea），用一国农业从业人员比重表示，由于农业劳动生产率相对第二、第三产业较低，一个经济体的农业从业人员比重越低，劳动生产率就会越高。

（2）数据来源。以上所有数据均来自国际组织的公开数据库。其中，劳动生产率来自世界大型企业联合会，资本存量、就业人员数和全要素生产率来自宾州大学国际比较项目，开放程度、金融发展水平和农业从业人员比重来自世界银行 WDI 数据库。样本一共涉及全球 123 个经济体，时间跨度为 1950~2016 年，有关上述变量的描述性统计见表 6-5。

表 6-5 本模型涉及变量的描述性统计

变量	变量符号	样本量	均值	标准差
劳动生产率	$\ln lp$	7529	9.96	1.20
全要素生产率	$ctfp$	5953	0.73	0.40
劳均资本存量	$\ln perck$	8244	10.38	1.49
开放程度	$open$	8100	78.32	51.66
金融发展水平	dc	7611	37.54	35.76
产业结构	ea	3002	18.11	18.20

注：劳动生产率、劳均资本存量的数据是取对数后的值。
资料来源：根据估计结果整理。

2. 检验结果

首先，我们分别利用混合回归模型（POLS）、最小二乘虚拟变量模型（LSDV）和固定效应模型（FE）进行估计[①]，表 6-6 第（1）~（3）列的基准模型结果显示，劳均资本存量、全要素生产率各自对劳动生产率都有显著正向影响，并且估计系数均通过 1% 显著性水平检验，符合预期。加入控制变量后，第（4）~（5）列的估计结果仍然显示劳均资本存量、全要素生产率的系数均显著为正。关于估计结果定量上的经济含义，以第（5）列为例，表明劳均资本存量每增加 1 个百分点劳动生产率将提高 0.29

---

① 针对所采用的估计方法，Wald 检验和 Hausman 检验的结果支持采用固定效应模型。

个百分点，而与技术前沿国家（以美国为1）全要素生产率的比例差距每缩小0.01劳动生产率将提高0.408个百分点。因此可以说明，随着劳均资本存量、全要素生产率的不断提高，劳动生产率将会有明显改善。

此外，估计结果也证实，控制变量中的开放程度和金融发展水平两者越高对劳动生产率的正面促进作用越大，而农业从业人员比重下降则有利于劳动生产率的改善。

表6-6　各国劳动生产率的影响因素分析（按主要解释变量的基准模型）

	（1）OLS	（2）LDSV	（3）FE	（4）LDSV	（5）FE
ctfp	0.877***	0.501***	0.501***	0.408***	0.408***
	(0.014)	(0.012)	(0.012)	(0.025)	(0.025)
lnperck	0.585***	0.537***	0.537***	0.292***	0.292***
	(0.004)	(0.004)	(0.004)	(0.009)	(0.009)
open	—	—	—	0.002***	0.002***
	—	—	—	(0.000)	(0.000)
dc	—	—	—	0.001***	0.001***
	—	—	—	(0.000)	(0.000)
ea	—	—	—	-0.008***	-0.008***
	—	—	—	(0.001)	(0.001)
常数项	3.241***	4.734***	4.033***	7.061***	6.857***
	(0.044)	(0.053)	(0.048)	(0.111)	(0.110)
国别因素	不控制	控制	控制	控制	控制
样本量	5075	5075	5075	1988	1988
R^2	0.864	0.958	0.778	0.973	0.698

注：括号内是标准误差；*** 表示在1%水平上显著。
资料来源：根据估计结果整理。

为保证估计结果的有效性，我们还对模型作以下稳健性检验（详见本章附录2）。一是对估计模型的标准误差在国家层面进行聚类处理，从而消除序列相关性。二是运用工具变量固定效应（IV-FE）和动态面板系统广义矩估计（SYS-GMM）两种估计方法，以处理内生性问题。

采用聚类稳健标准差的稳健性检验发现，劳均资本存量、全要素生产率两者对劳动生产率的估计系数均显著为正，再次证实随着劳均资本存量、全要素生产率的不断提高，劳动生产率的增长将会有明显改善。

工具变量固定效应（IV - FE）和动态面板系统广义矩估计（SYS - GMM）方法的稳健性检验发现，尽管两种新方法的估计系数比之前固定效应模型系数有所变小，但劳均资本存量、全要素生产率两者对劳动生产率的估计系数都有显著正向影响，并且估计系数均通过 1% 显著性水平检验。特别是在动态面板系统广义矩估计（SYS - GMM）方法下，AR（2）自相关检验和 Sargan 工具变量过度识别约束检验结果支持该方法在这里进行估计的适用性。总之，在控制内生性问题之后，核心解释变量的估计结果支持了假设命题，从而保证了实证结果的有效性。

（二）全要素生产率的贡献随着劳动生产率水平的提高而增大

通过上文分析和实证检验可以发现劳均资本的积累和全要素生产率的提高的确对劳动生产率有显著的积极影响。那么，这两个决定因素的相对重要性是否会随劳动生产率的提高而发生变化？

基于这个问题，笔者从现实出发，根据跨国面板数据，考察国外经济体在相当于我国 2016～2020 年以及 2020～2030 年这两个阶段时，两个因素对劳动生产率的作用大小。

按购买力平价法调整（以 2011 年不变价的美元计），2016 年我国劳动生产率为 23486 美元/人。根据我国"十三五"规划对"全员劳动生产率"指标所提出的要求，即年均增速要高于 6.6% 的预期目标。经计算，到 2020 年我国劳动生产率将达到 30328 美元/人（以 2011 年不变价的美元计）。关于到 2030 年我国劳动生产率的预测值，利用前期的相关研究成果，预计 2020～2030 年经济年均增速在 4.6%～5.8%，并且同一时期的劳动年龄人口将年均下降 0.4%（投资研究所，2016）。2020～2030 年，我国劳动生产率的年均增速将是 5.6%[①]，经计算，到 2030 年我国劳动生产率将达到 52297 美元/人（以 2011 年不变价的美元计）。

因此，我们将未来我国劳动生产率的提高分为两个发展阶段：一是

①　具体的计算过程是先取经济年均增速 4.6%～5.8% 的均值为 5.2%，再考虑劳动年龄人口年均下降 0.4%，最终得到 5.6%。

2016～2020 年，在此阶段劳动生产率从 23486 美元/人提高至 30328 美元/人；二是 2020～2030 年，在此阶段劳动生产率将从 30328 美元/人提高至 52297 美元/人。我们选取了劳动生产率位于这两个区间内的子样本，来进行实证检验。

我们同样运用最小二乘虚拟变量模型（LSDV）和固定效应模型（FE）两种方法，先对全样本进行估计，再进行分阶段估计。①

从估计结果看（见表 6 - 7），在未来的两个发展阶段，尽管两个因素的作用仍然显著，但劳均资本对劳动生产率的贡献将大幅下降，而全要素生产率对劳动生产率的贡献仍将持续。在相当于我国劳动生产率水平的 2016～2020 年和 2020～2030 年，劳均资本存量每增加 1 个百分点，对提高劳动生产率的幅度从超过 0.25% 将降至 0.1% 左右，但与技术前沿国家全要素生产率的比例差距每缩小 0.01 将提高劳动生产率的幅度保持在 0.3% 左右的水平。此外，多数变量的显著性证明了这一模型的合理性。

表 6 - 7　劳动生产率的影响因素分析（按不同阶段）

劳动生产率	(1) 全样本	(2) 全样本	(3) 23486～30328 美元 (2016～2020 年)	(4) 23486～30328 美元 (2016～2020 年)	(5) 30328～52297 美元 (2020～2030 年)	(6) 30328～52297 美元 (2020～2030 年)
$ctfp$	0.425 *** (0.025)	0.408 *** (0.025)	0.320 *** (0.049)	0.332 *** (0.049)	0.306 *** (0.028)	0.273 *** (0.027)
lnperck	0.207 *** (0.012)	0.292 *** (0.009)	0.251 *** (0.034)	0.275 *** (0.032)	0.061 *** (0.019)	0.104 *** (0.014)
open	0.001 *** (0.000)	0.002 *** (0.000)	0.001 (0.001)	0.001 (0.001)	0.001 *** (0.000)	0.001 *** (0.000)
dc	0.001 *** (0.000)	0.001 *** (0.000)	0.001 (0.001)	0.001 (0.001)	0.002 *** (0.000)	0.002 *** (0.000)
ea	−0.007 *** (0.001)	−0.008 *** (0.001)	−0.002 * (0.001)	−0.002 * (0.001)	−0.011 *** (0.001)	−0.013 *** (0.001)

---

① 由于这里主要考察分阶段的估计结果，为消除时间趋势的影响，故在运用最小二乘虚拟变量模型（LSDV）时，加入时间趋势项，而固定效应模型（FE）则已经考虑到这一因素。

续表

劳动生产率	(1) 全样本	(2) 全样本	(3) 23486~30328 美元 (2016~2020 年)	(4) 23486~30328 美元 (2016~2020 年)	(5) 30328~52297 美元 (2020~2030 年)	(6) 30328~52297 美元 (2020-2030 年)
时间趋势项	0.006 *** (0.001)		0.002 * (0.001)		0.003 *** (0.001)	
常数项	7.710 *** (0.123)	6.857 *** (0.110)	7.304 *** (0.352)	7.073 *** (0.361)	9.579 *** (0.177)	9.306 *** (0.163)
国别因素	控制	控制	控制	控制	控制	控制
样本量	1988	1988	142	142	591	591
R^2	0.975	0.698	0.637	0.443	0.812	0.653

注：括号内是标准误差；***、*分别表示在1%、10%水平上显著。每个样本的两列分别表示 LDSV 和 FE 方法估算结果。

资料来源：根据估计结果整理。

同样是为了保证估计结果的有效性，我们对分阶段的估计模型作相似的稳健性检验。不论是采用聚类稳健标准差还是消除内生性问题的稳健性检验，估计结果（见本章附录3）均表明，在相当于我国劳动生产率水平的 2016~2020 年和 2020~2030 年的两个发展阶段，全要素生产率比劳均资本存量更能促进劳动生产率的提高。因此，对于提高我国劳动生产率而言，在继续积累劳均资本存量的同时，应该致力于促进全要素生产率的持续提高。

四 全要素生产率的影响因素与作用机制

（一）全要素生产率的影响因素

1. 研究方法与数据

正如上文分析，全要素生产率的提升将对提高劳动生产率变得愈发重要，本部分将对全要素生产率的影响因素作进一步探讨。基于前期的研究结果，我们认为全要素生产率可分解为技术创新、人力资本、制度体系和国家治理四个重要方面（Barro，2000；投资研究所，2016）。

我们运用跨国经验数据，证明这四个因素对全要素生产率确实有积极影响。这一证明将通过两种方式实现：一是通过样本国家的散点图，直观观察全要素生产率分别与四个影响因素的相关关系；二是通过计量实证，证明在加入了控制变量后，四个因素的作用仍是显著的，并且通过了稳健性检验。

在指标选取方面，对于全要素生产率的衡量，我们使用两种指标：一是以一国自身的全要素生产率动态变化（以2011年全要素生产率为1）（rtfp）来表示，反映自身全要素生产率水平的提高程度；二是以一国与技术前沿国家（以美国为1）全要素生产率之比（ctfp）来表示，反映两国间的技术差距。

由于四个影响因素本身难以量化，我们在国际数据库中寻找了定量指标，以体现各国在这些因素方面的差别：一是技术创新，用各国每年授予的三方专利数[①]（tp）来衡量，该指标常被经合组织（OECD）用于各国创新政策的研究，其从产出维度反映技术创新水平；二是人力资本，用人力资本指数（hc）来表示，该指数综合了劳动力的受教育年限和教育回报两方面的因素；三是制度体系，用法律体系和产权制度（lspr）的评分指标来衡量，该指标的评分范围为0～10，分值越高说明法律体系和产权制度越完善；四是国家治理，用政府监管能力（regulation）的评分指标来表示，该指标从信贷市场、劳动力市场和商业活动三个方面的监管来综合反映政府治理能力的水平，分值越高说明政府治理能力的水平也就越高。因此，我们预测：随着技术创新和人力资本不断积累、制度体系逐渐完善以及政府治理能力稳步提升，全要素生产率将显著改善。

这部分的考察样本仍涉及全球123个经济体，时间跨度从1950～2016年，但受限于相关数据的可得性，实际研究的样本量将有所减少。以上所有数据都来自各个国际组织的公开数据库。其中，全要素生产率、人力资本和经济发展水平的指标来自宾州大学国际比较项目，制度体系和政府治

---

① 三方专利（Triadic Patent），是指针对同一发明，受欧洲专利局、日本专利局、美国专利与商标局共同保护的一组专利。

理能力的指标来自弗雷泽研究所（the Fraser Institute），研发创新的指标来自经合组织。有关上述变量的描述性统计见表6－8。

表6－8　本模型涉及变量的描述性统计

变量	变量符号	样本量	均值	标准差
全要素生产率1（自身动态变化）	*rtfp*	5953	0.94	0.30
全要素生产率2（与技术前沿国家的差距）	*ctfp*	5953	0.73	0.40
技术创新	ln*tp*	1498	3.98	2.50
人力资本	*hc*	7867	2.03	0.71
制度体系	*lspr*	2636	5.53	1.75
政府治理能力	*regulation*	2668	6.54	1.21
经济发展水平	ln*percgdpe*	9439	8.58	1.24

注：研发创新、经济发展水平的数据是取对数后的数值；为保证取对数后的数值均为正，这里便直接对各国的三方专利数取对数，而不是选择各国每百万人的三方专利数。

资料来源：根据统计数据整理而得。

2. 全要素生产率与影响因素的相关性

将232个经济体的全要素生产率分别与四个影响因素的对应关系做出散点图（见图6－6）。可以发现，技术创新能力较强、人力资本质量较高、制度体系较完备、政府治理能力较高的经济体，全要素生产率也较高。这说明这四个影响因素与全要素生产率之间有正相关关系。

3. 四类因素对全要素生产率影响的实证检验

（1）计量方法。通过加入控制变量，我们对全要素生产率的影响因素进行定量分析，并将模型形式简单设定为：

$$tfp(RD_{i,t}, HC_{i,t}, IS_{i,t}, GR_{i,t}) = \alpha_i + \beta_1 \times RD_{i,t} + \beta_2 \times HC_{i,t} + \beta_3 \times IS_{i,t} + \beta_4 \times GR_{i,t} + X_{i,t} + \varepsilon_{i,t} \tag{5}$$

其中，被解释变量是全要素生产率（*tfp*），解释变量是研发创新（*RD*）、人力资本（*HC*）、制度体系（*IS*）和政府治理能力（*GR*）；*X*是控制变量，以控制其他经济因素对全要素生产率的影响效果；*ε*表示残差项；

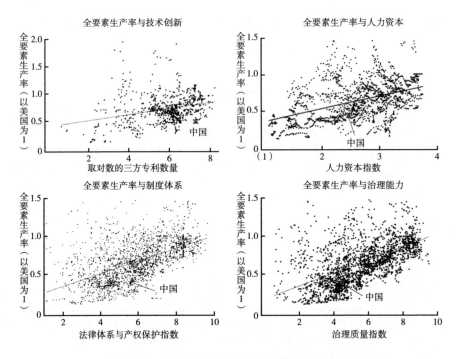

图 6-6　全要素生产率与四大影响因素的分布

资料来源：根据统计数据整理而得。

下标 i 和 t 分别表示国家与年份。

具体指标方面，全要素生产率、技术创新、人力资本、制度体系和治理能力选取的指标与数据来源在前文已经说明。控制变量方面，受限于有限的样本量与数据的可得性，我们只考虑经济发展水平这一控制变量。以各国人均 GDP 来衡量的经济发展水平已基本涵盖除核心解释变量之外影响全要素生产率的其他经济因素。

同时，与上文相类似，我们也关注在相当于我国目前到 2020 年以及 2020～2030 年的两个阶段各影响因素的不同表现。但在此处，我们以我国全要素生产率与前沿国家（以美国为代表）的差距来划分当前到 2020 年和其后到 2030 年的不同发展阶段。2014 年[①]我国全要素生产率与美国的比

---

① 宾州大学国际比较项目所提供的最新数据年份。

值为 0.43。我们以 2000 ~ 2014 年①我国与美国各自全要素生产率的平均增速作为未来 10 ~ 20 年全要素生产率增速的基准。在这期间，我国全要素生产率年均增长 2% ~ 3%，而美国全要素生产率年均增长不足 1%。据此估计，到 2020 年我国全要素生产率与前沿国家的比值将提高至 0.5 左右，到 2030 年我国全要素生产率与前沿国家的比值将进一步提高至 0.6 左右，并依此水平来选取子样本进行分析。

（2）检验结果。运用固定效应模型（FE）②，表 6 - 9 显示了基本的估计结果。首先是对全样本进行检验，第（1）~（2）列的基准模型结果显示，四个影响因素均对全要素生产率有显著的正向影响，符合预期。加入控制变量后，估计系数仍显著为正。这说明在控制了影响经济增长的其他因素后，技术创新、人力资本、制度体系与治理能力的确是全要素生产率的主要影响因素。

接下来我们分阶段对这些影响因素的变化进行考察。其中，第（3）~（4）列和第（5）~（6）列的估计结果分别显示 2014 ~ 2020 年、2020 ~ 2030 年的情况。估计结果发现，在这两个发展阶段，大部分核心解释变量的估计系数仍然为正，这说明技术创新、人力资本、制度体系和政府治理能力等因素，不论在当前还是在未来，都可以持续对提高全要素生产率产生影响。因此，对这些因素进行改进将不同程度地提高全要素生产率的水平。

表 6 - 9　全要素生产率的影响因素分析

全要素生产率相对美国水平	（1）全样本	（2）全样本	（3）0.43 ~ 0.50	（4）0.43 ~ 0.50	（5）0.50 ~ 0.60	（6）0.50 ~ 0.60
lntp	0.022 ***	0.002	0.016	0.025 *	0.007	0.000
	(0.004)	(0.003)	(0.023)	(0.013)	(0.011)	(0.008)
hc	0.060 ***	0.225 ***	0.205 *	0.546 ***	0.008	0.385 ***
	(0.018)	(0.020)	(0.109)	(0.104)	(0.048)	(0.055)

① 这一时间段既有经济高速增长的繁荣期，也有遭遇国际金融危机的低潮期，故平滑了经济周期因素的影响，具有较大的参考价值。

② 针对所采用的估计方法，Wald 检验和 Hausman 检验的结果支持采用固定效应模型。

续表

全要素生产率相对美国水平	(1)	(2)	(3)	(4)	(5)	(6)
	全样本	全样本	0.43~0.50	0.43~0.50	0.50~0.60	0.50~0.60
lspr	0.023***	0.013***	0.001	0.022	0.013	0.020*
	(0.004)	(0.004)	(0.028)	(0.016)	(0.015)	(0.011)
regulation	0.031***	0.012***	0.079***	0.036***	0.043***	0.020**
	(0.004)	(0.003)	(0.021)	(0.013)	(0.012)	(0.009)
lnpercgdpe	—	0.280***	—	0.341***	—	(0.060)
		0.539***				(0.037)
常数项	0.325***	-1.348***	-0.056	-2.924***	0.561***	-1.195***
	(0.052)	(0.092)	(0.255)	(0.352)	(0.172)	(0.227)
国别因素	控制	控制	控制	控制	控制	控制
样本量	916	916	53	53	108	108
R^2	0.308	0.536	0.462	0.832	0.234	0.621

注：括号内是标准误差；***、**、*分别表示在1%、5%和10%水平上显著；0.43~0.50与0.50~0.60分别代表相当于我国2014~2020年和2021~2030年的阶段。

资料来源：根据估计结果整理。

（二）全要素生产率的作用机制随时间的变化

1. 研究方法

在确定了全要素生产率的四大影响因素后，我们将这些因素影响全要素生产率的作用机制进一步归纳为三条，以深入考察这些因素是通过怎样的机制来作用于全要素生产率的。这三大机制分别为（见图6-7）：一是技术创新与人力资本的交互机制；二是技术创新、制度体系与治理能力的交互机制；三是人力资本、制度体系与治理能力的交互机制。

对于第一条机制，我们认为，随着一个经济体人力资本的提升，受教育年限的增加，研发部门从业人员的比例将会上升，相应的创新能力也将得到提升，因此，人力资本除本身可影响全要素生产率外，还将通过技术创新来作用于全要素生产率。类似的，一个经济体技术创新能力的提升将为人力资本的提升创造更好的条件，在此情况下，研发创新也将通过影响人力资本来作用于全要素生产率。因此，我们认为第一条机制是技术创新和人力资本的交互作用机制。

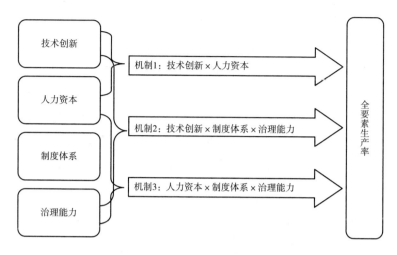

图 6 - 7　四类影响因素对全要素生产率的主要作用机制

对于第二条机制，我们认为，制度体系的完备、政府治理能力的提升，一方面可以通过改善"软环境"来优化资源配置，从而直接作用于全要素生产率的提升，另一方面可以通过为技术创新创造有利的条件，以提升创新能力来间接作用于全要素生产率。这些手段包括更完善的产权保护和法律体系，更有效的政策执行和治理等方式。同时，制度体系和治理能力代表着政策法律的制定和执行，也具有交互效应。因此我们认为，技术创新、制度体系和治理能力的交互作用是提升全要素生产率的第二条机制。

与第二条机制类似，我们归纳出第三条机制，即"软环境"通过与人力资本的交互作用来影响全要素生产率。因为治理能力的提升、制度体系的完备，意味着将增加更多的公共投入用于教育培训、医疗卫生等领域，并具有较合理的教育、医疗、社会保障制度，这些都将提升人力资本，从而间接影响全要素生产率。

在模型设定上，我们对于技术创新与人力资本的交互机制，加入技术创新与人力资本的交互项（$yfrl$），并预测该交互项的估计系数将显著为正，反映出人力资本的积累通过技术创新作用于全要素生产率的提高。对于技术创新、制度体系与治理能力的交互机制，我们加入多个交互项，包括三个两两交互项（$yfzd$、$yfzl$、$zdzl$）与一个三者交互项（$yfzdzl$），其中，最值得关注的是技术创新、制度体系与治理能力的三者交互项，反映作为"软环境"的制度体系与治理能力因素以鼓励技术创新的方式来提升全要素生产率水平，我们预期该交互项的估计系数将显著为正。同理，对于人力资本、制度体系与治理能力的交互机制，也加入多个交互项，包括三个两两交互项（$rlzd$、$rlzl$、$zdzl$）与一个三者交互项（$rlzdzl$），我们主要关注三者交互项，表示制度体系与治理能力以积累人力资本的方式来促进全要素生产率的提高，并且预测该交互项的估计系数也将显著为正。有关上述不同交互项的设定形式见表 6 – 10。

表 6 – 10   本模型交互项的设定形式

变量符号	变量含义	交互机制
$yfrl$	$lntp \times hc$	技术创新与人力资本
$yfzd$	$lntp \times lspr$	技术创新与制度体系、治理能力
$yfzl$	$lntp \times regulation$	
$zdzl$	$lspr \times regulation$	
$yfzdzl$	$lntp \times lspr \times regulation$	
$rlzd$	$hc \times lspr$	人力资本与制度体系、治理能力
$rlzl$	$hc \times regulation$	
$zdzl$	$lspr \times regulation$	
$rlzdzl$	$hc \times lspr \times regulation$	

注：有关变量含义见变量说明和数据来源部分。

2. 三个机制对全要素生产率影响的实证检验

首先，我们对技术创新与人力资本交互机制进行检验。表 6 – 11 第（1）～（2）列的估计结果显示，技术创新与人力资本交互项的估计系数显著为正，且具有 1% 显著性水平。这意味着对全样本的检验证实了研发创新与人力资本的交互机制的有效性，该机制确实能促进全要素生产率水平的提高。

在未来的两个发展阶段，表 6 – 11 第（3）～（4）列和第（5）～（6）列的估计结果证实，在 2014～2020 年和 2020～2030 年，技术创新与人力资本交互机制将发挥十分重要的作用，两个阶段下的研发创新与人力资本交互项的估计系数均显著为正。并且，该机制的作用近期更为显著，即该交互项的系数在 2014～2020 年要比 2020～2030 年大。此外，人力资本和技术创新单独的影响效力一直都十分显著。可见在目前，推行加大人力资本积累、鼓励技术创新之类的政策措施有重要的现实意义和实际效果。

表 6-11　技术创新与人力资本的交互机制

全要素生产率 相对美国水平	(1) 全样本	(2) 全样本	(3) 0.43～0.50	(4) 0.43～0.50	(5) 0.50～0.60	(6) 0.50～0.60
lntp	0.032 ***	0.059 ***	0.384 ***	0.159	0.184 ***	0.106 ***
	(0.011)	(0.009)	(0.119)	(0.106)	(0.044)	(0.034)
hc	0.018	0.317 ***	0.711 ***	0.817 ***	0.090 *	0.398 ***
	(0.024)	(0.024)	(0.177)	(0.236)	(0.049)	(0.052)
$yfrl$	0.021 ***	0.023 ***	0.144 ***	0.148 ***	0.067 ***	0.038 ***
	(0.004)	(0.003)	(0.042)	(0.038)	(0.015)	(0.012)
$lspr$	0.024 ***	0.013 ***	0.023	0.032 *	0.025 *	0.010
	(0.004)	(0.004)	(0.025)	(0.018)	(0.014)	(0.011)
$regulation$	0.031 ***	0.012 ***	0.077 ***	0.031 **	0.031 ***	0.016 *
	(0.004)	(0.003)	(0.019)	(0.013)	(0.011)	(0.008)
ln$percgdpe$	—	0.284 ***	—	0.305 ***	—	(0.083)
		0.613 ***		(0.013)		0.037)
常数项	0.513 ***	-1.157 ***	-1.349 ***	-2.888 ***	0.836 ***	-0.853 ***
	(0.064)	(0.094)	(0.442)	(0.351)	(0.167)	(0.240)
国别因素	控制	控制	控制	控制	控制	控制
样本量	916	916	53	53	108	108
R^2	0.328	0.561	0.593	0.840	0.384	0.663

注：括号内是标准误差；*** 、** 、* 分别表示在1%、5%和10%水平上显著；0.43～0.50
与 0.50～0.60 分别代表相当于我国 2014～2020 年和 2020～2030 年的阶段。
资料来源：根据估计结果整理。

其次，我们对技术创新、制度体系与治理能力的交互机制进行检验。在全样本下，表 6-12 第（1）～（2）列的估计结果显示，技术创新、制度体系与治理能力三者交互项的估计系数显著为正，且均通过 1% 显著性水平检验。可见，技术创新、制度体系与治理能力的交互机制确实能促进全要素生产率水平的提高。

在未来两个发展阶段，表 6-12 第（3）～（4）列的估计结果显著为正，但第（5）～（6）列的估计结果并不显著。这说明 2014～2020 年，技术创新、制度体系与治理能力的交互机制有助于通过改善培育技术创新的"软环境"来鼓励技术创新活动，进而推动全要素生产率的提高；而2020～2030年，该机制的重要性将有所下降。

表 6－12　技术创新与制度体系和治理能力的交互机制

全要素生产率相对美国水平	(1) 全样本	(2) 全样本	(3) 0.43～0.50	(4) 0.43～0.50	(5) 0.50～0.60	(6) 0.50～0.60
lntp	0.155 *** (0.045)	0.210 *** (0.036)	0.060 (0.333)	0.529 *** (0.182)	0.359 (0.263)	0.131 (0.211)
$lspr$	0.079 *** (0.026)	0.125 *** (0.021)	0.230 (0.163)	0.237 *** (0.085)	0.236 ** (0.099)	0.041 (0.080)
$regulation$	0.086 *** (0.026)	0.134 *** (0.021)	0.183 (0.144)	0.170 ** (0.076)	0.321 *** (0.120)	0.030 (0.099)
$yfzd$	0.025 *** (0.006)	0.030 *** (0.005)	0.010 (0.068)	0.099 ** (0.037)	0.040 (0.042)	0.028 (0.034)
$yfzl$	0.029 *** (0.007)	0.033 *** (0.005)	0.008 (0.059)	0.071 ** (0.032)	0.072 (0.045)	0.020 (0.037)
$zdzl$	0.018 *** (0.004)	0.022 *** (0.003)	0.048 * (0.026)	0.034 ** (0.014)	0.049 *** (0.018)	0.006 (0.015)
$yfzdzl$	0.004 *** (0.001)	0.005 *** (0.001)	0.002 (0.012)	0.014 ** (0.006)	0.009 (0.007)	0.004 (0.006)
hc	0.057 *** (0.018)	0.233 *** (0.020)	0.234 ** (0.108)	0.601 *** (0.106)	0.063 (0.050)	0.347 *** (0.066)
ln$percgdpe$	0.286 *** (0.013)		0.609 *** (0.065)		0.312 *** (0.041)	
常数项	1.012 *** (0.169)	－ 0.483 *** (0.153)	1.131 (0.868)	－ 1.973 *** (0.564)	2.308 *** (0.615)	－ 0.808 (0.624)
国别因素	控制	控制	控制	控制	控制	控制
样本量	916	916	53	53	108	108
R^2	0.327	0.562	0.576	0.887	0.403	0.656

注：括号内是标准误差；***、**、* 分别表示在1%、5%和10%水平上显著；0.43～0.50 与 0.50～0.60 分别代表相当于我国 2014～2020 年和 2020～2030 年的阶段。

资料来源：根据估计结果整理。

　　最后，我们对人力资本、制度体系与治理能力的交互机制进行检验。在全样本下，表 6－13 第（1）～（2）列的估计结果显示，人力资本、制度体系与治理能力三者交互项的估计系数显著为正。同样的，人力资本、制度体系与治理能力的交互机制也能促进全要素生产率水平的提高。

在未来的两个发展阶段，表6-13第（3）～（4）列的估计结果显著为正，且均通过1%显著性水平检验，但第（5）～（6）列的估计结果并不显著。与技术创新、制度体系与治理能力的交互机制检验结果相似，2014～2020年，人力资本、制度体系与治理能力的交互机制有助于通过改善培育技术创新的"软环境"来进行人力资本投资，进而带动全要素生产率的提高；而2020～2030年，该机制的重要性有所下降。

表6-13 人力资本与制度体系和治理能力的交互机制

全要素生产率相对美国水平	(1)	(2)	(3)	(4)	(5)	(6)
	全样本	全样本	0.43~0.50	0.43~0.50	0.50~0.60	0.50~0.60
hc	0.504***	0.762***	3.652***	0.550	0.162	0.193
	(0.193)	(0.157)	(1.096)	(0.664)	(0.815)	(0.660)
$lspr$	0.107	0.127*	2.287***	0.873**	0.046	0.004
	(0.087)	(0.070)	(0.639)	(0.368)	(0.341)	(0.276)
$regulation$	0.188**	0.217***	1.565***	0.530*	0.030	0.173
	(0.088)	(0.072)	(0.507)	(0.288)	(0.357)	(0.290)
$rlzd$	0.050*	0.047*	0.878***	0.319**	0.028	0.054
	(0.030)	(0.024)	(0.228)	(0.134)	(0.136)	(0.110)
$rlzl$	0.082***	0.079***	0.617***	0.201*	0.002	0.016
	(0.030)	(0.024)	(0.185)	(0.107)	(0.135)	(0.110)
$zdzl$	0.019	0.021*	0.410***	0.176***	0.021	0.015
	(0.014)	(0.011)	(0.104)	(0.060)	(0.058)	(0.047)
$rlzdzl$	0.007*	0.007*	0.159***	0.066***	0.011	0.003
	(0.005)	(0.004)	(0.037)	(0.022)	(0.022)	(0.018)
$lntp$	0.028***	0.008**	0.005	0.010	0.000	0.003
	(0.004)	(0.004)	(0.016)	(0.008)	(0.010)	(0.008)
$lnpercgdpe$	—	0.282***	—	0.404***	—	0.296***
		(0.013)		(0.043)		(0.045)
常数项	1.806***	0.160	-8.626***	-4.451**	1.373	-0.487
	(0.546)	(0.449)	(3.036)	(1.655)	(2.025)	(1.665)
国别因素	控制	控制	控制	控制	控制	控制
样本量	916	916	53	53	108	108
R^2	0.335	0.565	0.823	0.953	0.516	0.686

注：括号内是标准误差；***、**、*分别表示在1%、5%和10%水平上显著；0.43~0.50与0.50~0.60分别代表相当于我国2014～2020年和2020～2030年的阶段。

资料来源：根据估计结果整理。

通过对跨国面板数据的实证分析，我们发现影响全要素生产率的三大作用机制确实存在，并在不同发展阶段起着各自相应的重要作用。可以预期，2014～2020 年，三个作用机制均能发挥作用，着力加大人力资本积累、鼓励技术创新、改善培育技术创新的"软环境"（特别是完善制度体系与推动国家治理能力现代化）都有助于促进全要素生产率的提高。2020～2030 年，虽然这些作用机制的重要性有不同程度的下降，但人力资本和研发创新的影响效应一直都十分显著，具有较强的持续性。

五 结论与建议

（一）主要结论

本书运用跨国面板数据，对我国劳动生产率当前所处水平、劳动生产率的决定因素、全要素生产率的影响因素等问题进行了国际比较和经验分析，主要结论如下。

第一，2016 年，我国劳动生产率与世界其他经济体相比，约相当于世界平均水平的 45%，OECD 国家平均水平的 28%，处于较低水平。这反映出我国劳动生产率水平依旧较低，有较大的提升空间。而从增速来看，我国劳动生产率在 2001～2016 年的年均增速为 7.6%，是世界平均增速的 3 倍以上，说明我国劳动生产率和人均 GDP 呈追赶趋势，与发达国家的差距正不断缩小。

第二，劳均资本和全要素生产率是劳动生产率的主要决定因素。与 G7 国家相比，我国当前劳动生产率的差距更多源于劳均资本的差距，而且历史地看，发达国家也的确经历了劳均资本相对较快积累的时期，说明我国需继续注重劳均资本的有效积累。但与劳动生产率相近阶段的经济体相比，我国劳均资本相对较多而全要素生产率相对较低。但从发展轨迹看，当时全要素生产率排名靠前的很多国家并没有持续增长，反而落入增长陷阱。因此，我国不应过多追求短期内全要素生产率的迅速提升，而应注重促进全要素生产率的持续增长。

第三，实证结果证实了劳均资本和全要素生产率对劳动生产率的积极影响。通过划分 2016～2020 年和 2020～2030 年两个阶段，对相当于这两个阶段经济体数据的检验发现，在当前阶段（2016～2020 年）劳均资本和全要素生产率的提高都非常重要，但在中长期阶段（2020～2030 年），全要素生产率的贡献将比劳均资本的贡献更大。

第四，通过观察分布和实证检验发现，技术创新、人力资本、制度体系和政府治理能力是全要素生产率的主要影响因素。这些因素通过三条交互机制（即技术创新与人力资本的交互机制，技术创新、制度体系与治理能力的交互机制，人力资本、制度体系与治理能力的交互机制）来影响全要素生产率。在 2016～2020 年，三个作用机制均能发挥作用。在 2020～2030 年，虽然这些作用机制的重要性有不同程度的下降，但人力资本和研发创新的影响效应一直都十分显著，具有较强的持续性。

（二）几点建议

第一，重视资本积累的作用。本书研究发现，劳均资本的积累对劳动生产率的提升有重要作用，而我国目前的劳均资本水平仍只有世界平均水平的一半。因此，应继续扩大全社会的有效投资，提高资本配置效率。一是要大力促进民间投资，通过"放、管、服"改革完善营商环境，维护市场公平竞争秩序，振兴民营实体经济，激发民间投资活力，促进民间资本流向最有效率、最具创新活力的领域。二是要继续完善基础设施投资，尤其是中西部和农村地区的基础设施，提高经济的整体运作效率。三是要尽量减少低效和无效投资，通过加强融资约束、改进环保标准、去过剩产能等措施提高资金配置效率，并严格依法管理投资和生产过程中的负外部性。

第二，通过增加人力资本和创新能力促进全要素生产率的持续提升。本书研究发现，全要素生产率是长期决定劳动生产率的关键因素，而人力资本和研发创新的交互机制在长期内对全要素生产率发挥关键作用。因此，应大力增加我国人力资本，提高我国创新能力。一是要增加教育投入，尤其是欠发达地区基础教育投入，促进公共服务均等化，提升我国劳动力的整体素质。二是要加强职业培训，鼓励发展职业教育，强化企业技能培训，促进劳动者技能与我国产业发展需求相匹配，建设知识型、技能型、创新型劳动者大军。三是要激发社会创新活力，通过促进创业孵化服务、创业创新平台、创业投资等来推进大众创业万众创新，建立以企业为主体、市场为导向，产学研深度融合的技术创新体系，提升我国创新能力，加快建设创新型国家。

第三，为提高全要素生产率创造良好的制度环境。本书研究发现，制度体系和治理能力的提升是我国现阶段最亟须解决的问题，否则将可能无法实现全要素生产率和劳动生产率的持续提高，这与到 2020 年在重要领域和关键环节改革上取得决定性成果的改革进度要求相吻合。因此，应继续深化改革，尽快改善促进技术创新和人力资本积累的制度环境，为全要素生产率的持续提高奠定好的制度基础。一是要继续完善研发部门的管理制度，完善产权保护制度以增加科研成果激励，完善科研经费制度以提高科研经费使用效率，完善人才奖励政策以激发创新活力。二是要促进科研成果的产业转化，加快促进产学研一体化，鼓励溢出效应强、商业前景好的科研成果积极转化，以提高整体的全要素生产率。三是要加快完善户籍、社会保障、医疗养老等制度改革，促进劳动力的自由流动，减少人力资本流动的制度性障碍，促进高素质劳动力的有效配置。

附录1 生产率国际比较的数据使用说明

在进行国际比较研究的过程中，本课题主要利用了世界大型企业联合会和宾州大学国际比较项目所提供的跨国面板数据集。为验证以上数据库的真实性和适用性，我们将有关中国的一系列原始数据（资本存量、就业人数、TFP、劳动生产率）的增长率按国家统计局与国际组织提供的两套数据对其长期趋势和数理统计方面进行针对性比对。我们预测：如果上述比对结果显示两套数据的相似度高，则可认为对跨国面板数据集进行国际比较是可靠的；反之，则不然。

在数据特征上，我们对国家统计局与国际组织提供的两套数据进行数理统计分析。不管是均值还是标准差，两套有关中国宏观数据的相似度较高，特别是两两的相关系数，基本都在0.5以上（见附表6-1）。

附表6-1　国内外数据的数理统计分析

描述性统计	均值	标准差	相关系数
中国资本存量增长率（按国家统计局数据计算）	0.088	0.036	0.88
中国资本存量增长率（按国际组织数据计算）	0.090	0.040	
中国就业人数增长率（按国家统计局数据计算）	0.021	0.027	0.58
中国就业人数增长率（按国际组织数据计算）	0.022	0.015	
中国TFP增长率（按国家统计局数据计算）	0.025	0.061	0.85
中国TFP增长率（按国际组织数据计算）	0.010	0.058	
中国劳动生产率增长率（按国家统计局数据计算）	0.067	0.078	0.72
中国劳动生产率增长率（按国际组织数据计算）	0.041	0.056	

资料来源：根据统计数据整理而成。

在长期趋势上，中国国家统计局与国际组织所提供的两套数据走势几乎一致。尽管有少数年份有波动上的差异性，但总体走势仍为同增同减（见附图6-1）。

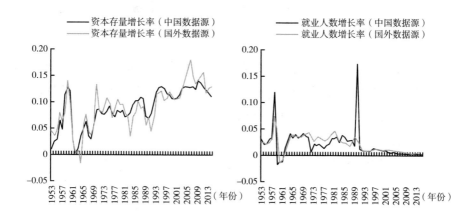

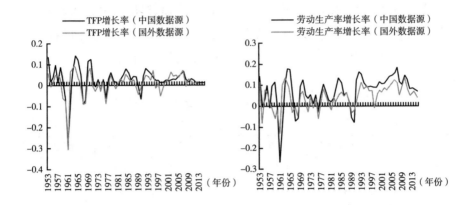

附图 6 - 1　国内外数据的长期趋势分析

注：从 1990 年开始，每次人口普查以后国家统计局都要根据普查数据对过去年份的就业人数进行调整，但 1990 年以前的数据没有进行调整，这就产生了中国数据源提供的 1990 年就业人数增长率异常变化的现象。

资料来源：国内数据来自国家统计局，国际数据来自世界大型企业联合会和宾州大学国际比较项目。

可见，上述比对结果显示两套数据的相似度很高，利用跨国面板数据集进行国际比较是可靠的。

附录 2　劳动生产率决定因素定量分析中的稳健性检验（全样本）

为保证估计结果的有效性，我们还对模型作以下稳健性检验。其一，对估计模型的标准误在国家层面进行聚类处理，从而消除序列相关性。其二，运用工具变量固定效应（IV - FE）和动态面板系统广义矩估计（SYS - GMM）两种估计方法，处理内生性问题。

一是采用聚类稳健标准差的稳健性检验。不管是加入控制变量与否，附表 6 - 2 第（1）～（4）列的估计结果都显示，劳均资本存量、全要素生产率两者对劳动生产率的估计系数均显著为正，再次证实随着劳均资本存量、全要素生产率的不断提高，劳动生产率的增长将会有明显改善。

附表 6-2　稳健性检验：各国劳动生产率的影响因素分析（按聚类稳健标准差）

	（1） LDSV	（2） FE	（3） LDSV	（4） FE
ctfp	0.501 *** （0.020）	0.501 *** （0.084）	0.408 *** （0.044）	0.408 *** （0.090）
lnperck	0.537 *** （0.006）	0.537 *** （0.028）	0.292 *** （0.014）	0.292 *** （0.041）
open	—	—	0.002 *** （0.000）	0.002 *** （0.000）
dc	—	—	0.001 *** （0.000）	0.001 *** （0.000）
ea	—	—	-0.008 *** （0.001）	-0.008 *** （0.002）
常数项	4.734 *** （0.080）	4.033 *** （0.321）	7.061 *** （0.178）	6.857 *** （0.483）
国别因素	控制	控制	控制	控制
样本量	5075	5075	1988	1988
R^2	0.958	0.778	0.973	0.698

注：括号内是标准误差；*** 表示在 1% 水平上显著。
资料来源：根据估计结果整理。

二是运用工具变量固定效应（IV-FE）和动态面板系统广义矩估计（SYS-GMM）方法的稳健性检验。其中，两种方法的工具变量都利用核心解释变量（全要素生产率和劳均资本存量）的滞后一期项。附表 6-3 的估计结果显示，尽管两种新方法第（2）~（3）列的估计系数比之前固定效应模型第（1）列的系数有所变小，但劳均资本存量、全要素生产率两者对劳动生产率的估计系数都有显著正向影响，并且估计系数均通过 1% 显著性水平检验。特别是，在动态面板系统广义矩估计（SYS-GMM）方法下，AR（2）自相关检验和 Sargan 工具变量过度识别约束检验结果支持该方法在这里进行估计的适用性。总之，在控制内生性问题之后，核心解释变量的估计结果支持了假设命题，从而保证了实证结果的有效性。

附表 6 - 3　稳健性检验：各国劳动生产率的影响因素分析（按消除内生性的估计方法）

	（1）FE	（2）IV_FE	（3）SYS_GMM
ctfp	0. 408 ***	0. 358 ***	0. 276 ***
	（0. 025）	（0. 028）	（0. 006）
lnperck	0. 292 ***	0. 288 ***	0. 156 ***
	（0. 009）	（0. 010）	（0. 002）
open	0. 002 ***	0. 002 ***	0. 002 ***
	（0. 000）	（0. 000）	（0. 000）
dc	0. 001 ***	0. 001 ***	0. 001 ***
	（0. 000）	（0. 000）	（0. 000）
ea	− 0. 008 ***	− 0. 008 ***	− 0. 008 ***
	（0. 001）	（0. 001）	（0. 000）
L. lnlp	—	—	0. 964 ***
			（0. 001）
常数项	6. 857 ***	6. 941 ***	0. 323 ***
	（0. 110）	（0. 114）	（0. 023）
国别因素	控制	控制	控制
AR（2）- P 值	—	—	0. 1880
Sargan 检验 - P 值	—	—	1. 0000
样本量	1988	1988	1988
R^2	0. 700	0. 697	—

注：括号内是标准误差；*** 表示在 1% 水平上显著；L. lnlp 是指劳动生产率变量的滞后一期项；Sargan 检验是工具变量过度识别约束检验，原假设为"工具变量是有效的"；AR（2）是对扰动项自相关性检验，原假设为"扰动项无自相关"。

资料来源：根据估计结果整理。

附录 3　劳动生产率决定因素定量分析中的
稳健性检验（不同阶段的样本）

　　同样是为了保证估计结果的有效性，我们对分阶段的估计模型作相似的稳健性检验。不论是采用聚类稳健标准差还是消除内生性问题的稳健性检验，估计结果（见附表6－4和附表6－5）均证实，在2016～2020年和2020～2030年的两个发展阶段，全要素生产率要比劳均资本存量更能促进劳动生产率的提高。可见在未来，对于提高我国劳动生产率而言，在继续积累劳均资本存量的同时，更应该将资源逐渐用在提高全要素生产率上。

附表6－4　稳健性检验：不同阶段劳动生产率的影响因素分析（按聚类稳健标准差）

	（1） LDSV 全样本	（2） LDSV （23486，30328）	（3） LDSV （30328，52297）	（4） FE 全样本	（5） FE （23486，30328）	（6） FE （30328，52297）
ctfp	0.425 *** （0.042）	0.320 *** （0.062）	0.306 *** （0.045）	0.408 *** （0.090）	0.332 *** （0.072）	0.273 ** （0.116）
lnperck	0.207 *** （0.016）	0.251 *** （0.043）	0.061 *** （0.020）	0.292 *** （0.041）	0.275 *** （0.064）	0.104 *** （0.036）
open	0.001 *** （0.000）	0.001 （0.001）	0.001 *** （0.000）	0.002 *** （0.000）	0.001 （0.001）	0.001 （0.001）
dc	0.001 *** （0.000）	0.001 * （0.001）	0.002 *** （0.000）	0.001 *** （0.000）	0.001 （0.001）	0.002 *** （0.001）
ea	－ 0.007 *** （0.001）	－ 0.002 ** （0.001）	－ 0.011 *** （0.001）	－ 0.008 *** （0.002）	－ 0.002 ** （0.001）	－ 0.013 *** （0.002）
时间趋势项	0.006 *** （0.001）	0.002 * （0.001）	0.003 *** （0.001）	—	—	—
常数项	7.710 *** （0.189）	7.304 *** （0.426）	9.579 *** （0.195）	6.857 *** （0.483）	7.073 *** （0.697）	9.306 *** （0.356）
国别因素	控制	控制	控制	控制	控制	控制
样本量	1988	142	591	1988	142	591
R^2	0.975	0.637	0.812	0.698	0.443	0.653

注：括号内是标准误差；***、**、*分别表示在1%、5%和10%水平上显著。
资料来源：根据估计结果整理。

附表 6 – 5　稳健性检验：不同阶段各国劳动生产率的影响因素分析

（按消除内生性的估计方法）

	(1) FE (23486,30328)	(2) IV-FE (23486,30328)	(3) SYS-GMM (23486,30328)	(4) FE (30328,52297)	(5) IV-FE (30328,52297)	(6) SYS-GMM (30328,52297)
ctfp	0.332 *** (0.049)	0.339 *** (0.056)	0.299 *** (0.062)	0.273 *** (0.027)	0.260 *** (0.029)	0.316 *** (0.016)
ln*perck*	0.275 *** (0.032)	0.291 *** (0.035)	0.147 *** (0.043)	0.104 *** (0.014)	0.101 *** (0.015)	0.179 *** (0.010)
dc	– 0.001 (0.001)	– 0.001 (0.001)	0.001 * (0.000)	0.002 *** (0.000)	0.002 *** (0.000)	0.001 * (0.000)
ea	0.002 * (0.001)	0.002 * (0.001)	– 0.000 (0.000)	– 0.013 *** (0.001)	– 0.013 *** (0.001)	– 0.000 (0.000)
L. ln*lp*			0.827 *** (0.041)			0.928 *** (0.016)
常数项	7.073 *** (0.361)	6.897 *** (0.403)	1.609 *** (0.467)	9.306 *** (0.163)	9.351 *** (0.168)	0.811 *** (0.129)
AR(2) – P 值	—	—	0.1405	—	—	0.1596
Sargan 检验 – P 值	—	—	1.0000	—	—	1.0000
样本量	142	142	142	591	591	591
R²	0.443	0.441		0.653	0.652	

注：括号内是标准误差；*** 、* 分别表示在 1%、10% 水平上显著；L. ln*lp* 是指劳动生产率变量的滞后一期项；Sargan 检验是工具变量过度识别约束检验，原假设为"工具变量是有效的"；AR (2) 是对扰动项自相关性检验，原假设为"扰动项无自相关"。

资料来源：根据估计结果整理。

参考文献

李延凯、韩廷春，2013，《金融环境演化下的金融发展与经济增长：一个国际经验》，《世界经济》第 8 期。

林毅夫、刘明兴，2004，《经济发展战略与中国的工业化》，《经济研究》第 7 期。

乔根森，2001，《经济增长的国际比较》，中国发展出版社。

乔根森，1989，《生产率与美国经济增长》，经济科学出版社。

投资研究所，2016，《促进经济中高速增长研究》。

王志刚，2016，《跨国收入差异及全要素生产率增长的影响因素分析》，《财政研究》第 3 期。

谢千里、罗斯基，1995，《改革以来中国工业生产率变动趋势的估计及其可靠性分析》，《经济研究》第 12 期。

张军、金煜，2005，《中国的金融深化和生产率关系的再检测：1987—2001》，《经济研究》第 11 期。

张军，2002，《改革以来中国的资本形成与经济增长：一些发现及其解释》，《世界经济文汇》第 1 期。

Atkinson, A. B. , Stiglitz, J. E. 1969. " A New View of Technological Change. " *Economic Journal* 79 (315)：573 – 578.

Barro, R. J. 2000. " Inequality and Growth in a Panel of Countries. " *Journal of Economic Growth* 5 (1)：5 – 32.

Hoffman, J. D. 1958. " Thermodynamic Driving Force in Nucleation and Growth Processes. " *Journal of Chemical Physics* 29 (5)：1192 – 1193.

Inklaar, R. , Timmer, M. P. , Ark, B. V. 2006. " Mind the Gap! International Comparisons of Productivity in Services and Goods Production. " *RePEc.*

第七章　案例研究一：新兴产业创投计划对企业生产率的影响

内容提要：政府的创新政策不仅会从宏观环境上影响企业生产率，还会通过促进技术进步、提供高质量人力资本、优化企业市场环境、吸引社会资本投入等方式从微观上对企业生产率产生显著影响。本章以 2008 年开始实施的国家新兴产业创投计划这一创新政策对企业生产率影响的数据为例，用 DID 方法分析了企业在受到新兴产业创投计划支持前后企业生产率的变化，研究结果显示，政策支持力度与企业劳动生产率之间呈现正相关关系。

一　引言

政府的创新政策不仅决定企业生产的宏观环境，而且会对企业内部生产率产生重要影响。当前，随着国家创新驱动发展战略的实施，大众创业、万众创新政策的推进，各种类型的创新创业支持政策层出不穷，那么这些政策是否对企业生产率产生了显著影响、影响途径为何、影响方向如何、影响程度多深，这些问题是本章所关注的。根据当前我国政府出台的创新政策，我们将创新政策对企业生产率的影响主要归纳为以下几个方面。

1. 改善企业生产的宏观环境

这类创新政策从宏观的角度，较为全面地对优化企业生产环境提出规划及要求，主要包括通过政府产业投资基金等方式为企业拓宽融资途径，为企业提供政策、信息、法律、人才、场地等全方位支持，培育企业创新动力，完善激励企业研发的普惠性措施等。例如，2016 年 5 月中共中央、国务院颁布的《国家创新驱动发展战略纲要》、2017 年 1 月国务院办公厅发布的《关于创新管理优化服务培育壮大经济发展新动能加快新旧动能接续转换的意见》（国办发〔2017〕4 号）等。这类创新政策不针对具体的企业，对单个企业的影响较小，但对整个社会生产率的提高有较大影响。

2. 为企业提供税收优惠

对于大部分企业而言，企业所得税是企业成本的一个重要组成部分，为企业提供税收优惠减免，能减轻企业负担，对促进企业生产率提高的作用最为直接，对单个企业的影响也最大。这类政策包括 2016 年 8 月财政部发布的《关于科技企业孵化器税收政策的通知》（财税〔2016〕89 号），2017 年 5 月财政部、税务总局、科技部联合发布的《关于提高科技型中小企业研究开发费用税前加计扣除比例的通知》（财税〔2017〕34 号）等，给予符合条件的企业税收抵扣减免。这类政策虽然对企业的影响最为直接且最受企业关注，但是在实际操作中，由于企业是否符合条件需要相关部门认证，同时，税收抵扣减免的计算程序也较为复杂，因此落实难度较大。

3. 激励企业进行研发

增加研发投入，提高企业核心产品的技术含量，是提高企业生产率的重要途径，激励企业进行研发的创新政策也属此类。例如，2016 年 3 月中共中央发布的《关于深化人才发展体制机制改革的意见》、2016 年 2 月财政部发布的《关于印发〈国有科技型企业股权和分红激励暂行办法〉的通知》（财资〔2016〕4 号）等。上述政策或通过保护企业知识产权、增加科研人员收入等间接途径，或通过加速科研成果转化、研发投入税收抵扣等直接途径，激励企业进行研发。

4. 支持创业投资发展

除了普通的创新政策外，近年来，通过发展创业投资，间接支持创新型企业的方式被迅速推广。例如，2016 年 9 月国务院发布的《关于促进创业投资持续健康发展的若干意见》（国发〔2016〕53 号），2017 年 4 月财政部、税务总局发布的《关于创业投资企业和天使投资个人有关税收试点政策的通知》（财税〔2017〕38号）等。

除上述政策外，还有一些政策也从降低企业成本，增加企业内生创新动力的角度来提高企业生产率，例如2017年4月银监会发布的《关于提升银行业服务实体经济质效的指导意见》，2016年12月工信部等五部门联合发布的《五部门关于推动小型微型企业创业创新基地发展的指导意见》等。

本章以2009年国家发展和改革委员会、财政部联合启动实施的新兴产业创投计划为例，分析政府创新政策对企业生产率的影响。

二　文献综述

已有文献从创业投资对企业生产率的影响途径、影响方向上进行了较为详尽的研究。

（一）创业投资对企业生产率的影响途径

1. 建立企业社会网络

创业投资者通过与所投资企业共享社会网络，能帮助企业更快地建立起属于自己的社会网络（Hallen，2008）。同时，企业最先缔结合作关系的创业投资机构的社会网络会影响企业后续发展所缔结的社会网络，最初为企业融资的创业投资建立的社会网络越具有凝聚力，该企业在后续发展中在行业内所处的地位就会越高（Ozmel，Reuer and Gulati，2013；Milanov and Shepherd，2013）。

2. 提高企业管理能力

创投机构的参与会对企业的管理产生重要影响。首先，创投机构的参与会削弱企业的委托—代理风险，让企业的信息更透明，估值更趋合理。国外创业投资机构对企业的管理比国内创投机构更严，因为他们和企业之间的业务联系较少，不存在徇私的嫌疑。平均而言，拥有国外机构投资背景的企业，其估值高于市场上同类型企业（Bruton et al.，2010；Ferreira and Matos，2008）。其次，创投机构管理层的变更会传导至被投企业。

2003～2008 年在美国投资的 23 家创投机构数据显示，受到创业投资支持的企业，其管理层往往随着投资机构管理层的变动而变动（Aggarwal et al.，2011）。此外，受到创投机构支持的企业，其管理层激励机制与绩效挂钩更为紧密。研究发现，有机构投资者背景的企业，其表现不好的 CEO 更容易被解聘，相应的，其长期业绩表现也会更好。比较养老基金、共同基金、银行、保险公司等不同机构投资者对企业运作管理的干预程度及影响他们激励程度的主要因素后可见，创业投资机构对压力的敏感性、对业绩的期望程度、所掌握的公司份额等都会影响其对被投企业管理的兴趣，从而影响管理的效果。创投机构持股比例越高、投资期限越长、联合投资的创投机构越多，则被投资公司对经营业绩的敏感性越高（Ryan and Schneider，2002；王会娟、张然，2012）。

3. 巩固企业市场地位

初创企业由于知名度不高、市场占有率较小，在市场面临很大的竞争威胁。创业投资机构的支持，尤其是高声誉的创业投资机构的支持，相当于向市场发出一个信号，使初创企业更容易在产品市场和金融市场得到认可。Hsu 搜集了针对 51 家早期高科技初创企业的 148 个交易报价，发现拥有高声誉的创投机构能以 10%～14% 的折扣率获得该公司的股权。其次，创业投资者在尽调初创企业时，需要花费大量人力物力了解企业方方面面的信息，搜寻成本很高，因此有很大的激励保护其所感兴趣的企业少受外部竞争威胁（Sweeting，1991）。此外，创业投资机构还能通过为企业提供补充性资产，巩固企业市场地位。Park 和 Steensma（2012）利用计算机产业、半导体产业和无线产品产业的研究样本发现，初创企业需要特殊的补充性资产或在不确定性环境下运作时，创业投资的介入对初创企业而言是最为有利的。创业投资的参与还能大大缩短产品投放市场的时间，从而占据先发优势（Hellman and Puri，2000）。

4. 提高企业 IPO 成功率

Gulati 和 Higgins（2003）比较了创业投资、投资银行这两类支持性伙伴与一般的战略联盟伙伴对企业 IPO 成功率的影响，来自一组初创生物科技企业的数据显示：市场较冷时，创业投资支持的企业更容易在 IPO 市场上获得成功；市场较热时，投资银行支持的企业则更容易从 IPO 中获益，而与一般战略伙伴结盟的企业则无法享受这种待遇。产生这种差异的原因主要在于在 IPO 的过程中企业将面临多种不确定性，而不同投资者所关注的不确定性是不同的，这也会导致他们对公司的估值和采取的应对措施不同，从而造成 IPO 结果的不同。在 IPO 之后，初创企业面临着更为激烈的竞争，更多的公共监督以及政府审查，与此同时，它所面临的外部威胁也更多，但有创业投资支持的企业在产品市场和管理方面比没有创业投资支持的企业具备更高的应对外部威胁的能力（Arthurs and Busenitz，2006）。此外，研究表明，不同的融资结构会对企业 IPO 后生存率产生显著不同的影响。平均而言，股权集中度越高，即单个创投机构或前几位的创投机构所持有的股权越多，企业 IPO 后前五年的存活率越高（Fischer and Pollock，2004）。此外，相对于政府背景创业投资支持的公司，具有外资或混合型背景的创投机构支持的公司 IPO 抑价率较低，股票市场累计异常回报率较高。产生这一现象的主要原因在于具有外资背景的创投机构倾向更加谨慎的投资策略，且投资之后对公司治理结构安排会更加合理，因此公司的赢利能力更强，最终导致公司股票 IPO 抑价率较低和回报率较高（张学勇、廖理，2011）。在内地中小板和香港主板市场上市的中资企业中，有创业投资参与的企业 IPO 折价显著高于无创业投资参与的企业，而在美国上市的企业中，是否拥有创业投资背景则对折价率没有显著影响。有学者认为，造成这一现象的主要原因在于创业投资机构以 IPO 折价来提早退出投资项目，以此来建立自己的声誉，吸引更多的资金流入（陈工孟等，2011）。

5. 帮助企业获得更多融资

创投机构除了自身能为企业带来资金外，还能利用自身资源为企业获得更多融资。Vanacker 等（2013）比较了创投机构和天使投资人在帮助企业利用松弛资源方面的不同特征，认为创投机构会尝试充分利用企业的松弛金融资源和人力资源，而天使投资人则只关注人力资源的利用。此外，利用松弛资源对绩效的正面影响在创投机构持股比例高的企业要显著高于天使投资人持股比例高的企业。同时，创投机构的参与不仅可以抑制公司对自由现金流的过度投资，而且可以增加公司的短期有息债务融资和外部权益融资，并在一定程度上缓解现金流短缺导致的投资不足问题，而高声誉的创投机构在帮助企业管理外部融资环境方面的作用更为突出（吴超鹏等，2012）。

6. 提高企业对技术非连续性的敏感性

所谓技术非连续性，是指在高科技产业中，由于技术更新快、产品创新快，对于在位企业而言，囿于已有的认知范式，很难理解和注意到这种更新换代。Maula 等（2013）比较了有创投机构支持的企业和与行业中其他企业进行联盟的企业，发现有创投机构支持的企业对新技术表现出更高的敏感度和警觉性，这不仅是由于创投机构能为企业提供更有经验的管理团队，更重要的是相比于产业内部联盟的同质性，创投机构与企业的合作能产生一种异质性，帮助企业更快跳出某一固定的思维方式，将管理层的注意力引导到新涌现的技术及"接踵而至"的商机上。

（二）创业投资对企业生产率的影响方向

以往的研究主要从以下四个方面考察创业投资对企业生产率的影响方向：一是创业投资是否真的提高了企业的全要素生产率，二是创投机构对企业的正面影响是否来自筛选效应，三是企业效率的提高是来自销售额的增加还是成本的减少，四是创投机构的支持是否会影响企业的成功退出概率。

许多创业投资的支持者认为，创投机构的参与会对企业生产率产生显著的正面影响。例如，一些实证研究表明，在缺乏强大竞争对手的前提下，有创投机构支持的初创企业短期发展较快，但长期的发展并未显著优于无创投机构支持的同类企业，而在市场竞争激烈的环境下，有创投机构支持的企业往往会采取"策略性过度投资"的方法去占领更大的市场份额，挤出竞争对手。因此，在高度竞争的行业领域中，有创投机构支持的企业在长期中往往表现更佳（Inderst and Mueller，2009）。创投机构对企业生产率的正面影响主要来源于以下三点：一是为初创企业提供大量的信息，而这些信息在日新月异的高科技产业里是至关重要的（Benson and Ziedonis，2009）；二是创业投资的介入会增强这些企业对知识静态和动态的吸收能力，加强企业的创新效应和技术创新绩效（龙勇、时萍萍，2012）；三是高声誉的创投机构拥有更强的监督能力，同时创投机构的声誉有助于初创企业拓展产品市场，提高销售额（Krishnan et al.，2015）。

关于创投机构对企业的正面影响是来源于事前的筛选效应还是事后的管理效应，学术界一直存在争议。例如，Davila 等（2003）利用企业员工人数的增长率作为公司增长率的代理变量，来辨别创投机构对初创公司增长率的影响机制，结果表明，尽管融资前的高增长率是初创企业吸引创业投资的重要信号，但是创投机构参与后，企业的增长率仍会显著提高。Croce 等（2013）通过比较受到创投资本支持的企业在首轮融资前后的效率表现得出了类似的结论，即在创投机构进入前效率接近的两组企业，接受创业投资的企业效率表现显著优于未接受创业投资的企业。这表明，创投机构确实可以通过监督等方式来提高企业效率。

但上述观点并不为所有学者认可，相当大一部分人认为，受到创投机构支持的企业之所以有更出色的市场表现，主要原因是业绩良好而富有潜力的企业本来就更容易获得创投机构的青睐。例如，Sorensen（2007）发现，筛选机制对企业 IPO 成功率的作用几乎是管理机制的两倍，所以尽管创投机构对企业成功上市有一定帮助，但其作用很可能被高估了；Fitza 等（2009）的实证研究结果表明，初创企业自身的特性在解释绩效差异时贡献了 26.3%，而创投机构的参与只贡献了 11.2%。

另一部分学者则认为，创投机构的参与可能会对企业造成负面影响。例如，Florin 利用 1996 年在美国上市的高科技产业与制造业企业的数据，将其按创业投资的参与程度分为"没有创业投资参与""创业投资参与程度低""创业投资参与程度高"三组，检测这些企业上市两年后的业绩表现发现，创投机构并没有对企业的生产率产生显著影响，而且，创业投资的参与程度越大，企业创始人的收益就越低，创始人被解雇的可能性也越大。除了对创始人的负面影响外，创投机构的参与也可能损害企业普通员工的利益。例如，Bacon 等（2013）分析了创投机构与企业员工工资、人员流动性之间的关系，结果表明，创投机构的参与可能会迫使企业放弃一部分业务，从而提高企业员工的离职率。

还有观点认为，创投机构的参与对企业生产率而言是中性的，既不会有促进作用，也不会产生抑制作用。例如，Brau 等（2004）用被抑价程度、三年销售增长率、三年累计股票收益率、三年生存能力等指标来衡量企业的成功率，考察了一组在 1990～1996 年 IPO 的有创投机构支持和无创投机构支持的制造业企业，发现前者的 IPO 成功率并不显著高于后者；陈见丽（2011）研究了 2010 年前在中国深交所创业板上市的 153 家企业，发现创业投资对企业增长率的刺激作用主要体现为短期，而在长期这种正向作用则会被稀释。

三　实证研究

本书采用多重差分模型（Difference in Difference，DID），采用以下两组对比。

第一，在相同条件下，接受新兴产业创投计划支持的企业和未接受新兴产业创投计划支持的企业其生产率有何区别。

第二，接受新兴产业创投计划支持的企业在接受之前与之后生产率有何区别。

采用下述模型对这两种情况进行估计：

$$y_{d,t} = x_{d,t} \times \beta + \gamma \times VC_d + \delta \times year_t + \eta \times VC_d \times year_t + \varepsilon_{d,t} \tag{1}$$

其中，y 表示企业的生产率，x 表示企业的特征，VC 是新兴产业创投计划的虚拟变量，若该企业受到新兴产业创投计划的支持，则 $VC = 1$，否则 $VC = 0$，$year$ 是时间虚拟变量，若该年该企业接受了新兴产业创投计划的支持，则 $year = 1$，否则 $year = 0$，$VC_d \times year_t$ 是一个交互项，ε 是扰动项。

主要用以下指标来衡量企业生产率：企业总资产增长率、企业销售增长率、企业员工人数增长率、企业净利润增长率等。主要使用 2008～2016 年国家新兴产业创投计划所直接投资的企业其劳动生产率变化与该企业受到的政策支持力度为实证研究的数据。国家新兴产业创投计划由国家发展和改革委员会、财政部联合实施，由主要投资于战略性新兴产业和高技术产业领域处于初创期、早中期的创新型中小企业，从 2008 年开始正式对企业开展风险投资。表 7－1 是对所使用变量的描述性统计。

表 7-1　主要变量描述性统计

变量名	注释	样本量	均值	单位	标准差	最小值	最大值
income	主营业务收入	220	19828.92	万元	26117.19	0	157238
gincome	主营业务收入增长率	215	0.35		1.34	-0.92	13.58
benefit	净利润总额	220	2138.16	万元	4172.74	-6433	23979
gbenefit	净利润总额增长率	192	0.13		3.03	-34.97	8.79
invest	国家资金投入额	220	2643.18	万元	1127.85	600	4800
percent	国家资金持股比例	78	0.15		0.07	0.04	0.28
length	国家资金持股时间	222	4.35	年	2.27	1	9

注：若国家资金在 t 年持有该公司股份，则 $length_t = 1$，以此类推。
资料来源：2008~2016 年国家新兴产业创投计划相关数据。

本书用人均营业收入 $Income_i / L_i$ 以及人均净利润 $Benefit_i / L_i$ 来衡量企业的劳动生产率 TFP_i，由于被投资企业的人员规模在观察期内未发生明显波动，将全部 36 家被考察企业的劳动力数量在观察期内视为恒定的 L_i，因此 TFP_i 的变动可以用 $Income_i$ 或 $Benefit_i$ 来表示。表 7-2 展示了主要实证变量间的相关系数。

表 7-2　主要实证变量间的相关系数

	主营业务收入	主营收入增长率	净利润总额	净利润增长率	国家资金投资额	国家资金持股比	国家资金持有时间
主营业务收入	1.00	—	—	—	—	—	—
主营收入增长率	-0.01	1.00	—	—	—	—	—
净利润总额	0.80	-0.03	1.00	—	—	—	—
净利润增长率	0.06	-0.02	0.06	1.00	—	—	—
国家资金投资额	0.44	0.09	0.32	0.10	1.00	—	—
国家资金持股比	0.07	-0.24	-0.10	-0.18	0.19	1.00	—
国家资金持有时间	0.32	-0.20	0.21	0.00	-0.01	-0.01	1.00

首先，分析主营业务收入与国家资金投资额之间的关系。主营业务收入的绝对值与增长率和国家资金投资额的关系见图 7-1（a）、（b），从图 7-1（a）可见，主营业务收入与国家资金投资额之间呈现较为明显的正相关关系，即国家出资较多的公司有更高的概率获得较高的主营业务收入，但是这其中不能排除筛选效应——国家出资会选择增长潜力较大的企业投入更多的资金；而图 7-1（b）的散点图几乎呈水平分布，即国家资金的支持力度对主营业务收入

的增长没有显著影响。类似的，本部分考察了主营业务收入（及增长率）与国家出资持有比例、国家出资持有时间之间的关系。从图7-1可见，营业收入的增长率与政策支持力度基本无关，但主营业务收入的绝对值则与国家出资额、国家出资支持时间等存在较明显的正相关关系，但与国家出资的持有比例没有明显的关系。

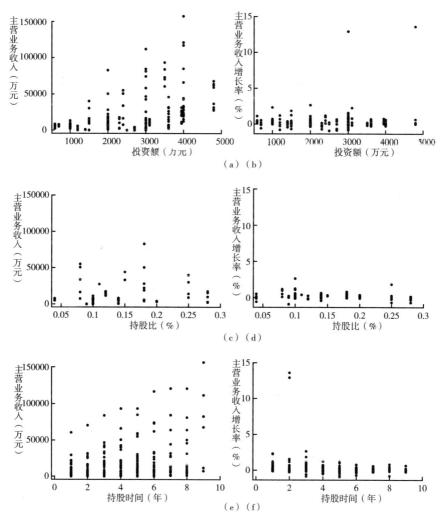

图7-1 主营业务收入（及增长率）与国家资金投资额散点图

注：图（a）主营业务收入-国家出资额；图（b）主营业务收入增长率-国家出资额；图（c）主营业务收入-国家出资持股比；图（d）主营业务收入增长率-国家出资持股比；图（e）主营业务收入-国家资金持有时间；图（f）主营业务收入增长率-国家资金持有时间。

　　类似的, 本部分还考察了净利润与国家资金支持力度的关系, 结果如图7－2所示。需要说明的是, 由于净利润变动值较大, 且不同年份有正有负, 因此在原始数据中出现了较多异常值, 从而会影响实证结果, 因此, 在进行分析前, 先剔除了利润增长率的异常值, 样本中只保留了利润增长

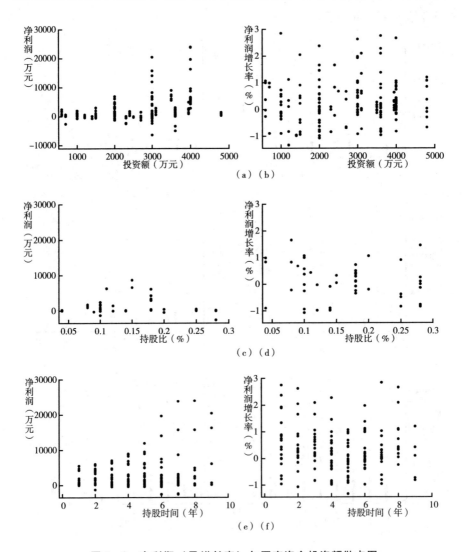

图7－2　净利润 (及增长率) 与国家资金投资额散点图

　　注: 图 (a) 净利润-国家出资额; 图 (b) 净利润增长率-国家出资额; 图 (c) 净利润-国家出资持股比; 图 (d) 净利润增长率-国家出资持股比; 图 (e) 净利润-国家资金持有时间; 图 (f) 净利润增长率-国家资金持有时间。

率在 ［-1.33，2.85］ 区间内的企业。从图 7-2 可以看到，净利润增长率与政策支持力度无明显相关性，而净利润绝对值与国家出资额及国家出资持有时间呈弱相关性。

　　其次，我们用双重固定效应模型对企业劳动生产率的代理变量与政策支持力度代理变量之间的关系进行检验，回归结果如表 7-3 所示。从表 7-3 可见，国有出资持有时间这一政策支持力度的代理变量在回归中表现最好，在第（1）、（2）、（3）列的回归中都在 1% 的水平上显著，在第（5）列回归中也在 5% 的水平上显著；同时，在第（1）、（3）、（5）列中，国家出资持有时间的回归系数都为正，且系数的绝对值都较大，这表明，国家出资持有时间对被投企业的营业收入、利润额有较明显的促进作用。由于使用了固定效应模型，因此，在回归中比较的是同一企业在不同时期的表现，因此，若按上文假设将每一企业的劳动力数量视为恒定，则营业收入、利润额即可作为企业劳动生产率的代理变量。结果表明，创新政策支持力度与企业劳动生产率之间呈正相关关系。

表 7-3　企业劳动生产率代理变量与政策支持力度代理变量回归结果

	（1）营业收入	（2）营业收入增长率	（3）利润额	（4）利润增长率	（5）营业收入	（6）营业收入增长率	（7）利润额	（8）利润增长率
国家出资额	5.263 (12.56)	0.002 (0.001)	-1.123 (2.350)	0.001 (0.001)	—	—	—	—
国家出资持有时间	4369*** (511.5)	-0.130*** (0.0444)	500.5*** (95.70)	-0.0358 (0.033)	2832** (1247)	-0.0751 (0.0477)	133.1 (99.42)	0.131 (0.0815)
国家出资持有比	—	—	—	—	173332 (323211)	-0.183 (12.38)	28333 (25770)	-11.05 (21.13)
常数项	-10635 (34599)	-3.489 (3.006)	3636 (6473)	-2.145 (2.240)	-26991 (52680)	0.617 (2.017)	-4212 (4200)	1.224 (3.444)
样本量	172	172	172	172	48	48	48	48
R^2	0.351	0.079	0.173	0.020	0.165	0.078	0.104	0.082
企业数	35	35	35	35	16	16	16	16

注：括号中为标准误，*** 指 $p < 0.01$，** 指 $p < 0.05$。

四 案例分析

除用计量方法分析新兴产业创投计划对直接投资企业的影响外，本章还以案例的形式考察受到新兴产业创投计划支持的企业生产率的变化，其影响主要体现在以下四个方面。

（一）促进技术进步

A 企业在获得新兴产业创投计划支持前研发投入在行业内处于较低水平，2012～2013 年累计研发投入不到 600 万元，2014 年获得创投基金支持后，当年研发投入就升至 1628.5 万元；2012～2013 年专利申请数累计只有 2 项，2014 年后，新增专利申请 5 项（3 项发明专利、2 项 PCT），新增授权发明专利 1 项，新增软件著作权申请 17 项，其中新增授权登记软件著作权 15 项，关键技术均已形成核心自主知识产权。B 企业在获得新兴产业创投计划支持前只有 12 项专利，2010 年获得创投资金支持后，专利数上升为 55 项，被科技部认定为"国家火炬计划重点高新技术企业"，并设立了省级企业技术中心以及博士后科研工作站。C 企业在获得新兴产业创投计划支持后，新增 10 项研发专利，目前企业已拥有自主研发并具有完整知识产权的国家技术专利 19 项、软件著作权 7 项。D 企业在得到新兴产业创投计划支持后，与行业龙头企业就联合开发应用于生育健康的高通量测序平台进行合作，同时还与国内知名高校建立了技术合作。

（二）提供高质量人力资本

新兴产业创投计划的管理团队除了向企业提供创投资本外，还会给企业提供管理上的援助。例如，向 E 企业派驻董事，参与企业各项重大决策，同时让企业共享创投机构的各种培训资源，积极协助企业提升管理运营、人力资源、法律风控、财务管理等多个方面的能力。F 企业在创投管理团队的要求与帮助下完成第一次资产重组与副业剥离，对企业的发展进行聚焦，通过高端管理人才的引进，迅速规范公司财务管理与治理结构，梳理公司发展战略，并制定了详细可行的企业发展路径，目前已完成股份制改造，并计划在国内资本市场上市。

（三）优化企业市场环境

新兴产业创投计划投资于专注第三代胰岛素研发的 G 企业后，帮助企业与全球范围内的大型制药公司展开合作，协助企业获得海外市场的销售许可，为企业引荐了美国和欧洲的医院用药注册机构，帮助企业在国外市场寻找战略伙伴和同盟，以便提高其在胰岛素产品、临床开发和商业等方面的能力。目前，G 企业已在全球范围内与 23 个国家的合作伙伴签约并开展药品注册工作及药品出口，截至 2014 年底出口额已超过 1 亿元。专注于合成光气为主要原料生产和销售农药的 H 企业在投资后获得了众多国际高端客户资源，与美国杜邦、德国贝思德、巴西兴农公司等跨国大型农化公司建立了战略合作互惠关系。以芯片开发为主的 I 企业，其创始团队之前一直在美国，对中国市场了解不多，新兴产业创投计划管理团队帮助其加深了对中国市场特点的把握，明确了企业发展的大方向，帮助企业对接各地政府资源，利用地方政府的财政资金与政策红利支持企业发展，帮助企业产品与下游龙头企业对接，为产品开拓市场，并以此为依托，帮助企业不断攻克技术、产品等方面的问题。从事汽车电子产品研发的 J 企业在新兴产业创投计划管理团队的协助下重新调整了战略规划，并借助创投基金多年来的海外市场扩张经验将产品成功打入欧美市场。

（四）吸引社会资本投入

K 企业在创投管理团队的推荐和协助下与上市中介机构、律师事务所等建立了联系，创投机构还协助企业进行了多轮融资，先后引入了高盛、中信等知名投资机构。新兴产业创投计划投资于 L 企业后，带动了省级政府投融资平台等投资机构对 L 企业进行联合投资。M 企业在基金团队的协助下，通过企业信用的维护，银行融资渠道逐步打通，最终企业采用"投联贷"的方式获得银行融资，同时，M 企业的业务发展也吸引了国内知名

PE 机构的关注，截至 2015 年 5 月，公司陆续完成了两轮股权融资，累计超过 2 亿元。N 企业在创投基金管理团队的帮助下，对接了省内外多家银行及其他金融机构，有效地将核心竞争优势及未来高速发展的预期对银行等金融机构进行展示，增强了银行等金融机构的信心，使企业间接融资能力快速增强，同时，企业依托基金项目团队在股权投资行业内的影响力，引入 10 多家省内外投资机构，涉及股权投资资金近 2 亿元。O 企业在创投基金提供的咨询和资源帮助下，成功申报了新三板挂牌交易，2015 年公司进行第三次融资，在森得瑞管理团队旗下基金的领投下，多家机构投资者与自然人竞相参与，顺利融资 2400 万元。

附录　2016～2017 年我国支持企业提质增效部分创新政策

2016～2017 年我国支持企业提质增效部分创新政策见附表 7-1。

附表 7-1　2016～2017 年我国支持企业提质增效部分创新政策

名称	时间	颁布单位	文号	主要内容
《关于印发〈国有科技型企业股权和分红激励暂行办法〉的通知》	2016.02	财政部	财资〔2016〕4 号	◆对符合条件的国有科技型企业，采取股权出售、股权奖励、股权期权等激励 ◆对符合条件的国有科技型企业，采取项目收益分红、岗位分红等方式激励
《国务院办公厅关于加快众创空间发展服务实体经济转型升级的指导意见》	2016.02	国务院办公厅	国办发〔2016〕7 号	◆发展众创空间，孵化小微企业 ◆形成以龙头骨干企业为核心、高校院所积极参与、辐射带动中小微企业成长发展的产业创新生态群落
《关于深化人才发展体制机制改革的意见》	2016.03	中共中央	中发〔2016〕9 号	◆全面落实国有企业用人自主权，加大对新兴产业以及重点领域、企业急需紧缺人才的支持力度 ◆完善企业研发费用加计扣除政策，畅通各类企业人才流动渠道

续表

名称	时间	颁布单位	文号	主要内容
《国家创新驱动发展战略纲要》	2016.05	中共中央、国务院	—	◆培育企业创新动力,鼓励行业领军企业构建高水平研发机构 ◆完善激励企业研发的普惠性政策,利用首台套订购、普惠性财税和保险等政策手段,降低企业创新成本
《国务院办公厅关于建设大众创业万众创新示范基地的实施意见》	2016.05	国务院办公厅	国办发〔2016〕35号	◆最大限度减少政府对企业创业创新活动的干预 ◆以促进创新型初创企业发展为抓手,以构建双创支撑平台为载体,明确示范基地建设目标和建设重点,形成一批可复制可推广的双创模式和典型经验
《国务院关于印发"十三五"国家科技创新规划的通知》	2016.07	国务院	国发〔2016〕43号	◆建设创新型产业集群,发挥集群骨干企业创新示范作用,促进大中小企业的分工协作,引导跨区域跨领域集群协同发展 ◆以政府购买服务、后补助等方式支持科技型企业 ◆支持创新创业企业进入资本市场融资,完善企业兼并重组机制,鼓励发展多种形式的并购融资
《十一部门关于引导企业创新管理提质增效的指导意见》	2016.07	工信部	工信部联产业〔2016〕245号	◆引导企业降本增效、创新生产经营模式增效、市场开拓增效、战略转型增效 ◆全面管理和控制生产经营成本 ◆积极延伸产业链,拓展发展新空间,变革生产经营模式,加快推进创业创新,提高战略应变能力和风险防控能力
《关于科技企业孵化器税收政策的通知》	2016.08	财政部	财税〔2016〕89号	◆对符合条件的孵化器自用以及无偿或通过出租等方式提供给孵化企业使用的房产、土地,免征房产税和城镇土地使用税 ◆对其向孵化企业出租场地、房屋以及提供孵化服务的收入,免征营业税 ◆在营业税改征增值税试点期间,对其向孵化企业出租场地、房屋以及提供孵化服务的收入,免征增值税

续表

名称	时间	颁布单位	文号	主要内容
《国务院关于促进创业投资持续健康发展的若干意见》	2016.09	国务院	国发〔2016〕53号	从培育多元创业投资主体、多渠道拓宽创业投资资金来源、加强政府引导和政策扶持、完善创业投资相关法律法规、完善创业投资退出机制、优化创业投资市场环境、推动创业投资行业双向开放、完善创业投资行业自律和服务体系等角度推动创业投资发展,加强对创业企业的支持
《关于实行以增加知识价值为导向分配政策的若干意见》	2016.11	中共中央办公厅、国务院办公厅	厅字〔2016〕35号	◆鼓励科研人员通过科技成果转化获得合理收入 ◆加快出台科研机构、高校以科技成果作价入股方式投资未上市中小企业形成的国有股,在企业上市时豁免向全国社会保障基金转持的政策
《五部门关于推动小型微型企业创业创新基地发展的指导意见》	2016.12	工信部	工信部联企业〔2016〕394号	从推动用地政策落实、加强财政补助力度、完善金融保障、落实税收优惠政策等角度加大对小微企业双创基地的支持
《国务院办公厅关于创新管理优化服务培育壮大经济发展新动能加快新旧动能接续转换的意见》	2017年1月	国务院办公厅	国办发〔2017〕4号	◆为企业开办和成长"点对点"提供政策、信息、法律、人才、场地等全方位服务,密切跟踪新生市场主体经营发展情况,提高企业活跃度 ◆采取产业投资基金等多种方式支持企业技术改造 ◆鼓励传统商贸流通企业积极利用物联网、移动互联网、地理位置服务、大数据等信息技术提升流通效率和服务质量
《关于创业投资企业和天使投资个人有关税收试点政策的通知》	2017.04	财政部、税务总局	财税〔2017〕38号	创业投资企业和天使投资人在投资符合条件的种子期、初创期企业时按其投资额享受大幅税收减免
《中国银监会关于提升银行业服务实体经济质效的指导意见》	2017.04	银监会	银监发〔2017〕4号	◆对于长期亏损、失去清偿能力和市场竞争力的"僵尸企业",以及包括落后产能在内的所有不符合国家产业政策的产能,坚决压缩退出相关贷款 ◆加强服务收费管理,有效降低企业成本

参考文献

陈工孟、俞欣、寇祥河，2011，《风险投资参与对中资企业首次公开发行折价的影响——不同证券市场的比较》，《经济研究》第 5 期。

陈见丽，2011，《风险投资能促进高新技术企业的技术创新吗？——基于中国创业板上市公司的经验证据》，《经济管理》第 2 期。

龙勇、时萍萍，2012，《风险投资对高新技术企业的技术创新效应影响》，《经济与管理研究》第 7 期。

王会娟、张然，2012，《私募股权投资与被投资企业高管薪酬契约——基于公司治理视角的研究》，《管理世界》第 9 期。

吴超鹏、吴世农、程静雅、王璐，2012，《风险投资对上市公司投融资行为影响的实证研究》，《经济研究》第 1 期。

张学勇、廖理，2011，《风险投资背景与公司 IPO：市场表现与内在机理》，《经济研究》第 6 期。

Aggarwal, R., Erel, I., Ferreira, M. and Matos, P. 2011. "Does Governance Travel Around the World? Evidence from Institutional Investors." *Journal of Financial Economics* 100 (1): 154 – 181.

Arthurs, J. D. and Busenitz, L. W. 2006. "Dynamic Capabilities and Vnture Performance: The Effects of Venture Capitalists." *Journal of Business Venturing* 21 (2): 195 – 215.

Bacon, N., Wright, M. and Meuleman, M. 2013. "The Impact of Private Equity on Management Practices in European Buy-outs: Short-termism, Anglo-Saxon, or Host Country Effects?" *Journal of Economy & Society* 51 (Supplement s1): 605 – 626.

Benson, D. and Ziedonis, R. 2009. "Corporate Venture Cpital as a Window on New Technologies: Implications for the Performance of Corporate Investors When Acquiring Startups." *Organization Science* 2 (20): 329 – 351.

Brau, J. C., Brown, R. A. and Osteryoung, J. S. 2004. "Do Venture Capitalists Add Value to Small Manufacturing Firms? An Empirical Analysis of Venture and Non-venture Capital Backed Initial Public Offerings." *Journal of Small Business Management* 42: 78 – 92.

Bruton, G. D., Filatotchev, I., Chahine, S. and Wright, M. 2010. "Governance, Ownership Structure, and Performance of IPO Firms: The Impact of Different Types of Private Equity Investors and Institutional Environments." *Strat. Mgmt. J.* 31: 491 – 509.

Croce, A., Marti, J. and Murtinu, S. 2013. "The Impact of Venture Capital on the Productivity Growth of European Entrepreneurial Firms: 'Screening' or 'Value Added' Effect?"

Journal of Business Venturing 28 （4）： 489 – 510.

Davila, A. , Foster, G. and Gupta, M. 2003. " Venture Capital Financing and the Growth of Startup Firms. " *Journal of Business Venturing* 18 （6）： 689 – 708.

Ferreira, M. A. and Matos, P. 2008. " The Colors of Investors'Money： The Role of Institutional Investors around the World. " *Journal of Financial Economics* 88 （3）： 499 – 533.

Fishcer, H. M. and Pollock, T. G. 2004. " Effects of Social Capital and Power on Surviving Transformational Change： The Case of Initial Public Offerings. " *Academy of Management* 47 （4）： 463 – 481.

Fitza, M. , Matusik, S. F. and Mosakowski, E. 2009. "Do VCs Matter? the Importance of Owners on Performance Variance in Start-up Firms. " *Strat. Mgmt. J.* 30： 387 – 404.

Gulati, R. and Higgins, M. C. 2003. " Which Ties Matter When?： The Contingent Effects of Interorganizational Partnerships on IPO Success. " *Strat. Mgmt. J.* 24： 127 – 144.

Hallen, B. L. 2008. " The Causes and Consequences of the Initial Network Positions of New Organizations： From Whom Do Entrepreneurs Receive Investments? " *Administrative Science Quarterly* 53 （4）： 685 – 718.

Hellman, T. and M. Puri. 2000. " The Interation between Product Market and Financing Strategy： The Role of Venture Capital. " *The Review of Financial Studies* 13 （4）： 959 – 984.

Inderst, R. and Mueller, H. M. 2009. "Early-stage Financing and Firm Growth in New Industries. " *Journal of Financial Economics* 93 （2）： 276 – 291.

Krishnan, K. , Nandy, D. K. and Puri, M. 2015. " Does Financing Spur Small Business Productivity?： Evidence from a Natural Experiment. " *The Review of Financial Studies* 28 （6）： 1768 – 1809.

Maula, M. V. J. , Keil, T. and Zahra, S. A. 2013. " Top Management's Attention to Discontinuous Technological Change： Corporate Venture Capital as an Alert Mechanism. " *Organization Science* 24 （3）： 926 – 947.

Milanov, H. and Shepherd, D. A. 2013. "The Importance of the First Relationship： The Ongoing Influence of Initial Network on Future Status. " *Strat. Mgmt. J.* 34： 727 – 750.

Ozmel, U. , Reuer, J. J. and Gulati, R. 2013. " Signals across Multiple Networks： How Venture Capital and Alliance Networks Affect Inter-organizational Collaboration. " *Academy of Management Journal* 56 （3）： 852 – 866.

Park, H. D. and Steensma, H. K. 2012. " When does Corporate Venture Capital Add Value for New Ventures?" *Strat. Mgmt. J.* 33： 1 – 22.

Ryan, L. V. and Schneider, M. 2002. " The Antecedents of Institutional Investor Activism. " *Academy of Management Review* 27 （4）： 554 – 573.

Sorensen, M. 2007. "How Smart Is Smart Money?： A Two-Sided Matching Model of Venture Capital. " *The Journal of Finance* 62： 2725 – 2762.

Sweeting, R. C. 1991. "Early-stage New Technology-based Businesses: Interactions with Venture Capitalists and the Development of Accounting Techniques and Procedures. " *The British Accounting Review*23 (1): 3 – 21.

Vanacker, T. , Collewaert, V. and Paeleman, I. 2013. "The Relationship between Slack Resources and the Performance of Entrepreneurial Firms: The Role of Venture Capital and Angel Investors. " *Journal of Management Studies*50: 1070 – 1096.

第八章　案例研究二：苏州劳动生产率研究

内容摘要：苏州劳动生产率增速远高于全国平均水平。从增长来源看，苏州劳均资本存量为全国平均水平的 1.7 倍，全要素生产率年均增长 2.3%。与国内主要城市比较，苏州劳动生产率排第 4 位，劳均资本存量排位靠前，但全要素生产率并不具优势。与国外经济体比较，苏州劳动生产率相当于新加坡 2000 年的水平，与中东欧国家的水平相近。从提高劳动生产率的优劣势条件看，技术进步基础、人力资本质量、制度政策环境和资本形成水平具有相对优势，研发投入不足、高端人才短缺、资源约束趋紧和引资竞争加剧是主要制约因素。基于全国 2017~2050 年经济增长趋势，预计苏州到 2020 年、2030 年和 2050 年的劳动生产率将分别为 27~29 万元、40~49 万元和 71~106 万元。提高劳动生产率的主要对策是夯实优质要素汇聚的制度和治理基础，加大研发投入，提高人力资本质量，增加高质量资本存量，发挥产业升级的综合效应，提高引资质量等。

一　苏州劳动生产率变动的基本特征

（一）劳动生产率的变动特征

劳动生产率采用按 2015 年价衡量的地区生产总值与年末就业人员数的比值计算，不变价衡量的地区生产总值按地区生产总值指数计算。①

---

① 在计算过程中，我们所采用的统计指标包括地区生产总值、地区生产总值指数（上年 = 100）、年末就业人员数，以上数据均来源于历年的《苏州统计年鉴》。

1. 劳动生产率增速远高于全国平均水平

劳动生产率增速远高于全国平均增速。1978～2016 年，苏州劳动生产率从 0.4 万元/人增至 22.6 万元/人，增长 53 倍，年均增长 11%。1978 年全国劳动生产率（0.4 万元/人）与苏州水平相近，到 2016 年，苏州劳动生产率增长到 22.6 万元/人，是全国平均水平的 2.4 倍，该时期的年均增速高出全国 2.35 个百分点。

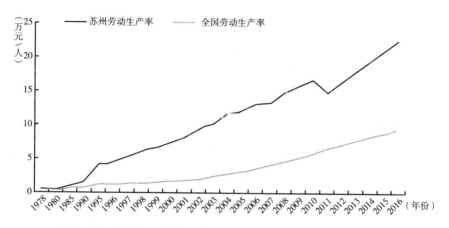

图 8-1 全国劳动生产率与苏州劳动生产率变化（1978～2016 年）

注：2010 年起苏州统计局对"就业人员数"采用新的统计口径，根据常住人口变动、劳动力抽样调查数据推算，这导致 2010 年在趋势上有一定的下修调整，2011 年以后为新口径的数据。

资料来源：根据《中国统计年鉴》和《苏州统计年鉴》相关数据计算。

即便是在 2008 年国际金融危机后不利的国内外经济环境下，苏州劳动生产率仍然保持快速增长势头，2010～2016 年年均增长 9.1%，甚至高于危机之前的增速。

劳动生产率增速呈现"速度趋缓、波动收窄"的变化特征。从劳动生产率增速变化看，1996～2016 年，劳动生产率增长率的均值为 9.59%，中值为 9.6%，标准差为 0.036。2011 年以来，劳动生产率增长率的均值和中值均变小，标准差和极差明显下降，不足其他时期的 1/2。相比同期全国劳动生产率增长率，苏州在劳动生产率高基数的背景下，仍保持十分平稳的增长态势，其均值始终位于 8%～10%。2011～2016 年，苏州劳动生产率增长率不仅高于全国，而且更具稳定性，这反映出苏州经济在宏观经济面临较大下行压力时，仍具有较强的内生增长动力（见表 8 - 1、图 8 - 2）。

表 8 - 1　苏州和全国劳动生产率增长率的统计特征

	苏州劳动生产率增长率			全国劳动生产率增长率		
	1996 ~ 2016 年	2000 ~ 2016 年	2011 ~ 2016 年	1996 ~ 2016 年	2000 ~ 2016 年	2011 ~ 2016 年
均值(%)	9.59	8.86	9.07	10.78	11.28	8.31
中值(%)	9.60	9.50	9.05	10.36	11.29	8.22
标准差	0.036	0.029	0.014	0.031	0.032	0.021
最大值(%)	17.90	13.90	11.40	18.11	18.11	12.42
最小值(%)	3.10	3.10	7.50	6.65	6.70	6.65
极差(%)	14.80	10.80	3.90	11.46	11.41	5.77

注：从 1995 年开始苏州统计局每年对外连续公布"就业人员数"，因此劳动生产率增长率的数据始于 1996 年。

资料来源：根据《中国统计年鉴》和《苏州统计年鉴》相关数据计算。

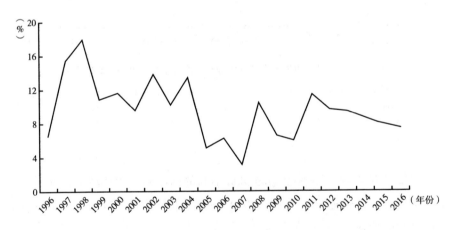

图 8 - 2　苏州劳动生产率增长率的变化（1996 ~ 2016 年）

注：2010 年起苏州统计局对"就业人员数"采用新的统计口径，根据常住人口变动、劳动力抽样调查数据推算，这导致 2010 年在趋势上有一定的下修调整，2011 年以后为新口径的数据。

资料来源：根据历年《苏州统计年鉴》相关数据计算。

2. 劳动生产率的产业结构变化符合"配第 - 克拉克定理"

我们利用分解方法定量测算 21 世纪以来苏州劳动生产率的结构变化效应。

苏州劳动生产率的产业结构变化符合"配第-克拉克定理"（Petty and Clark's Law）。关于产业结构变迁的经济现象，传统的古典经济学理论认为，随着经济发展，劳动力会流向产值和收入更高的产业（Petty，1663），特别是就业人口会从农业不断向工业和服务业转移（Clark，1940）。在三次产业层面，Kuznets（1966）总结了三个具有规律性的典型化特征：一是第一产业的产值和就业占比会显著下降；二是第二产业的产值和就业占比会显著上升；三是第三产业的就业占比上升明显，但产值占比上升幅度有限。以上的经济现象被称为"配第-克拉克定理"。

自 2000 年以来，苏州劳动生产率的产业结构变化基本符合"配第-克拉克定理"所揭示的典型化特征。苏州第一产业的产值和就业占比显著下降，就业占比更是从 2000 年的 20.99% 大幅降至 2016 年的 3.4%。第二产业的就业占比显著上升，2016 年相较 2000 年上升了约 10 个百分点。在快速工业化城镇化和转型升级推动下，第二产业的产值占比呈现先上升后下降的变化趋势，2000 年的产值占比为 50.76%，2004~2006 年，第二产业的产值占比维持在 54.59% 的水平，而后逐年下降，2016 年第二产业的产值占比已降至 47.62%，距高点回落约 6 个百分点，低于 2000 年的水平。第三产业的产值和就业占比均有所上升，2016 年在 2000 年的基础上上升了约 8 个百分点。

表 8-2　苏州劳动生产率的结构特征

年份	第一产业			第二产业			第三产业		
	劳动生产率(万元/人)	增加值占比(%)	就业人员占比(%)	劳动生产率(万元/人)	增加值占比(%)	就业人员占比(%)	劳动生产率(万元/人)	增加值占比(%)	就业人员占比(%)
2000	2.39	6.75	20.99	7.57	50.76	49.79	10.78	42.43	29.22
2001	2.40	6.08	20.59	8.38	50.89	49.39	11.62	42.92	30.03
2002	2.61	5.37	19.05	9.60	51.69	49.85	12.69	42.66	31.11
2003	2.76	4.30	15.89	9.65	53.32	56.41	15.34	41.57	27.69
2004	3.11	3.64	13.45	10.75	54.59	58.83	16.98	40.48	27.62
2005	3.51	3.18	11.02	11.30	54.59	58.85	16.55	40.97	30.14
2006	4.45	2.88	8.37	11.49	54.59	61.40	17.67	41.32	30.23

续表

年份	第一产业			第二产业			第三产业		
	劳动生产率（万元/人）	增加值占比（%）	就业人员占比（%）	劳动生产率（万元/人）	增加值占比（%）	就业人员占比（%）	劳动生产率（万元/人）	增加值占比（%）	就业人员占比（%）
2007	4.98	2.60	6.96	11.40	54.35	63.55	18.96	41.93	29.48
2008	5.40	2.38	6.48	12.93	53.87	61.33	19.61	42.89	32.20
2009	6.11	2.21	5.68	13.90	53.15	59.96	20.11	44.05	34.35
2010（旧口径）	6.72	2.03	5.02	14.84	53.15	59.57	20.77	44.20	35.40
2010（新口径）	7.20		3.78	11.45		62.24	17.44		33.98
2011	7.63	1.89	3.70	12.79	52.91	61.81	19.30	44.56	34.49
2012	8.04	1.79	3.64	13.79	51.80	61.52	21.58	45.93	34.84
2013	8.32	1.68	3.61	14.86	50.81	61.26	24.10	47.23	35.13
2014	8.52	1.55	3.53	16.01	49.82	60.54	26.24	48.45	35.92
2015	9.06	1.49	3.44	17.00	48.57	59.95	28.62	49.94	36.61
2016	9.09	1.37	3.40	18.02	47.62	59.61	31.07	50.96	36.99

注：产业增加值占比是指产业增加值占国内生产总值的比重，产业就业人员占比是指产业就业人员占全部就业人员的比重；2010 年起苏州统计局对三次产业的"就业人员数"采用了新的统计口径，根据常住人口变动、劳动力抽样调查数据推算，这导致 2010 年有新旧两个口径统计的数据。

资料来源：根据历年的《苏州统计年鉴》相关数据计算。

第二、第三产业存在一个或几个行业独大的情形。在苏州第二产业的主要行业中，计算机、通信和其他电子设备制造业的工业总产值所占比重最大，达到 32.39%，其余行业的占比均在 10% 以下。第三产业的主要行业中，批发和零售业的增加值最高，占比达到 25.76%，其次是金融业与房地产业的增加值所占比重超过 10%，剩余行业则都不足 10%。

表 8 – 3　苏州第二、第三产业的主要行业占比（2016 年）

第二产业排名前 5 的行业	工业总产值（亿元）	占第二产业比重（%）	第三产业排名前 5 行业	生产总值（亿元）	占第三产业比重（%）
计算机、通信和其他电子设备制造业	9947.91	32.39	批发和零售业	2047.44	25.76
电气机械及器材制造业	2715.52	8.84	金融业	1333.77	16.78

第二产业排名 前5的行业	工业总产值 （亿元）	占第二产业 比重(%)	第三产业排名 前5行业	生产总值 （亿元）	占第三产业比 重(%)
黑色金属冶炼及压 延加工业	2434.87	7.93	房地产业	1015.15	12.77
化学原料及化学制 品制造业	1956.21	6.37	租赁和商务 服务业	668.57	8.41
通用设备制造业	1952.05	6.36	交通运输、仓 储和邮政业	478.02	6.01

资料来源：根据《苏州统计年鉴2017》相关数据计算。

（二）劳动生产率的增长来源

1. 劳动生产率由全要素生产率与劳均资本存量决定

根据柯布－道格拉斯形式的总量生产函数 $Y = A K^{\alpha} L^{1-\alpha}$，可以推导出地区劳动生产率为：

$$y = \frac{Y}{L} = \frac{A K^{\alpha} L^{1-\alpha}}{L^{\alpha} L^{1-\alpha}} = A \left(\frac{K}{L} \right)^{\alpha} = A \times k^{\alpha} \tag{1}$$

其中，Y 是总产出，y 是劳动生产率，K 是资本存量，k 是劳均资本存量，L 是就业人口，A 是全要素生产率，$0 < \alpha < 1$。由此可见，地区劳动生产率水平主要取决于该地区的全要素生产率 A、劳均资本存量 k。

对总量生产函数 $Y = A K^{\alpha} L^{1-\alpha}$ 作进一步变形，我们可以得到增长率的形式为：

$$\frac{\Delta y}{y} = \frac{\Delta A}{A} + \alpha \frac{\Delta k}{k} \tag{2}$$

该等式的含义说明，劳动生产率的增长率（$\Delta y/y$）由全要素生产率的增长率（$\Delta A/A$）、劳均资本存量的增长率（$\Delta k/k$）决定。

因此，提高劳动生产率有两种途径：一是提高全要素生产率，二是提高劳均资本存量。下文的分析也依此展开。

2. 劳均资本存量为全国平均水平的 1.7 倍

2016 年苏州的资本存量为 47479 亿元（2015 年不变价）①。如图 8-3 所示，1995~2016 年，资本存量从 1995 年的 2708 亿元积累到 2016 年的 47479 亿元，增长了 16.5 倍，年均增长 14.6%；苏州劳均资本存量从 1995 年的 8.4 万元/人增加到 2016 年的 68.7 万元/人，增长了 7.2 倍，年均增长 10.6%。截至 2016 年，苏州的资本存量为 47479 亿元，占到全国资本总存量（306 万亿元）的 1.6%；劳均资本存量为 68.7 万元/人，是全国平均水平（39.4 万元/人）的 1.7 倍。②

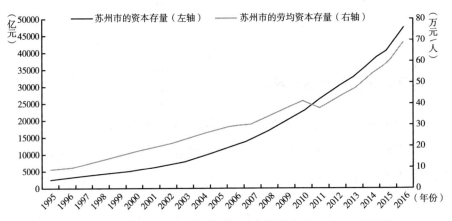

图 8-3　苏州市的资本存量与劳均资本存量的变化（1995~2016 年）

注：2010 年起苏州统计局对"就业人员数"采用了新的统计口径，这里 2010 年之前按旧口径、2011 年以后按新口径进行统计。

资料来源：根据《江苏统计年鉴》和《苏州统计年鉴》数据计算。

3. 21 世纪以来全要素生产率年均增长 2.3%

我们采用总量生产函数测算苏州的全要素生产率，为了尽量避免统计数据缺失对测算结果的影响，我们先后使用不变与可变要素弹性两种方法。

对于可变要素弹性，我们参照白重恩（2015）的方法，即考虑生产税

---

① 苏州市资本存量的计算方法为，利用对江苏省资本存量的估算数据（以 2015 年为不变价）作为基数，以苏州市在历年江苏省资本形成总额中所占比重为权数，两者相乘得到苏州市的资本存量。苏州市的资本形成总额只有 2013~2015 年的数据，其余年份的权数以苏州市在江苏省资本形成总额中所占比重除以该三年的平均值（23.5%）为准。劳均资本存量为资本存量除以每年的就业人数。

② 除苏州以外的数据，若无特殊说明，均来自 2017 年投资所承担的宏观院重点课题的研究成果《提高生产率政策研究》。

净额作为劳动和资本的共同产出，劳动报酬占比的计算公式为：

$$劳动报酬占比 = \frac{劳动者报酬}{劳动者报酬 + 营业盈余 + 固定资产折旧} \quad (3)$$

根据苏州统计局提供的 2011～2016 年按收入法核算的地区生产总值的细分类别（劳动者报酬、营业盈余、固定资产折旧、生产税净额），利用可变要素弹性法计算出 2011～2016 年的可变要素弹性（劳动报酬份额与资本报酬份额）。

对于不变要素弹性，我们以计算得到的 2011～2016 年可变要素弹性均值近似作为 2000～2010 年的不变要素弹性。

由总量生产函数的测算方法可计算出 2001～2016 年苏州全要素生产率（见图 8－4）。2001～2016 年，苏州全要素生产率平均每年增长 2.3%，对经济增长的平均贡献率为 18.53%。自 2010 年开始，苏州对就业人员数采用新的统计口径，导致 2010～2013 年的数据存在异常波动。

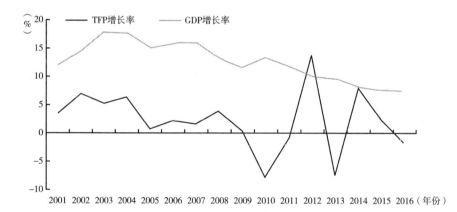

图 8－4　苏州全要素生产率与经济增长率的变化

资料来源：根据历年的《江苏统计年鉴》和《苏州统计年鉴》数据计算。

二　苏州劳动生产率的相对位置

（一）与国内主要城市比较

我们设定以下两个标准寻找与苏州对标的国内城市：一是劳动生产率

较高的直辖市、副省级城市与计划单列市，二是长三角地区的部分城市。经筛选，共有 14 个城市入围，按地区生产总值高低排序，分别为上海、北京、广州、深圳、天津、重庆、武汉、成都、杭州、南京、青岛、无锡、宁波和大连。由于其他城市 2016 年的统计数据尚未更新，故在进行国内主要城市比较时仍采用 2015 年的数据。

1. 劳动生产率在主要城市中排第 4 位

15 个城市 2015 年的劳动生产率如图 8 - 5 所示。2015 年苏州劳动生产率为 21 万元/人，在 15 个城市中排名第 4 位，高于北京、上海等城市，离排名首位的广州差距不到 2 万元/人，而省内的无锡和南京则位居第 2 和第 3 位。

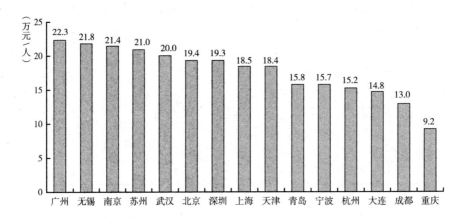

图 8 - 5　各大城市劳动生产率的比较（2015 年）

注：因受就业数据变动异常等因素影响，大连为 2014 年的数值。

资料来源：根据各地统计年鉴的数据计算得出。

2. 劳均资本存量排位靠前

15 个城市 2015 年的劳均资本存量如图 8 - 6 所示。2015 年苏州劳均资本存量为 59.3 万元/人，在 15 个城市中仍排第 4 位，高于北京、上海等城市，比排名首位的南京低 5 万元/人，低于省内的南京和无锡。

3. 全要素生产率优势不明显

按照此前总量生产函数的测算方法，我们分别计算 11 个城市 2000 ~ 2015 年的全要素生产率。表 8 - 4 显示，无论是全要素生产率的平均增长

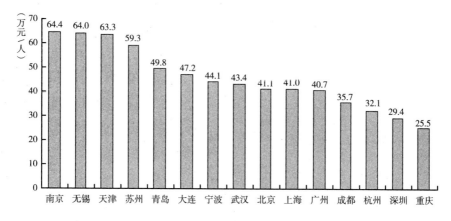

图8－6　各大城市劳均资本存量的比较（2015年）

注：因受就业数据变动异常以及资本形成总额数据未披露等因素影响，大连和成都为2014年的数值。

资料来源：根据各地统计年鉴的数据计算得出。

率还是全要素生产率对经济增长的平均贡献率，苏州都居第8位。比较而言，4个一线城市（北京、上海、广州、深圳）和重庆、成都这2个西部城市的两项指标均好于苏州，4个一线城市的全要素生产率的平均增长率高出苏州3～5个百分点。相较于其他城市，全要素生产率对推动苏州经济增长的贡献相对有限，这也将成为制约苏州劳动生产率进一步提升的一个不利因素。

表8－4　各大城市全要素生产率（2000～2015年）

单位：%

城市	TFP 的平均增长率	排名	城市	TFP 对经济增长的平均贡献率	排名
广州	7.67	1	广州	67.28	1
北京	6.10	2	北京	67.11	2
深圳	5.96	3	上海	60.10	3
上海	5.39	4	深圳	49.12	4
重庆	4.36	5	重庆	34.10	5
成都	3.45	6	大连	28.77	6
天津	2.67	7	成都	26.34	7
苏州	2.55	8	苏州	21.21	8

续表

城市	TFP 的平均增长率	排名	城市	TFP 对经济增长的平均贡献率	排名
无锡	2.52	9	无锡	19.86	9
大连	2.37	10	天津	18.78	10
宁波	1.53	11	宁波	12.07	11

注：因缺少相关数据无法核算，暂缺杭州和青岛的数值；南京和武汉的全要素生产率只能按不变要素弹性方法计算，其余城市则以可变要素弹性方法计算，为避免不统一的问题，南京和武汉不予比较。

资料来源：整理各地统计年鉴的数据计算得出。

（二）与部分经济体比较

由于涉及汇率和物价，很难简单地对苏州劳动生产率进行国际比较。大型企业联合会根据相关数据计算出经购买力平价（PPP）折算的世界主要经济体的劳动生产率。其中，2016 年中国劳动生产率为 2.3 万美元（经2011 年 PPP 折算，下同）。假设苏州的实际汇率与全国的实际汇率水平相同，由此可知，苏州的劳动生产率约为 5.6 万美元，与中东欧国家大致在同一个水平，相当于美国的 47%。2016 年，苏州对应的学习标杆新加坡的劳动生产率为 15.3 万美元，苏州劳动生产率约为新加坡的 37%，大致相当于新加坡 2000 年的水平（见表 8 − 5）。

表 8 − 5　2016 年苏州劳动生产率概况

苏州劳动生产率(万元)	苏州/全国	中国劳动生产率 （万美元）	苏州劳动生产率 （万美元）
22.55	2.4	2.3	5.6
主要发达国家(地区)和东亚经济体劳动生产率			
国家(地区)	劳动生产率(万美元)	国家(地区)	劳动生产率(万美元)
美国	11.9	德国	8.9
法国	9.7	英国	8.6
日本	7.5	韩国	7.7
新加坡	15.3	中国台湾	10.0
与苏州劳动生产率水平相近的经济体			
阿尔及利亚	5.6	马来西亚	6.3
波黑	5.7	爱沙尼亚	6.2

续表

苏州劳动生产率(万元)	苏州/全国	中国劳动生产率 (万美元)	苏州劳动生产率 (万美元)
22.55	2.4	2.3	5.6
克罗地亚	5.7	匈牙利	5.9
捷克	6.5	拉脱维亚	5.6
俄罗斯	5.1	立陶宛	6.3
斯洛文尼亚	6.8	波兰	6.4
土耳其	5.9	智利	5.4
葡萄牙	6.3	希腊	7.0

资料来源：《中国统计年鉴》、《苏州统计年鉴》和大型企业联合会。

三 苏州劳动生产率的未来变化路径

（一）劳动生产率增长的优劣势

劳动生产率增长来源于全要素生产率增长和劳均资本增长，全要素生产率增长主要取决于技术进步、人力资本和制度环境，本部分主要从技术进步、人力资本、制度环境和资本形成四个方面分析苏州提高劳动生产率的优劣势条件。

1. 技术进步基础扎实，但研发投入相对不足

（1）受益于区域经济一体化，自身技术研发基础扎实。长三角区域一体化，承接上海技术转移。苏州在长三角区域一体化中的定位是"上海国际金融中心和贸易中心延伸基地、上海国际航运中心和经济中心配套基地、上海科技创新中心技术转移基地"。利用上海建设自贸区和具有全球影响力的科技创新中心的机遇，对接上海的产业、资金、技术、体制机制创新、发展理念和发展模式的扩散，是苏州通过技术进步提高劳动生产率的区位优势条件。未来从城市职能规划上看，上海将主要履行研发以及金融中心的职能，苏州则着力打造高端制造业，二者存在天然互补。苏州发挥这种区位优势的具体做法主要有以下几点。一是利用沪通铁路等便捷的交通条件，主动承接上海科技创新资源辐射，打造

"创新在上海、创业在苏州"的创新创业服务品牌。二是复制和推广上海自贸区的成功经验，并在此经验基础上加快开展本地工业园区国家开放创新综合试验、工业园综合保税区贸易多元化试点等方面的制度创新。三是利用苏州现有的较为完善的港口基础设施，继续发展物流业，推动沿江港口、保税（港）区、物流园区、开发区积极与长江中上游区域共建产业园区、物流平台、信息平台、资金平台，强化对长江经济带资源的整合能力，统筹协调苏州与周边城市产业发展，促进产业优势互补、联动发展。

研发基础较好，企业研发活力大。承接上海技术转移的重要条件是苏州本身具备较强的研发实力。"十二五"期间，苏州科技创新综合实力始终居江苏省第一位，并长期保持福布斯"中国大陆城市创新能力排行榜"前三位。2016 年，全年专利申请量和授权量分别达 10.1 万件和 5.1 万件，其中发明专利申请量和授权量分别达 4.5 万件和 1.2 万件，发明专利申请占比由 2015 年的 43.8% 提高至 44.6%，发明专利授权占比由 2015 年的 16.8% 提高至 23.5%；万人有效发明专利拥有量达到 37.6 件，比 2015 年增加 10.1 件；全市财政性科技投入 95.2 亿元，占一般公共预算支出的 5.9%；研究与试验发展经费支出占地区生产总值的比重达到 2.7%。据《苏州市"十三五"规划纲要》预测，到 2020 年，苏州 R&D 投入占 GDP 的比重将达到 3% 左右，科技进步贡献率达到 65% 以上，万人发明专利拥有量 36 件以上，万人拥有高层次人才数 200 人以上。

除政府部门加大对研发的公共支出外，苏州企业的研发实力也显著高于全国平均水平。2015 年，苏州市大中型工业企业研发机构建有率超过 80%，比 2010 年提高近 48 个百分点；全市累计拥有省级外资研发机构 383 家，占全省总量的 2/3，其中独立研发机构 33 家。2016 年，全市新增高新技术企业 920 家，累计 4133 家。高新技术产业产值 14382 亿元，占规模以上工业总产值的比重达 46.9%，比 2015 年提高 1.0 个百分点。全年新增省级以上民营科技企业 1472 家，全市民营科技企业累计达 11840 家。

（2）研发投入相对部分一线和周边城市较少，影响技术进步后劲。尽管苏州的研发基础和研发投入相比全国平均水平较高，但相比北京、上海等一线城市以及周边的南京、杭州、无锡等城市，优势并不明显。表 8 – 6 对比了 2015 年苏州和北京、上海、广州以及周边城市的 R&D 投入占 GDP 比重以及科技进步贡献率，结果发现，除了北京、上海的 R&D 投入占比显著高于苏州外，周边的南京、杭州、无锡等存在较大竞争的城市，其 R&D 投入占比也都高于苏州。不仅如此，在这些城市的"十三五"规划中，对 2020 年本地 R&D 投入占比设定的目标也都高于苏州。这对苏州打造区域技术高地显然不利。

表 8 – 6　北上广及周边城市与苏州市研发投入对比

单位：%

排名	城市	R&D 经费占 GDP 比重		科技进步贡献率	
		2015 年	2020 年（E）	2015 年	2020 年（E）
1	北京	5.95	—	—	—
2	上海	3.7	3.5	—	—
3	南京	3	3.2	61	65
4	杭州	3	3.5	—	65
5	无锡	2.8	3.1	62	66
6	苏州	2.68	3	61.5	65
7	广州	2.3	3	—	—

资料来源：根据各市"十三五"规划纲要中的有关数据整理。

2. 人力资本质量较好，但高端人才短缺

（1）人力资本质量较好，创业类人才全国领先。苏州的人力资本存量相比其他地区拥有明显优势，尤其是创业人才储备在全国遥遥领先。2015 年，苏州人才总量为 227 万人，全市自主申报入选"千人计划"187 人，其中创业类专家 107 人，名列全国大中城市第一。2016 年，全市人才总量上升为 243 万人，人才结构也持续优化，其中高层次人才 19.8 万人，高技能人才 52.4 万人，专业技术人员 162.5 万人。新增国家"千人计划"32 人，累计达 219 人。其中创业类人才 120 人，新增省"双创计划"人才 104 人，累计达 683 人。庞大的高技能人才队伍是苏州提高劳动生产率的中坚力量。

（2）高端人才和高级技工短缺，制约产业转型升级。除现行政策和发展环境对海外留学归国人才等高端研发、管理人才的吸引力不足外，在调研中，苏州的企业还普遍反映，高级技工短缺是制约企业转型升级的重要因素。目前，苏州尚缺乏对高级技工的系统培训，对高级技工的社会保障、子女就学等问题也没有完善的解决方案，极易造成高级技工的流失。

3. 制度政策环境优，但部分资源约束趋紧

（1）制度政策效应显著，后续仍有扩大空间。借助"一带一路"倡议，扩大生产要素流通。苏州是"一带一路"沿线的重要工业城市和港口城市，借助"一带一路"倡议的实施，苏州可有效提高生产要素的流通范围，从而优化资源配置，提高劳动生产率。从表 8－7 可知，2011～2016 年，苏州境外投资和对外工程承包的绝对值和增幅都呈现增长趋势。2011 年苏州境外投资累计协议投资额 20.8 亿美元，2016 年上升至 117.2 亿美元，约为 2011 年的 6 倍；2011 年苏州境外投资企业累计 588 家，2016 年达到 1569 家，约为 2011 年的 3 倍。在对外工程承包方面，2011～2016 年也一直呈增长趋势，其中，2014 年较其他年份出现明显增长，对外工程承包合同额增长 30.5%，营业额增长 15.5%。由于"一带一路"倡议最早提出的时间为 2013 年 9 月，因此 2014 年的大幅增长在很大程度上是受到"一带一路"倡议的推动。可以预见，在未来"一带一路"倡议还将进一步推动苏州经济"走出去"。

表 8－7 2011～2016 年苏州境外投资及对外工程承包

年份	境外投资		对外工程承包			
	累计协议投资额（亿美元）	累计企业数（家）	合同额（亿美元）	增幅（%）	营业额（亿美元）	增幅（%）
2011	20.8	588	9.5	4.2	7.68	34.7
2012	32.7	743	10.25	7.9	8.37	8.9
2013	49.2	870	10.83	5.6	9.07	8.4
2014	65.3	1034	13.47	30.5	9.54	15.5
2015	85.1	1235	18.79	39.7	10.4	9.2
2016	117.2	1569	15.11	-19.6	11.6	11.2

注：2016 年境外投资累计数为 2015 年境外投资累计数加 2016 年新批数，未剔除消亡企业。

资料来源：《苏州市开发型经济"十三五"规划》和《苏州市 2016 年统计公报》。

2016 年，苏州新批境外投资企业 334 家，相比 2015 年增长 32.5%，新批境外投资额达 32.1 亿美元，相比 2015 年增长 56.8%。可见，苏州近年来在加强境外投资方面明显提升了力度。在所有新批境外投资中，对"一带一路"沿线国家的协议投资额达 6 亿美元，占比为 18.7%，"一带一路"倡议的带动作用明显。具体而言，"一带一路"倡议的实施会从以下两个方面提高苏州的劳动生产率。一是扩大投资布局，促进生产要素优化配置。通过加强与"一带一路"沿线国家的投资与贸易合作，可以扩大农产品、能源、工业原材料等产品的进口，推动纺织、交通、机械制造等产品的出口，鼓励资本跨境投资并购，开展经贸、能源、金融、基础设施等领域的合作。二是完善物流新通道，促进生产要素更快流通。通过推动"苏满欧""苏满俄""苏新亚"等国际班列运营发展，打通向西海陆口岸通道，开通苏州港至东南亚的直达航线等措施，进一步完善苏州的对外贸易通道，加速区域内生产要素的流通，提高生产要素的效率。

工业园区密集，集群效应显著。苏州是全国第二大工业城市，工业经济发达。2010 年苏州的工业总产值约为 2.9 万亿元，到 2016 年上升至约 3.6 万亿元，年均增长率超过 3.8%；2010 年，苏州规模以上工业总产值约为 2.5 万亿元，到 2016 年上升至约 3.1 万亿元，年均增长率超过 3.7%（见图 8 - 7）。

苏州的工业经济发达，与其密集的工业园区布局密不可分。苏州目前共拥有国家级开发区 14 家、省级开发区 3 家，综合保税区 7 家、保税区（保税港区）1 家，是全国工业园区最为密集、功能最全、发展水平最高的地区之一。2015 年，17 家省级以上开发区实现规模以上工业总产值占全市比重近 90%。2015 年，苏州共有国家级产业基地 28 家，省级特色产业基地 12 家（全省第一），市级特色产业基地 130 家，全部产业基地实现规模以上工业总产值 10970 亿元，占全市规上工业总量的 35.9%。密集的工业园区形成了强有力的集群效应，有利于优化产业布局和生产要素的合理配置，推动产业和项目向产业基础强、生产要素和产业链配套条件优、资源环境和区位比较优势明显的地区发展，逐渐形成具有竞争力的产业特色和优势，提高劳动生产率。

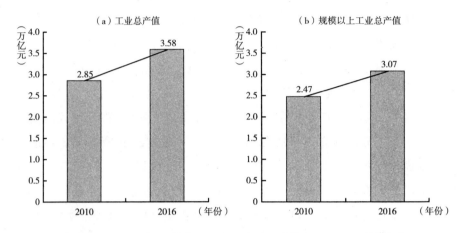

图 8 - 7　2010～2016 年苏州工业总产值及规模以上工业总产值变化

注：AGR：Annual Growth Rate，即年均增长率。

资料来源：《苏州市"十三五"工业发展规划》和《苏州统计年鉴 2017》。

创新创业氛围浓厚，创新发展格局初步形成。苏州拥有较浓的创新创业氛围，政府为支持创新创业，创造了较好的制度环境。"十二五"期间，苏州企业累计享受科技政策减免所得税 293.3 亿元，承担国家、省科技项目 6345 项，获经费支持 60.3 亿元。截至 2015 年末，苏州共拥有国家创新型试点企业 5 家、技术先进型服务企业 94 家、国家高新技术企业 3478 家、省级民营科技企业 10355 家，建有省级以上孵化器（创业园）89 家，孵化面积 490 万平方米，全市科技服务业总收入 170 亿元。2016 年，新增 24 家国家级众创空间，41 家省级众创空间，年末共有国家级众创空间 32 家、省级众创空间 88 家，规模全省领先。2016 年末全市共有省级以上科技孵化器 93 家，孵化面积超 460 万平方米，省级以上在孵企业超 6100 家。苏州一直把改革创新、先行先试作为发展的重要机遇和推手，形成先发优势。

与此同时，苏州率先推进了科技计划体系与科技经费改革，以后补助、间接支持方式促进企业面向市场开展技术创新，初步形成"一库、一池、一平台"的科技金融"苏州模式"，帮助科技企业解决"首贷、首保、首投"问题。这些良好的制度环境为科技型企业的发展创造了条件。2016 年末，苏州市拥有省级以上公共技术服务平台 60 家，其中国家级 15 家；

新增省级以上工程技术研究中心 48 家，累计达 625 家；新增省级以上企业技术中心 61 家，累计达 381 家；新增省级以上工程中心（实验室）11 家，累计达 68 家。

（2）体制机制有待完善，土地环境约束趋紧。创新体制机制尚未完善。尽管苏州一直在加强创新创业的力度，但是，现行的体制机制对提高劳动生产率而言仍有许多不完善之处。首先，现行制度对市场主体的创新激励不足。苏州大中型企业的研发投入占销售额的比例一直徘徊在 1% 左右，不到发达国家的 1/4；金融资本对新兴领域、初创期企业供给意愿不足。其次，创新体系不够健全。科技服务链条尚不完整，科技成果转移转化、科技金融、高端人才、知识产权等关键环节有待健全；有效激发科研人员创新活力和"人尽其才"的体制机制与政策环境亟待完善，大众创业、万众创新的社会文化亟待加强；科技管理方式与科技创新创业活动仍不相适应，政府在科技发展中的职能亟待转变。这些制度"瓶颈"都制约了劳动生产率的进一步提高。

新增用地趋紧，节能减排约束趋严。苏州面临的一大制约是现有生产用地已近饱和状态，建设用地供应高度紧张，存量建设用地占国土面积的28%，已接近 30% 的红线，这使得许多想要扩容的企业因无法获得新批建设用地而不得不放弃原有计划。同时，生产用地的饱和也使得引进新的企业入驻面临困难。目前，除了"腾笼换鸟"，加快迁出落后企业外，在解决土地稀缺这一问题上，并无较好的方法。

除了土地这一制约外，工业企业普遍反映，苏州制定的严格的节能减排指标对企业造成了较大负担，这与苏州相对较小的生态环境容量密切相关。2015 年，苏州市单位土地面积化学需氧量和二氧化硫排放强度分别是全国平均水平的 4.1 倍和 9.2 倍，一次能源全部依赖外地调入，能源结构不尽合理。按《苏州市"十三五"工业发展规划》要求，苏州市 2020 年单位工业增加值能耗的目标是比 2015 年下降 16%，单位工业增加值二氧化碳排放量也要比 2015 年下降 16%，节能和减排的任务都较为艰巨。为了达到这一目标，政府势必要求企业投入更多资源用于节能减排，相应便会压缩企业提高劳动生产率的投入。

4. 资本形成层次高，但引资竞争激烈

（1）高技术产业迅速增长，成为吸引资本流入的重要领域。"十二五"期间，苏州在纳米技术与应用、医疗器械及新医药、轨道交通与汽车及零部件、智能装备与工业机器人等重点领域，布局建设了 24 个国家火炬特色产业基地、400 家公共技术服务平台与重点实验室，合作共建 79 个产学研载体，形成了较为完备的产业技术创新链。常熟高新区升格为国家高新区，张家港市、吴中区获批筹建省级高新区，全市国家高新区已达 4 家、省级高新区达 5 家。2016 年，苏州新兴产业产值、高新技术产业产值占规模以上工业总产值的比重分别提高到 49.8% 和 46.9%，服务业增加值占地区生产总值的比重为 51.5%。全市制造业领域战略性新兴产业逐步扩展，覆盖到 31 个行业大类 292 个行业小类，产值实现倍增，由 2010 年的 7101 亿元增加到 2016 年的 15265 亿元，年均增长 13.6%，高于规模以上工业总产值 9.9 个百分点，占规模以上工业总产值的比重由 28.8% 提高到 49.8%。高新技术产业产值由 9023 亿元增长到 14382 亿元，年均增长 8.1%，领先规模以上工业产值 4.4 个百分点，占规模以上工业总产值的比重达 46.9%，比 2010 年提高 10.3 个百分点。六大支柱产业出现良性分化走势，电子信息产业低端环节加快转移，占规模以上工业总产值的比重由 2010 年的 36.3% 调整至 2015 年的 32.6%；以劳动密集型为主要特征的纺织、轻工产业占规模以上工业总产值的比重，分别由 12.7%、9.9% 调减至 10.4% 和 8.2%；代表先进制造业方向和整体实力的装备制造业实现产值 7538 亿元，占规模以上工业总产值比重由 18.3% 提高到 24.7%，取代钢铁产业成为第二大主导产业。工业投资结构总体趋优，2011~2015 年累计完成新兴产业和技改投资 5850 亿元和 6580 亿元，分别占工业投资总量的 53.2% 和 60%。据《苏州市"十三五"工业发展规划》预测，到 2020 年，苏州微纳制造、第三代半导体、创新药物等重点领域将进入全球价值链中高端，高新技术产业产值占规模以上工业总产值比重超过 50%，全市累计将拥有 5000 家左右高新技术企业和 15000 家左右省级民营科技企业。

（2）工业核心竞争力有待提升，吸引资本面临上挤下压窘境。工业经济"大而不强"，发展面临双向挤压。国际金融危机之后，全球经贸格局和产业分工深刻调整，西方发达国家经济弱复苏，新兴经济体经济增长慢节奏，世界贸易出现周期性与结构性叠加的常态性萎缩，支撑苏州工业经济高速增长的外需环境不复存在，西方发达国家纷纷实施"再工业化"战略，推进新一轮投资贸易便利化，吸引和鼓励高端制造回流本土，一些发展中国家积极参与全球产业再分工，承接产业和资本转移，寻求制造业突围，苏州制造业面临"双向挤压"。苏州虽然已成为中国工业大市、全球制造业基地，但"大而不强"的问题十分突出，高附加值、高加工度、高技术化等工业化后期的典型特征尚未充分展现，在双向挤压的宏观经济环境下，"大而不强"引发了资本流出。2010 年，苏州的工业固定资产投资增幅为 20.2%，2013 年增幅下滑至 11.7%，从 2014 年以来一直为负增长，2016 年负增长达到 9.9%。

利用外资下滑，引资优势下降。由图 8-8 可知，2011~2016 年，苏州进出口增幅一直处于下降趋势，从 2015 年开始，进出口总额出现负增长，2016 年，降幅达到 10.4%，进出口总额从 2014 年的 3113 亿美元下降至 2016 年的 2737 亿美元。其中，2016 年的出口总额相比 2015 年降低9.7%，进口总额相比 2015 年降低 11.4%。

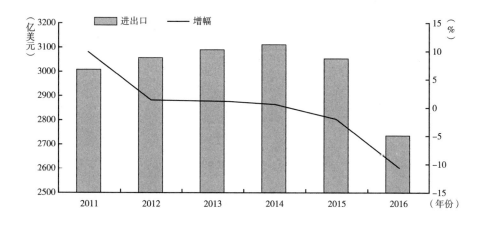

图 8-8　2011~2016 年苏州进出口总额及增幅状况

资料来源：《苏州市开放型经济"十三五"发展规划》和《苏州市 2016 年统计公报》。

　　在实际使用外资方面，苏州的情况与进出口贸易类似，增幅呈逐年下降趋势。从 2013 年开始，苏州实际使用外资额就出现负增长，2013 年以来每年实际使用外资的总额都低于 2012 年的水平，而且降幅逐年增大，2016 年，苏州实际使用外资数仅为 60 亿美元，较前一年下降 14.3%，相比最高年份 2012 年下降 34.1%（见图 8 - 9）。由于经济换挡，国内投资收益率下行，人民币单边升值不再，对外资吸引力下降，根据《苏州市开放型经济"十三五"发展规划》的预测，苏州在 2016 ~ 2020 年的 5 年期间累计将使用外资 250 亿美元左右，平均每年约使用外资 50 亿美元，低于 2015 年 70 亿美元的水平，即在未来几年，苏州实际使用外资的绝对值还将不断下降，区域内流入资金仍将不断减少。产业比较优势欠突出，周边城市分流资本。苏州在与南京、无锡、杭州等周边城市竞争资本流入时，定位模糊的问题日趋凸显。从图 8 - 10 和图 8 - 11 中可见，苏州在三次产业结构分布上与无锡存在雷同，第二产业较为发达，而第三产业发展程度则显著低于南京和杭州。在高新技术产业占规上工业产值比重上，苏州又落后于南京，转型升级力度有待加强。周边城市对苏州造成的强大竞争压力更加凸显了定位模糊对苏州未来发展的局限性。对于苏州而言，加快走发展高端制造业的路线，形成与周边地区错位发展的格局对于吸引外地资本流入、提高劳动生产率而言具有重要意义。

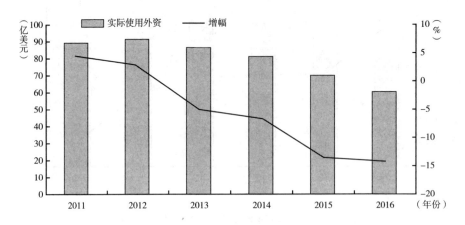

图 8 - 9　2011 ~ 2016 年苏州实际使用外资及增幅状况

资料来源：《苏州市开发型经济"十三五"发展规划》和《苏州市 2016 年统计公报》。

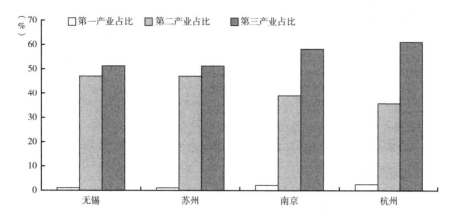

图 8 – 10 2016 年苏州及周边城市三次产业结构对比

资料来源：根据各市 2016 年统计公报整理。

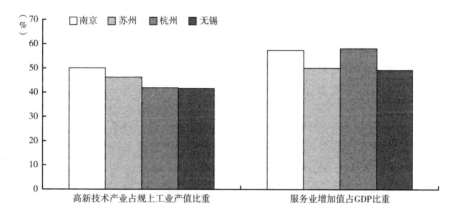

图 8 – 11 2015 年苏州及周边城市产业结构对比

资料来源：根据各市 2016 年统计公报整理。

（二）未来增长情景分析

1. 劳动生产率变化主要取决于投资率和全要素生产率增速

劳动生产率增速等于经济增速减去劳动力增速，经济增速主要受资本存量、劳动力、全要素生产率增速的影响：

$$G_y = G_Y - G_L = G_A + \alpha(G_K - G_L) \tag{1}$$

根据资本存量的计算公式：

$$G_K = \frac{\Delta K_t}{K_{t-1}} = \frac{I_t - \rho_t(K_{t-1})}{K_{t-1}} = \frac{I_t}{K_{t-1}} - \rho_t \tag{2}$$

$$I_t = \xi_t Y_t \tag{3}$$

$$Y_t = (1 + \lambda_t) Y_{t-1} \tag{4}$$

将公式（2）、公式（3）、公式（4）代入公式（1），得到经济增速和劳动生产率增速的决定公式：

$$G_Y = \frac{1}{1 - \alpha\xi_t\pi_{t-1}} [\gamma_t + \alpha\xi_t\pi_{t-1} - \alpha\rho_t - (1 - \alpha)n_t] \tag{5}$$

$$G_y = \frac{1}{1 - \alpha\xi_t\pi_{t-1}} [\gamma_t + \alpha\xi_t\pi_{t-1} - \alpha\rho_t - \alpha(1 - \xi_t\pi_{t-1})n_t] \tag{6}$$

由公式（6）可知，经济体的劳动生产率增速由资本产出弹性 α、资本折旧率 ρ_t，前期产出资本比 π_{t-1}、劳动力增速 n_t、投资率 ξ_t 和全要素增长率增速 γ_t 决定。资本产出弹性和资本折旧率是已知参数，产出资本比是前定已知参数。由此可知，当期劳动生产率变化主要取决于劳动力增速、投资率和全要素生产率增速。

2. 劳动生产率相对位置更依赖于全要素生产率的变化

（1）方法1：以全国经济增长预测结果为基础。苏州并不是一个独立的经济体，资本和劳动力能在全国范围内充分自由流动，不适合用总量生产函数对其经济增长进行预测。因此，我们将首先依据投资所研究团队对我国 2017～2050 年经济增长趋势的预测结果来预测苏州生产率可能的变化路径。

首先，本书将简要介绍有关我国 2017～2050 年经济增长趋势的预测过程，资本产出弹性 $\alpha = 0.55$、资本折旧率 $\rho_t = 0.05$。

一般来讲，在宏观经济分析中，投资率就是储蓄率。根据生命周期理论及国际经验，一个经济体的劳动年龄人口占比越高，抚养比越低，储蓄率就越高，因而投资率也就越高。近年来，我国人口老龄化问题逐渐凸显，2011 年开始，劳动年龄人口占比开始下降，抚养比逐渐上升。2014 年，我国 65 岁及以上老年人口占比超过 10%。随着中华人民共和国成立后两次婴儿潮时期出生的人口步入老年，加上全面放开二胎政策，可以预见在较长一段时间内，我国人口抚养比将呈上升态势，储蓄率在中长期内将呈下降趋势。参照日韩的经验，假定投资率 2016～2030 年下降 13 个百分点，2031～2050 年下降 11 个百分点，即投资率由 2016 年的 44% 下降至 2020 年的 41% 左右，2030 年下降到 33% 左右，2050 年下降到 22% 左右。

关于未来 TFP 对经济增长的可能贡献，课题组假设了三种路径：一是假定预测期内 TFP 对经济增长的贡献率保持 2008～2016 年平均水平不变，即 1.4%；二是假设预测期内 TFP 对经济增长的贡献率达到 1978 年以来的平均水平，即 2.8%；三是取情景一和情景二的均值，即 2.1%。① 我们将在正文中报告情景三的结果。

1996 年以来我国劳动力增速总体呈较明显的下降趋势，2011 年以来降幅有所趋缓，2011～2016 年劳动力增速平均每年收缩 11.3%。我们假定 2020 年劳动力增速从 2016 年的 0.2% 下降到 0，2021～2030 年年均下降 0.4%，2031～2050 年降幅放缓 11.3%，年均约下降 0.14%。这一假定是比较乐观的，未来劳动力增速降幅很可能比上述假定大。理由是劳动力数量的变动与劳动年龄人口的变动关系密切，2014 年我国劳动年龄人口总量出现下降，这一趋势将延续下去。

预测结果显示，2017～2020 年，我国年均经济增速在 5.2% 左右，2021～2030 年在 4.1% 左右，2031～2050 年在 3.3% 左右。由此可以预见，2017～2020 年，劳动生产率增速在 5.1% 左右，2021～2030 年在 4.5% 左右，2031～2050 年在 3.44% 左右。也就是说，到 2020 年，我国劳动生产率将增加至 11.6 万元，2030 年增加至 17.9 万元，2050 年增加至 35.3 万元。

1978 年改革开放以来，苏州经济发展取得了举世瞩目的成就。从改革开放早期的以乡镇企业打造为主要特征的"苏南模式"，到中期通过招商引资发展外向型经济，再到当前大力倡导创新升级、提质增效，苏州在吸引生产要素、提高要素使用效率和技术进步等方面，一直处于全国各大城市前列。21 世纪头十年，苏州积极调整经济增长方式，推动经济结构转型升级，大力发展先进制造业和现代服务业，促进民营经济发展，提升经济

① 关于全要素生产率的核算结果参见国家发改委投资研究所 2017 年重点课题研究成果。

活力。① 2011～2016 年，苏州劳动生产率大约为全国平均水平的 2.3 倍。对于苏州劳动生产率可能的变动路径，我们假设存在三种情景。

情景一

假设苏州劳动生产率的增速高于全国增速，苏州劳动生产率水平相对全国平均水平有所扩大。2011～2016 年，苏州年均经济增速 9%，比全国平均经济增速 7.7% 高出 1.3 个百分点。在全球经济疲软、外需减弱的背景下，以出口导向为主要特征的苏州仍能保持经济增速不低于全国，可见苏州的经济结构具有较大的韧性。假设苏州劳动生产率增速在 2016～2030 年平均领先全国 1 个百分点，2031～2050 年平均领先 0.5 个百分点，即 2016～2020 年、2021～2030 年和 2031～2050 年，苏州劳动生产率增速均值分别为 6.1%、5.5% 和 3.94%，那么至 2020 年、2030 年和 2050 年，苏州市劳动生产率分别为 28.6 万元、48.8 万元和 105.7 万元，相当于同期全国劳动生产率的 2.5、2.7 和 3.0 倍。

情景二

假设苏州劳动生产率的增速与全国持平，即苏州劳动生产率水平相对全国平均水平不变，那么至 2020 年、2030 年和 2050 年，苏州劳动生产率分别为 27.5 万元、42.7 万元和 84 万元。

情景三

苏州劳动生产率的增速低于全国平均水平，即苏州劳动生产率水平相对全国的优势逐渐缩小。经济体内部要素流动和技术外溢效应明显，各地区之间经济增长在长期内将呈现出收敛效应。投资研究所（2016）② 研究发现，从 2008 年开始，全国各省份劳动生产率的收敛指数已经开始下降。我们用全国各市人均 GDP 近似替代劳动生产率，计算出我国 280 多个地级市人均 GDP 的收敛指数，结果显示，我国各地级市人均 GDP 在金融危机前夕就开始出现

① 2004 年，苏州市委市政府下发《关于促进民营经济腾飞的决定》，开启了苏州的"民营经济时代"，至 2015 年，苏州市私营企业突破 30 万户，个体工商户突破 50 万户，成为江苏省首个私营企业总量超过 30 万户的城市。2005 年，出台《关于促进服务业跨越发展的政策建议》，通过大力发展旅游业，推动生产性服务业与制造业的分离以及打造现代服务业标准化体系等措施，促进服务业发展。截至 2015 年底，苏州全市 90% 的本土大中型企业建立了研发机构，苏州成为首批国家知识产权示范城市，并在 2015 年福布斯创新力最强城市榜单中排第 3 位。

② 国家发改委投资研究所 2017 年重点课题研究成果。

收敛（见图8-12）。假设苏州劳动生产率增速比全国低0.5个百分点，那么到2020年、2030年和2050年，苏州劳动生产率将分别达到27万元、40万元和71.3万元，相当于同期全国劳动生产率的2.3、2.2和2倍（见表8-8）。

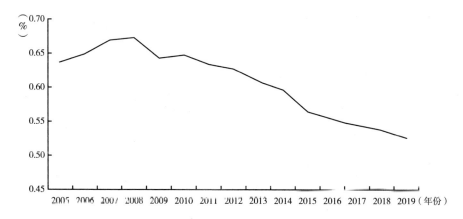

图8-12 全国地级市人均GDP收敛指数

注：收敛指数是指人均GDP取对数后的标准差。
资料来源：CEIC。

表8-8 苏州劳动生产率可能的变化路径

		2017~2020年	2021~2030年	2031~2050年
全国经济增速(%)		5.2	4.1	3.3
全国劳动生产率增速(%)		5.1	4.5	3.44
全国期末劳动生产率(万元)		11.6	17.9	35.3
苏州劳动生产率预测				
情景一	增速(%)	6.1	5.5	3.94
	期末值(万元)	28.6	48.8	105.7
情景二	增速(%)	5.1	4.5	3.44
	期末值(万元)	27.5	42.7	84.0
情景三	增速(%)	4.6	4	2.94
	期末值(万元)	27.0	40.0	71.3

如表8-9所示，按照上述预测结果，到2020年苏州市劳动生产率将达到美国的50%~53%，接近日本的水平；到2030年，苏州市劳动生产

率将达到美国的 63% ~ 77%，相当于法国和德国的水平；到 2050 年，苏州市劳动生产率将达到美国的 0.8 ~ 1.2 倍。

表 8 - 9 苏州劳动生产率变动的国际比较

单位：万美元

	2016 年	2020 年	2030 年	2050 年
美国	12	13.1	15.5	21.6
英国	8.6	9.2	10.8	14.8
德国	8.9	9.54	11	14.5
法国	9.7	10.3	12	16.2
日本	7.5	8.1	9.8	14.3
韩国	7.7	9.0	10.5	14.4
新加坡	15.3	17.1	20.1	27.6
苏州一	5.4	7.1	12.1	26.2
苏州二	5.4	6.8	10.6	20.9
苏州三	5.4	6.7	9.9	17.7

注：2016 ~ 2050 年美、英、德、法劳动生产率增速取 1971 ~ 2015 年的均值，分别为 1.7%、1.6%、1.4% 和 1.5%；日本取 1980 ~ 2015 年的均值，为 1.9%；韩国 2016 ~ 2020 年取 2000 ~ 2015 年均值，为 3.9%，2021 ~ 2050 年取英美法日的均值，为 1.6%；新加坡 2016 ~ 2020 年取 2011 ~ 2015 年均值，为 3.4%，2021 ~ 2050 年取英美法日的均值 1.6%。

（2）方法 2：单独核算。我们将结合全国及苏州主要经济变量历史数据、苏州的优劣势分析，对关键参数赋值，对主要经济变量进行预测，利用总量生产函数对苏州生产率进行单独核算。总体来讲，对关键变量的预测既要体现出苏州的优势和劣势，也不能脱离全国这个大的背景。

如表 8 - 10 所示，2011 ~ 2016 年，苏州劳动报酬占地区生产总值的比重在 0.43 至 0.46 之间。因此，我们假设预测期内资本产出弹性 α = 0.55。2011 ~ 2016 年，苏州全社会固定资产投资中设备工器具购置占比在 27% ~ 29%，全国平均水平仅为 20.3%，由此可见，苏州设备工器具购置投资占比要显著高于全国平均水平。设备工器具的折旧期限相比较建筑安装工程要短，我们假设苏州的资本折旧率为 0.06，比全国整体水平高 1 个百分点。

表 8 - 10　苏州近年来主要经济指标概况

	GDP（亿元）	GDP 增速（%）	就业人口（万人）	增速（%）	投资率（%）	劳动报酬占比
2011	10716.99	12.00	691	0.51	—	0.43
2012	12011.65	10.10	694.3	0.48	—	0.46
2013	13015.70	9.60	695.2	0.13	51.09	0.43
2014	13760.89	8.30	693.4	-0.26	51.38	0.44
2015	14504.07	7.50	691.4	-0.29	50.37	0.44
2016	15475.09	7.50	691.3	-0.01	—	0.44

数据来源：《苏州统计年鉴》和《江苏统计年鉴》。

随着劳动年龄人口占比的下降，我国人口红利逐渐消失，劳动力数量下降的趋势不可避免。各地区劳动力规模变动受人口机械流动的变化较大。苏州拥有较多的产业园区，经济产业结构开放性强，吸引了大量外来劳动力流入，"十二五"期间，苏州常住人口要比户籍人口多出约60%。我们预计苏州劳动人口变化存在两种情况。一是苏州劳动力保持当前的规模不变，即劳动力增速为零。二是苏州劳动力规模变化趋势与全国相近，即逐渐呈下降趋势。2017～2020 年，年均增加 0.1%；2021～2030 年，年均下降 0.4%；2031～2050 年，年均下降 0.14%。

苏州有关投资率的统计数据较少。2013～2015 年，苏州投资率在50%～51.5%，大约比全国平均水平高出 4 个百分点。可以预见随着苏州产业结构向高端制造业和现代服务业转型升级，苏州对投资的依赖将逐渐降低，即投资率将呈下降趋势。我们参照上海和深圳投资率的变动情况预测苏州投资率未来的变动情况，上海市投资率在 1996 年达到 66% 的峰值，随后逐渐下降，2000 年下降至 45.5%，2010 年下降至 43%。深圳市投资率在 1993 年达到 48.9% 的高峰后逐渐下降，2000 年下降至 39.5%，2010 年下降至 30%，近几年一直在 30% 的水平徘徊。上海市投资率在达到顶峰后的四个五年内投资率分别下降了 32%、2%、13% 和 6%，深圳市分别下降了 17%、9%、12% 和 10%。假设苏州投资率的下降幅度取上海和深圳的均值，那么 2020 年，苏州投资率约为 38.5%，2030 年下降为 32.5%，此后至 2050 年大约维持在 30% 的水平（见图 8 - 13、表 8 - 11）。

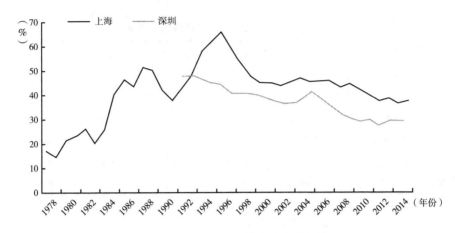

图 8 - 13 上海和深圳投资率变动趋势

资料来源：根据两市统计年鉴的数据计算。

表 8 - 11 上海和深圳投资率变化趋势

	峰值	第一个五年	第二个五年	第三个五年	第四个五年
上海	66%	-32%	-2%	-13%	-6%
深圳	49%	-17%	-9%	-12%	-10%
苏州	51%	-24.5%	-3.5%	-12.5%	-8.0%

资料来源：根据两市统计年鉴的数据计算。

20 世纪 90 年代，苏州依托紧邻上海的区位优势，调整发展战略，适时提出"依托上海、接轨浦东、迎接辐射、发展苏州"的发展理念，掀起了以招商引资为主要手段的开放型经济发展高潮。这一时期，苏州 TFP 增长主要依靠承接外来技术和产业转移。随着经济不断发展，人均 GDP 和劳动生产率不断向发达国家靠拢，苏州 TFP 增长将越来越依靠自主创新和效率的提高。关于未来 TFP 对经济增长的贡献，我们提出三种可能的情况。情景一：假定预测期内 TFP 增速保持 2001～2016 年的平均水平不变，根据第二部分的核算，2001～2016 年，苏州 TFP 平均增速为 2.3%。情景二：假设预测期内 TFP 增速保持韩国和中国台湾这两个成功转型经济体过去 20 年的均值不变，即 1.2%。情景三：假设预测期内 TFP 增速保持主要发达国家（美、德、法、英、日）过去 20 年的均值不变，即 0.5%。[①]

————————

① 发达国家和东亚经济体 TFP 增速数据来源于宾州大学国际比较项目。

苏州劳动生产率增速和水平的预测结果如表 8 - 12 和表 8 - 13 所示。首先，随着投资率逐渐下降，苏州市劳动生产率增速呈下降趋势。在投资率变动趋势既定的情况下，TFP 增速对劳动生产率增速的影响很大，劳动力变动的影响较小。假设苏州市劳动力水平保持不变，如果苏州市 TFP 增速保持 2001～2016 年的平均水平不变，那么苏州市劳动生产率的增速将逐渐下降至 2020 年的 5.5% 左右（大约为 29 万元），下降至 2030 年的 4.4% 左右（大约为 46.5 万元），2050 年的 4.5% 左右（大约为 111.2 万元）。如果苏州市 TFP 增速保持东亚成功转型经济体过去 20 年的增速不变，那么苏州市劳动生产率的增速将逐渐下降至 2020 年的 4.22% 左右（大约为 27.7 万元），2030 年的 2.74% 左右（大约为 38.4 万元），2050 年的 2.4% 左右（大约为 63.3 万元）。如果苏州市 TFP 增速保持主要发达国家过去 20 年的增速不变，那么苏州市劳动生产率的增速将逐渐下降至 2020 年的 3.4% 左右（大约为 27 万元），2030 年的 1.7% 左右（大约为 33 万元），2050 年的 1.13% 左右（大约为 44.5 万元）。

表 8 - 12　苏州市劳动生产率增速预测结果之一

单位：%

年份	情景一	情景二	情景三	情景四	情景五	情景六
2017	7.84	6.64	5.88	7.79	6.59	5.83
2018	6.62	5.44	4.68	6.57	5.38	4.63
2019	6.04	4.79	4.00	6.00	4.75	3.95
2020	5.52	4.22	3.40	5.48	4.18	3.35
2021	5.35	4.00	3.14	5.56	4.21	3.36
2022	5.22	3.82	2.93	5.42	4.02	3.14
2023	5.10	3.65	2.74	5.29	3.85	2.94
2024	4.98	3.50	2.56	5.17	3.68	2.75
2025	4.87	3.35	2.40	5.05	3.53	2.58
2026	4.77	3.21	2.24	4.94	3.39	2.42
2027	4.67	3.09	2.10	4.83	3.25	2.26
2028	4.57	2.96	1.96	4.73	3.13	2.12
2029	4.48	2.85	1.83	4.63	3.00	1.99
2030	4.40	2.74	1.71	4.54	2.89	1.86
2031	4.40	2.71	1.66	4.40	2.72	1.67

续表

年份	情景一	情景二	情景三	情景四	情景五	情景六
2032	4.40	2.69	1.62	4.41	2.69	1.63
2033	4.41	2.66	1.58	4.41	2.67	1.59
2034	4.42	2.64	1.55	4.42	2.65	1.56
2035	4.42	2.62	1.51	4.43	2.63	1.52
2036	4.43	2.60	1.48	4.43	2.61	1.49
2037	4.44	2.58	1.45	4.44	2.59	1.46
2038	4.44	2.57	1.41	4.44	2.58	1.43
2039	4.45	2.55	1.38	4.45	2.56	1.40
2040	4.45	2.53	1.36	4.45	2.54	1.37
2041	4.46	2.52	1.33	4.46	2.53	1.34
2042	4.46	2.50	1.30	4.46	2.51	1.32
2043	4.46	2.49	1.28	4.47	2.50	1.29
2044	4.47	2.47	1.25	4.47	2.48	1.27
2045	4.47	2.46	1.23	4.47	2.47	1.24
2046	4.48	2.45	1.21	4.48	2.45	1.22
2047	4.48	2.43	1.19	4.48	2.44	1.20
2048	4.48	2.42	1.17	4.48	2.43	1.18
2049	4.48	2.41	1.15	4.48	2.42	1.16
2050	4.49	2.40	1.13	4.49	2.41	1.14

注：情景一至情景三的劳动力增速保持不变，TFP 增速依次为 2.3%、1.2% 和 0.5%；情景四至情景六的劳动力增速与全国变动趋势一致，TFP 增速依次为 2.3%、1.2% 和 0.5%。

表 8-13　苏州市劳动生产率增速预测结果之二

单位：万元/人

年份	情景一	情景二	情景三	情景四	情景五	情景六
2017	24.3	24.0	23.9	24.3	24.0	23.9
2018	25.9	25.4	25.0	25.9	25.3	25.0
2019	27.5	26.6	26.0	27.5	26.5	26.0
2020	29.0	27.7	26.9	29.0	27.6	26.8
2021	30.6	28.8	27.7	30.6	28.8	27.7
2022	32.2	29.9	28.5	32.2	30.0	28.6
2023	33.8	31.0	29.3	33.9	31.1	29.4
2024	35.5	32.1	30.1	35.7	32.3	30.2
2025	37.2	33.1	30.8	37.5	33.4	31.0
2026	39.0	34.2	31.5	39.3	34.5	31.8

续表

年份	情景一	情景二	情景三	情景四	情景五	情景六
2027	40.8	35.3	32.1	41.2	35.7	32.5
2028	42.7	36.3	32.8	43.2	36.8	33.2
2029	44.6	37.4	33.4	45.2	37.9	33.8
2030	46.5	38.4	33.9	47.2	39.0	34.5
2031	48.6	39.4	34.5	49.3	40.0	35.1
2032	50.7	40.5	35.1	51.5	41.1	35.6
2033	53.0	41.5	35.6	53.8	42.2	36.2
2034	55.3	42.6	36.2	56.1	43.3	36.8
2035	57.8	43.8	36.7	58.6	44.5	37.3
2036	60.3	44.9	37.2	61.2	45.6	37.9
2037	63.0	46.1	37.8	63.9	46.8	38.4
2038	65.8	47.2	38.3	66.8	48.0	39.0
2039	68.7	48.5	38.9	69.8	49.2	39.5
2040	71.8	49.7	39.4	72.9	50.5	40.1
2041	75.0	50.9	39.9	76.1	51.8	40.6
2042	78.3	52.2	40.4	79.5	53.1	41.1
2043	81.8	53.5	40.9	83.1	54.4	41.7
2044	85.5	54.8	41.5	86.8	55.7	42.2
2045	89.3	56.2	42.0	90.7	57.1	42.7
2046	93.3	57.6	42.5	94.7	58.5	43.2
2047	97.5	59.0	43.0	99.0	60.0	43.8
2048	101.8	60.4	43.5	103.4	61.4	44.3
2049	106.4	61.8	44.0	108.0	62.9	44.8
2050	111.2	63.3	44.5	112.9	64.4	45.3

在方法1中，我们假设了三种苏州未来劳动生产率可能的变化路径，分别对应苏州劳动生产率相对全国水平可能出现的变化，即高于当前水平、与当前水平持平和低于当前水平。在方法2中，我们利用总量生产函数预测了2016～2050年苏州劳动生产率增速，结果显示，劳动生产率增速主要取决于投资率和全要素生产率增速，投资率越高，全要素生产率增速越快，劳动生产率增速就越快。苏州要实现劳动生产率持续增长，保持当前的优势，甚至有所提高，需要从资本积累和提高全要素生产率两方面入手。在资本积累方面，在投资率已经处于较高位置，且全国储蓄率呈下降

趋势的情况下，要更加注重提高投资效率、优化投资结构，要充分考虑到国内乃至全球需求结构的变化。在提高全要素生产率方面，要加强自主创新能力。一方面要制定人才发展战略，吸引高学历和高技术人才流入；另一方面要促进中小企业发展，激活地区创新活力。资本积累和提高全要素生产率并非割裂的两个过程，而是相互影响、相互促进的，新的技术突破会带来新的投资机会，促进有效资本形成增加。同时，加大研发投资力度，激发企业更多投资于研发创新是提升全要素生产率的重要基础。

四　苏州提高劳动生产率的对策措施

尽管苏州劳动生产率水平和增速远高于全国平均水平，但近年来劳动生产率增速趋缓。在经济发展进入新常态的背景下，苏州面临外需增速下滑、国际贸易竞争加剧、外来人口流入趋缓、土地资源与生态环境约束加大、原有经济增长动力弱化等复杂的宏观经济形势，需要采取相应措施加快新旧动能转换、促进劳动生产率快速增长。

（一）健全制度体系和提升治理能力，夯实优质要素汇聚的基础

在影响劳动生产率提高的技术创新、人力资本、产业结构、制度环境与治理能力以及资本形成等诸多因素中，制度环境与政府治理能力不仅直接影响劳动生产率，而且通过影响技术创新、人力资本等而间接地对劳动生产率产生重要影响。如完善的产权保护制度和公平公正的市场准入制度，有助于稳定投资者预期，促进各类投资者增加投资，促进资本要素在各领域自由流动和高效配置；完善的知识产权保护和利益激励机制，通过鼓励技术创新、自主品牌建设使企业能够从技术创新中获得更多收益，有助于推动企业加大研发投入，形成创新型发展模式，促进经济资源技术效率和配置效率的提升，推进产业升级和经济转型；完善的户籍制度、社会保障制度和公共服务平等共享机制，有利于扩大劳动力供给、吸引和留住各类人才；高效的政府服务效率和完善的政府治理体系，有助于降低投资者的制度交易成本、加快投资生产决策进程，提高投资生产决策与运营效

率，并创造出低交易成本的制度优势和资源聚集效益。

因此，苏州应注重发挥制度创新、治理体系完善对劳动生产率的促进作用，深化产权制度改革，构建更为公平、公正的市场交易环境，通过市场竞争机制方式淘汰低效落后产能，为高效产能拓展发展空间，推动效率变革；加强科技创新系统性环境建设，激发市场创新活力，构建创新型城市发展环境；全面推进"放、管、服"改革，构建透明、高效的服务型政府，减少政府对资源配置的行政干预，创新市场决定资源配置的"苏南模式"；深化行政体制改革，推进政府治理体系和治理能力现代化，打造公平、透明、规范、高效的行政体制和机制。通过深化改革和制度创新，营造良好的制度环境，不断促进优质要素汇聚，为持续提高劳动生产率创造更好的条件。

（二）加大研发投入，提高创新效率

面对传统动力减弱、经济增速下滑的局势，要提高对经济增长阶段的认识，不再把增长速度作为关键目标，而是把增长质量与效益放在首位，把创新作为引领发展的第一动力，通过推动动力变革，重新培植经济发展新动力新优势，将传统要素驱动力转变为创新驱动力。尽管苏州专利申请量和授权量仅次于深圳，在全国大中城市中位居前例，但离创新型城市的发展要求仍有差距，需要在提升创新能力、依靠科技进步提高劳动生产率上下功夫，尤其是要尽快改变企业自主创新能力不足、缺乏技术支撑的现状。[①] 培育具有国际影响力的创新型领军企业，特别是要培育如华为、腾讯、比亚迪等坚持自主创新、在全国乃至全球居行业领先的技术创新型企业，将制造业体量优势转化为关键领域核心技术掌控能力优势。[②]

[①] 如 2013 年苏州市规模以上企业开展 R&D 活动的仅占总体的 24%，六大支柱行业研发投入占销售额的比例仅为 0.95%，其中钢铁行业和电子行业研发投入占比更低（分别为 0.79% 与 0.82%）。

[②] 以电子信息制造业为例，2015 年苏州电子信息制造业产值占全市工业总产值的 32.9%，苏州规模以上企业主营业务收入占江苏全省的 52.5%，全市电子信息制造业企业亏损高达 26.3%，平均每家企业的利润在全省 13 个地市中居第 8 位，仅为淮安市企业平均利润的 1/3，也低于连云港、宿迁等城市，产业附加值低、利润低，不可避免地导致苏州市制造企业研发能力弱、缺乏自主创新能力。

一是要完善科技公共服务体系，发挥好政府引导推动作用。进一步增加政府科技投入，重点加大对高水平重点实验室的建设投入，提高基础与应用研究水平。加快公共创新平台建设，推进财政投入建设的重大科技基础设施和大型科研仪器向社会开放，推动社会科技资源开放共享，促进各创新主体优势互补、协同创新。

二是要加大对企业研发创新的政策支持，引导和鼓励企业加大技术创新和技改投入。进一步落实企业研发费用加计扣除、高新企业所得税减免等科技创新税收优惠政策，将企业技改投入列入研发投入进行加计扣除，对企业研发和技改给予一定比例的财政奖补，扩大固定资产加速折旧实施范围，进一步激发各类创新主体的积极性和创造性。

三是要加强协同创新，促进创新资源集聚。加快推进以企业为主导、市场为导向，产学研合作的协同创新体系和产业技术创新联盟建设，鼓励和支持企业与市内外高校、科研院所共建一批产学研联合体，形成产学研协同创新机制化、常态化，加大土地、资金等支持力度以吸引国内外研发机构落户苏州，促进创新资源集聚。

四是要进一步完善有效激发科研人员创新活力和人尽其才的体制机制与政策环境。深化知识产权管理体制改革，加强知识产权保护，鼓励企业完善职务发明奖励和报酬制度，不断激发研发人员的创新活力和积极性。

（三）强化人才培育，提高人力资本质量

人力资本质量是实现创新发展的基础和关键。重视土地资源匮乏和劳动力成本上升、低成本扩张的加工制造型经济难以为继的状况，增强高素质劳动力资源支撑，加快劳动力数量红利到质量红利的转换，以人力资本优势支撑创新发展、推动动力变革，建立以技术创新为主导的现代化产业体系。完善多元化的人才培育、人才引进和人才服务体系，持续积累经济发展所需要的人力资本，创建"人才高地""创新高地"，实现创新发展。

在人才培育方面，既要借助外力，也要内部发力。借助外力就是鼓励和支持园区、企业加强与大专院校合作共建学院和研究型机构；内部发力就是利用苏州园区经济发达，制造企业数量多、规模大的优势，组织和支

持园区间、企业间开展合作，共同出资组建适合苏州产业转型升级发展需要的技工学校、中高等职校，从内外两个方面着力建立高级技工和科技人才培育基地。

在引进人才方面，除在住房等物质上给予各种奖励和提供有竞争力的生活条件外，还要完善人才服务体系，在医疗、子女教育等软环境方面为外来劳动力和各类人才提供必要的优惠和良好生活环境，将苏州打造成吸引创新创业人才的高地，形成与创新型产业体系相适应的劳动力资源供给体系。

（四）持续增加有效投资，不断增加高质量资本

推动"三大变革"，是高质量发展阶段的必然要求，而质量变革是主体。经济发展的最终目的是满足人民对美好生活的向往，推动供给侧结构性改革就是促进供给结构不断适应消费结构升级的需要，通过不断提高供给体系质量和效益，持续扩大优质增量供给，实现供需动态平衡，而高质量资本形成是提高供给质量的基础。固定资本是技术和劳动力发挥作用的媒介，是决定经济增长和劳动生产率提高的主要因素。一般情况下，劳动生产率高的国家，其劳均资本存量也高，一国的劳动生产率与劳均资本存量呈正相关关系。有关研究显示，以设备投资为主的资本体现型技术进步有助于劳动生产率的增长，设备投资占 GDP 的比重每提高 1 个百分点，劳动生产率增长将相应提高 0.393 个百分点；以设备投资为主的资本体现型技术进步对全要素生产率增长的贡献平均达到 35.82%；美国"二战"后生产率增长的 60%、欧盟国家 60% 的劳动生产率和 20% ~ 30% 的资本生产率均源于资本体现型技术进步。因此，苏州需继续鼓励投资，提高劳均资本存量水平，发挥好投资对优化供给侧结构的关键性作用。

一是从扩大有效供给、优化供给结构、提高供给质量角度扩大投资。要根据消费从满足基本生理需求向享受型需求转变、从数量型需求向品质型需求转变的趋势，调整投资结构，优化供给的产品结构与品质结构，重点投向产业与价值链高端，以满足中高端市场需求。

二是从强化基础设施支撑能力和公共服务供给能力上扩大投资。要根据未来新型城市化、产城融合发展、城乡统筹、区域统筹、城乡居民日益

增长的美好生活需求等要求和趋势，继续加大基础设施和公共服务设施投资，消除基础设施和民生领域的短板与不足，加快解决区域间、城乡间、经济与社会间等方面存在的不平衡的问题。

三是在投资主体上，理清政府与企业投资边界，让不同投资主体按各自资本特征和功能定位充分发挥其比较优势和最大效能，政府的归政府、市场的归市场，政府、国企和民企分别在公益性、准公益性、竞争性领域各归其位，以促进资源配置效率不断提高。

四是在政府对社会投资的管理上，进一步深化投资体制改革，简化企业投资项目审批事项和审批环节，对备案项目加快推行企业投资项目承诺制，实行无审批管理，将政府投资管理的工作重点转到加强事中事后监管约束和优化服务上来，降低制度性交易成本，提高投资效率，释放企业投资活力。

（五）促进产业迈向中高端，发挥产业转型升级的综合效应

相比劳动密集型、低附加值的低端产业，技术密集型、高附加值的产业拥有更高的劳动生产率，推进产业结构由劳动力密集型向技术密集型产业转型升级是提高劳动生产率的有效措施。发展技术密集型产业需要强大的技术创新能力和高素质的人力资本支撑，在市场竞争中能够取得竞争优势，因而产业转型升级对提高劳动生产率具有综合效应。充分利用当前全国经济调整、区域产能转移加快的机遇，推进效率变革，淘汰、转移低增长率、低附加值产业，促进产业转型升级。

一是严格限制低端制造业的发展。下决心关停高污染、高耗能产能，通过提高环保标准、资源价格、工资水平等方式倒逼不再符合苏州未来发展方向的低效产能向外转移。

二是大力发展高技术、高附加值新兴产业，推进高成长产业群形成。大力发展以电子信息制造、新能源、生物技术和新医药、高端装备制造为代表的一批高技术、高附加值新兴产业，推进高成长型产业群形成，重点培育具有内生自主增长特征的本土制造企业，促进苏州制造业从代工型的加工组装低端环节向拥有自主研发、具有自主品牌、高附加值的产业价值

链高端转变，实现经济从外源型增长模式向内生自主增长模式转变。

三是改造升级传统产业，升级传统动能。苏州拥有强大的制造业基础，形成了纺织、钢铁、普通机械等优势产业，这些产业虽属于传统产业，但拥有品牌、市场渠道、熟练技工和技术人才等优势，仍有巨大市场需求，在大力发展新兴产业的同时，应大力支持和引导传统产业通过技术手段进行创新和改造，用新技术、新材料对传统产业进行"'老树发新芽'+高科技+信息化"式的升级改造，提高市场竞争力，实现转型发展中的存量、增量"双轮"推动。

四是依托先进制造业和新兴产业，推进先进制造业与现代服务业融合发展。大力发展金融、现代物流、科技和信息服务等生产性服务业，推进先进制造业与生产性服务业融合发展，以现代生产性服务业为先进制造业和新兴产业发展提供科技、金融和现代管理服务支撑，推进苏州经济向高质量发展阶段迈进。

（六）引进和培育植根性高质量外资，增强技术外溢效应

改变外资集中于产业链和价值链中低端、技术溢出效应并不明显的廉价要素寻求型投资现状，更加注重引进技术创新、植根于本地的市场寻找型外资，提高引资质量，增强外资的技术外溢效应。

一是加大选商引资力度。苏州利用外资已经度过体量快速膨胀阶段，未来招商引资工作应以提高经济发展质量和效益为主要目标，在对现有外资企业按照投资强度、人均税收、节能减排等相关要求推进升级改造基础上，制定创新、高附加值、低碳环保等方面的引资政策，注重引进集研发、设计与生产制造于一体的先进制造业、新兴产业以及现代生产性服务业，促进外资与本土内资企业形成产业链配套和互补，不断增强产业国际竞争力。

二是实施外资"生根"战略。围绕电子信息、新材料、生物医药、新能源、环保等新兴产业，大力培育、集聚一大批创新型内资企业，为引进高质量外资提供良好的配套协作条件，建立起内外资企业上下游互补、价值链互增的生态链，营造高质量资本引得进、留得住、发展好的良好产业

生态环境。同时，打造良好的人才聚集环境，形成外资植根创新发展与创新人才有效供给互相支撑的良性发展局面。

参考文献

白重恩、张琼，2015，《中国生产率估计及其波动分解》，《世界经济》第 12 期。

戴维·W. 皮尔斯，1988，《现代经济学词典》，上海译文出版社。

丁伯根，1988，《经济政策：原理与设计》，商务印书馆。

J. B. 克拉，2014，《财富的分配：关于工资、利息与利润的理论》，经济科学出版社。

肯德里克，1961，《美国生产率趋势》，普林斯顿大学出版社。

肯德里克，1973，《战后美国生产率趋势》，国家经济研究局。

魁奈，1979，《关于手工业劳动》，载《魁奈经济著作选集》，吴斐丹、张草纫选译，商务印书馆。

李京文、D. 乔根森、郑友敬、黑田昌裕等，1993，《生产率与中美日经济增长研究》，中国社会科学出版社。

马克·布劳格、保罗·斯特奇斯，1987，《世界重要经济学家辞典》，经济科学出版社。

马歇尔，1964，《经济学原理》，商务印书馆。

让-巴蒂斯特·萨伊，2014，《政治经济学概论》，华夏出版社。

投资研究所，2016，《促进经济中高速增长研究》，宏观院重点课题报告。

武瑞杰，2013，《经济增长收敛机制的研究述评》，《学习与实践》第 3 期。

亚当·斯密，2009，《国富论》，上海三联书店。

约翰·冯·杜能，1986，《孤立国同农业和国民经济的关系》，商务印书馆。

张德霖，1993，《生产率理论分析与实证研究》，人民出版社。

张军，2010，《改革、转型与增长：观察与解释》，北京师范大学出版社。

Barro, R. J. 2000. "Inequality and Growth in a Panel of Countries." *Journal of Economic Growth* 5 (1): 5–32.

Clark, C. 1940. *The Conditions of Economic Progress*, London: Macmillan.

D. W. Jorgenson, Z. Griliches. 1967. "The Explanation of Productivity Change." *Review of Economic Studies* 34 (3): 249–283.

D. W. Jorgenson. 1988. "Productivity and Postwar U.S. Economic Growth." *Journal of Economic Perspectives* 2 (4): 23–41.

David J. Sumanth. *Productivity Engineering and Management*. McGraw-Hill Book Company, 1984.

George J. Stigler. 1947. *Trends in Output and Employment*. New York: NBER.

Kuznets, Simon. 1966. *Modern Economic Growth*, New York: Yale University Press.

Petty, William. 1663. *Political Arithmetick*, *Reprinted in The Economic Writings of Sir William Petty*.

R. M. Solow. 1957. "Technical Change and the Aggregate Production Function." *Review of Economics and Statistics*39 (3): 312 – 320.

附 录 文献综述：生产率的提出与研究进展

内容提要： 生产率研究的共识是，生产率是一国经济长期增长的重要决定因素。本部分梳理了国内外对单要素（劳动、资本）生产率和全要素生产率的相关研究成果，从生产率研究的历史与现状、定性定量研究的方法和结论等方面，系统地梳理了有关劳动生产率、资本生产率和全要素生产率的理论研究进展及主要研究结论。

生产率一般指资源（包括人力、物力、财力资源等）开发利用的效率，它反映资源配置状况、生产手段的技术水平、劳动力的素质等各种因素对生产活动的影响程度，是技术进步对经济发挥作用的综合反映。

一 生产率的提出与早期的研究

早期生产率的概念主要指单要素生产率，尤其是指劳动生产率。劳动生产率的研究最早可以追溯到柏拉图的劳动分工理论、亚里士多德的使用价值和交换价值理论。魁奈首次正式提出了劳动生产率概念，论述了劳动生产率对国民收入的重要意义。但作为重农学派的主要奠基人，他仅将劳动生产率的概念运用于农业生产领域。之后，亚当·斯密（2009）将劳动生产率的概念扩展到整个生产领域，指出由社会分工带来的劳动生产率的提高是国民收入增长的主要源泉。

19世纪末，生产率概念逐渐从生产要素的边际效用价值理论过渡到边际生产率理论。克拉克（2014）认为，在市场完全竞争环境下，生产要素的边际生产率决定其边际收入，生产要素的边际生产率不仅赋予了生产要素所有者获得收入的权利，也是决定收入多少的尺度。马歇尔（1964）认为，生产要素所有者所获得的报酬，不仅受生产要素边际生产率的影响，而且受供给方面的因素影响。

20 世纪 20 年代，柯布－道格拉斯生产函数（Cobb-Douglas Production Function）的提出标志着对生产率的研究从定性研究阶段步入定量研究阶段。1942 年，首届诺贝尔经济学奖获得者丁伯根提出全要素生产率概念，并通过在生产函数中加入一个时间趋势项，研究了全要素生产率的变动过程，但他提出的全要素生产率只包括劳动与资本的投入，而没有考虑诸如研究与发展、教育与训练等无形要素的投入。Stigler（1947）首次测算了制造业的全要素生产率。大约在同一时期，巴顿和库珀研究了农业的全要素生产率。此后，美国经济学家肯德里克在 1951 年美国的收入与财富研究会议上指出，只有把产出量与全部要素投入的数量及其构成联系起来考察，才能真正把握生产效率的全部变化，这二者的比才是全要素生产率。Davis 认为全要素生产率应包括所有的投入要素，即包括劳动力、资本、原材料和能源等。随后，Fabricant 进一步发展了生产率理论，他认为生产率是在经济历史、经济分析和经济政策中被广泛使用的各种以经验数据为依据的投入与产出的比。

从定量角度测度全要素生产率的方法主要有参数法和非参数法。参数法一般都以生产函数为研究基础，配合相应的多元统计方法，综合得出全要素生产率。而非参数法则规避了参数法中的一些复杂操作，例如建立生产函数的具体形式和变量，以及对随机变量分布进行假设等。

在参数法方面，全要素生产率定量研究的先驱当属诺奖得主索洛，他于 1957 年发表了《技术进步与总量生产函数》一文。该文统一了生产的经济理论、拟合了生产函数的计量经济方法，并首次将技术进步因素纳入经济增长模型，进而建立了全要素生产率增长率的可操作模型，从数量上确定了产出增长率、全要素生产率增长率和各投入要素增长率的产出效益之间的联系，建立了著名的索洛模型。索洛认为，全要素生产率等于产出减去投入，即全要素生产率的增长率是产出增长率中无法被劳动和资本增长率所解释的部分（后被称为"索洛余值"）。他认为产生这部分"余值"的原因在于技术进步。此后，美国经济学家 Denison（1967）发展了"余值"的测算方法，使得对资本和劳动投入的测算更为精准。其主要思路是对投入要素进行详细分类，并对不同类型的投入要素赋以不同的权重，然后利用这些权重，将不同的投入要素进行加权，从而得到总的投入。而Jorgenson（1967）则提出了超越对数生产函数的形式，并利用该模型在部门和总量两个层次上进行全要素生产率的度量。为了保证产出和投入的数量是精确计算的，Jorgenson 对总量产出、资本投入与劳动投入进行了细致的分解。

在非参数法方面，所用方法主要是数据包络法（Data Envelopment Analysis，DEA），该方法由著名运筹学家 A. Charnes 和 W. W. Cooper 等在相对效率概念的基础上发展而来。自 1978 年第一个 DEA 模型——CCR 模型发表以来，有关的理论研究不断深入，应用领域日益广泛。20 世纪 80年代中期以后美国学者 Rolf Fare 等人逐步发展了 Charnes 的 DEA 方法，以生产理论的集合论描述为依据，形成了以数据包络分析方法为基础的描述生产过程中多种经济意义下的基于非参数模型的理论体系。依据 Rolf Fare的理论思想，生产效率的改进有两种途径：一种是在既定投入水平下的产出可扩张性，即基于产出的生产效率；另一种是在既定产出下的投入可节约性，即基于投入的生产效率。根据生产资源配置效率损失的各种经济意义，基于投入和基于产出的生产资源配置效率可以分解为规模效率、资源可处置度、组合效率和纯技术效率。

二 劳动生产率

(一) 劳动生产率的含义

第二次世界大战以前的生产率指劳动生产率，用单位劳动的产出量进行计算，为单要素生产率或局部生产率，不能全面反映生产效率。劳动生产率一般理解为"劳动的生产效率，即生产某种产品的劳动效率。用单位时间内生产某种产品的数量来表示，亦可用生产单位产品的劳动时间来表示"。显然，劳动生产率反映的不是生产要素中个别部分的效率或效能，而是综合地反映了全部生产要素的生产效率，既包括主体人的因素，也包括客观事物的因素。在劳动生产率的定义中，"劳动时间"一度成为学界的讨论热点，争议的问题是该"劳动时间"是仅指活劳动，还是包括物化劳动在内。宫希魁（1984）认为，实际上劳动生产率的含义并不是一个唯一层次的简单规定，而是一个多层次的结构系统，包括劳动的社会生产率、劳动的机器生产率和劳动的自然生产率。劳动生产率按照其行为主体可以分为个别生产率、部门生产率、社会劳动生产率。它们均属于具体劳动的生产率，各有自己确定的含义和具体表示形式，在选择应用时应视情况而定。

（二）劳动生产率的评价指标与计算方法

美国是世界上最早对产业部门劳动生产率进行规范性测算的国家，1926 年美国劳工统计局用"人时"来衡量投入的劳动量，用产出增加值作为产品生产量的代表来计算劳动生产率，现在各官方机构统计报告中所公布的劳动生产率指标基本上都是沿用该方法。这种方法后来被学界称为"原子论方法"，也称"统计比算法"，实践中广泛应用至今。与其对应的另一种方法是"函数论方法"，该方法主要用生产函数来表示投入产出关系，并对其进行相关变换来测算劳动生产率、资本生产率与全要素生产率之间的关系。函数论方法所使用的不同生产函数形式形成了不同流派，主要有"丹尼森方法"、"索洛方法"和"乔根森方法"。

劳动生产率的基本计算公式为：劳动生产率＝产品生产量/劳动消耗量。产品生产量有实物量形式和价值量形式，在计算单个产品的劳动生产率时，这两种形式都适用，但在计算生产多种产品的劳动生产率时只能用价值量的形式。在价值量衡量中又涉及净产值或总产值问题。劳动消耗量有不同范围：可用活劳动和物化劳动的总和来表示，但由于物化劳动衡量存在困难，一般在实际计算中，只用实际消耗的活劳动来计算。劳动消耗量也有实物量与价值量两种计量方式，传统上一般用实物量（人时）来表示劳动投入，据此计算出来的劳动生产率表示每个劳动者在一定时间内创造的价值，它与劳动者的文化程度、劳动熟练程度、劳动技能和性别等有很大关系，反映劳动者素质的差异。也有学者如张金昌（2002）用价值量（元）来衡量劳动投入，该方法的计算结果表示单位劳动价值量投入得到的劳动增加值，反映单位劳动投入产出量的大小。

（三）劳动生产率的影响因素

劳动生产率与工资的关系。新古典微观经济学（如要素边际生产力、均衡价格等理论）认为，在完全竞争市场、信息充分、生产组织方式不变等严格假设条件下，劳动的价格（即工资）应当由劳动的需求和劳动供给共同决定，劳动要素的边际生产率应当等于工资。新古典经济增长理论运用新古典生产函数模型进行分析，可以推导出"在经济均衡（稳态）时，工资的增长速度与劳动生产率的增长速度是一致"的结论。[1] 其后的效率工资理论、分享工资理论、谈判工资理论、制度经济学等学派，从制度、市场、劳动者、企业、劳资力量对比等多角度补充丰富了工资的决定因素，但这些并未否认劳动生产率对工资的重大影响。

劳动生产率与就业的关系。学者对劳动生产率和就业之间关系的认识存在较大分歧。有学者认为提高社会劳动生产率水平对就业具有替代效应，两者具有对立性（Eriksson，1997；Beaudry and Collard，2002；原小能等，2016）；也有观点认为提高劳动生产率对就业具有补偿效应[2]，两者存在统一性（Pissarides，2000；Nordhaus，2005）；还有一种观点认为两者间的关系是变化的（Aghion and Howitt，1998；Cavelaars，2003；宫希魁，1984；王忠，2011）。

劳动生产率与产业结构的关系。第一类文献研究了结构变迁与劳动生产率之间的关系，但这些文献大多只考虑农业和非农业两大部门，只有少

---

① 新古典增长理论强调经济非均衡是暂时的，可以很快回归到均衡状态。

② 劳动生产率对就业的替代效应是指在其他条件不变的情况下，新产品和新技术的引进导致劳动生产率的不断提高，使得生产同样产品所需要的劳动力更少，这将会减少企业对劳动力的需求。因此，劳动生产率的提高对就业的替代效应是负的。另外，劳动生产率的提高节省了劳动力，相同的产出被更少的工人完成。企业为了追求利润最大化，将通过降低价格来与消费者分享劳动生产率提高带来的消费者剩余。而产品价格的下降会刺激对产品的需求，进而提高对劳动力的需求，促进了就业。因此，劳动生产率的提高对就业的补偿效应是正的。

数文献在三部门模型基础上研究了结构变迁与总劳动生产率的关系（Durate and Restuccia，2010；Herrendorf and Valentinyi，2012）。第二类文献研究了我国部门间劳动力再配置与总劳动生产率之间的关系（Hsieh and Klenow，2009；Dekle and Vandenbroucke，2012；Birchenall and Cao，2013；Brandt and Zhu，2012；宋铮等，2011），强调非国有部门和国有部门之间的资本再配置对总生产率的关键作用。第三类文献专门研究第三产业生产率的低速增长对总生产率增长的拖累作用（Baumol，1967；Nordhaus，2008）。国内学者对产业结构变动与劳动生产率变化的关系也做了大量研究（高帆，2007；刘伟、张辉，2008；原小能等，2016；杨天宇、姜秀芳，2015）。

学者们对影响劳动生产率的其他因素也做过大量研究。如劳动力市场扭曲、劳动报酬变动、就业结构调整、物价变动、外商直接投资、集聚、城市规模、对外贸易、环境以及教育质量等。

三　资本生产率

（一）资本生产率的含义

与劳动生产率一样，资本生产率的差异对于解释不同国家之间人均GDP 的差异也起着重要作用。一个国家对资本利用的好坏决定着居民储蓄的报酬。资本生产率反映出一个国家或地区在提供产品与服务的过程中所使用的物质资本效率的高低，是决定物质生活水平的重要因素。资本生产率可以用增量资本产出率（ICOR）、资本产出比、投资效果系数等指标衡量，学界最常用的是 ICOR。

（二）资本生产率的度量

增量资本产出率。由于统计指标的选取直观而易获得，大部分讨论我国宏观投资效率的研究都以 ICOR 为指标。从指标选取来看，衡量产出的指标一般用 GDP；衡量投资的指标有"全社会固定资产投资额"、支出法计算 GDP 中的"资本形成总额"和"固定资本形成总额"。尽管研究成果中指标的选取不尽相同，但计算得到的我国 ICOR 的总体趋势基本相似：1990 年前我国的 ICOR 波动范围较大，在 1992 年达到最低值后一直呈上升趋势。

国别研究中常见的是将我国大陆与东亚经济体的 ICOR 进行比较。根据 Toh 等（2002）的计算，1987～1997 年新加坡的 ICOR 约为 4，日本为 11，中国香港为 6，中国台湾为 3，中国基本处于中间水平。[①] 有学者认为，ICOR 与一个国家所处的发展阶段和产业结构有密切关系（Vanek and Studenmund，1968）。一般而言，发达国家的 ICOR 大于发展中国家，资本密集型产业的 ICOR 更大。这是因为一国的快速资本积累、产业升级时期必然会有 ICOR 增大，不能作为投资效率恶化的证据（Radelet and Sachs，1998）。也有学者认为，投资具有滞后效应，而 ICOR 的计算仅采用当年数据，可能出现误差。还有学者认为，ICOR 指标仅用投资来解释 GDP，掩盖了技术进步、人力资本等其他因素的作用（张军，2003）。

投资对产出的拟合。有学者运用柯布－道格拉斯生产函数，增加控制变量后用投资对 GDP 进行回归（取对数进行线性化），得出资本和劳动对产出的弹性，资本弹性越大代表投资效率越高。张军（2005）通过回归得出的结论是，改革使我国投资的整体效率提高。庞明川（2007）的结论是，1980～1989 年的资本系数为 0.75，1990～1999 年为 0.85，2000～2005 年为 0.6，说明我国的投资效率先增长后下降。运用该方法对不同所有制进行研究的结论是，国有经济的资本效率整体低于非国有经济，从地区看，东部投资效率最高、西部次之、中部最低。

（三）资本生产率的影响因素

Zijian Wang 和 Jiegen Wei（2004）的研究表明，20 世纪 90 年代以来，我国资本要素的边际报酬率持续下降的原因在于资本分配体系的扭曲。王

---

① 投资所研究报告《我国固定资产投资的宏观效益研究》，2006；《我国资本存量的测算及投资效率的研究》，2009。

小鲁（2000）则认为投资效率低下是由于投资短缺、投资结构失衡、政府主导的投资行为以及大量低效率的国有企业的存在。沈坤荣、孙文杰（2004）认为我国金融体系的深层次矛盾是投资效率低下的主要原因之一。Rawski（1988）则从投资波动的视角描述了我国的投资体制造成的投资效率损失。战明华的分析结果显示各省份资本边际产出在转轨后期（即1994年以后）出现了迅速下降现象，且具有趋同性特征。

对增量资本产出率下降的一种常见解释是资本过度深化。张军（2002）指出，由于过度的投资和过度的竞争，企业的技术选择显示出资本替代劳动的偏差，使技术路径逐步偏离了要素的自然结构，资本－劳动比持续上升，加快了资本深化过程，导致投资收益率持续显著的恶化。陈仲常、吴永球也指出，改革开放以来，我国工业部门的技术选择违反了我国这一时期劳动力要素的比较优势，资本的过度深化影响了资本的利润水平，导致资本效率的下降。袁志刚、何樟勇的分析表明，改革开放以来我国工业化进程中的资本深化是改革以前的体制刚性的习性延续。这似乎显示出中国未来的经济发展有向 Young 和 Krugman 所描绘的以要素投入为主、生产率几乎没有什么作用的东亚模式趋同的迹象。

而以 Nelson 和 Pack 为代表的另外一部分经济学家则认为东亚经济增长的奇迹在于这些经济体在引进先进技术的同时，注重消化、吸收和改进，从而促使其经济结构转换，阻抑了由于资本深化所带来的资本生产率的下降，资本积累只是起到引擎的作用，后续的发展动力则在于与企业消化吸收先进技术密切相关的企业家精神、创新和干中学等特质。

（四）关于我国资本生产率下滑的争论

部分学者采用 ICOR 指标来考察 20 世纪 90 年代中期以来我国的宏观投资效益，发现显著下降。吴敬琏认为，我国的投资效率从 1995 年之后开始恶化。张军认为，改革开放以来我国的边际资本产出比率在维持了 10 多年的几乎常量之后，从 1994 年开始急剧上升，意味着资本的边际效率在 1994 年以后显著恶化了。许小年认为，资本形成额与 GDP 的比从改革开放初期的 30% 稳步上升，近几年更是不断创出新高，2004 年这个比超过了 40%，已高于东南亚国家在 1997 年亚洲金融危机之前的水平。成思危也认为我国投资效率有下降迹象。胡鞍钢、郑京海也持相近观点。

但北京大学宋国青教授认为，20 世纪 90 年代中期以前，我国生产效率的提高非常显著，以后有所放缓，但仍在大幅度上升。此外，不少学者对我国统计数据提出质疑。乔纳森·安德森认为，现在中国的投资率比 20 世纪 90 年代的泡沫时期高出 15 个百分点，但是整体经济形势却更加健康，其实是对 GDP 和投资水平的估算存在问题。"把资产交易额包含在投资数据里的做法，是导致实业活动与投资金额之间出现显著差异的主要原因"。

四　全要素生产率

（一）全要素生产率的含义

美国经济学界公认，最先提出全要素生产率问题的是首届诺奖获得者丁伯根，他在 1942 年将时间因素引入柯布-道格拉斯生产函数中，开创性提出全要素生产率的概念。全要素生产率引起学界的广泛关注最早起源于索洛（1957）开创性的研究工作，目前已成为分析经济增长源泉以及评价经济增长质量的重要指标。索洛认为，全要素生产率是指各种生产投入要素（如资本、劳动投入、能源、自然资源等）贡献之外的、由技术进步、技术效率、管理创新、社会经济制度等因素导致的产出增加。在此意义上，全要素生产率也称为索洛剩余。全要素生产率变动被解释为生产函数的整体移动，而要素投入变化则指要素投入沿着生产函数本身的移动。在新古典经济增长理论中，全要素生产率被解释为外生的技术进步，技术进步独立于经济体的其他任何变量而产生。有的学者认为，索洛剩余"测量了我们在经济增长源泉中无法全部解释和分析的因素"，它不仅包含：依赖创新推动的技术进步、通过模仿学习获得的技术进步以及技术效率提升，还包含了一系列未知的复杂因素，如数据测量误差、模型变量遗漏、模型设定偏误、经济周期波动的干扰等。然而，Jorgerson 和 Griliches（1967）却认为，索洛剩余不过是投入要素不恰当测量所造成的结果，如果投入要素被正确测量，索洛剩余则不复存在。可见，即便从索洛剩余的角度来界定全要素生产率，学术界对其的内涵和外延也未能达成一致的认识。

（二）全要素生产率的测算方法

索洛余值法。索洛于 1957 年发表了《技术变化和总量生产函数》一文，文中把总产出看作资本、劳动两大投入要素的函数，从总产出增长中扣除资本、劳动力带来的产出增长，就得到"索洛余值"，即技术进步对产出的贡献。以索洛为代表的生产函数法测度全要素生产率时，假定所有生产者在技术上是充分有效的，从而将产出增长扣除要素投入贡献之后的剩余全部归结为技术进步。尽管索洛的研究存在一些缺陷，但是他的研究揭示了经济增长是多种因素作用的结果，除了生产的投入要素之外，技术进步也同样起着重要的作用，可以在生产要素投入量不变的条件下使经济得到增长。

Denison 测算方法。诺贝尔经济学奖获得者 Denison 于 1962 年出版《美国经济增长的源泉》一书，把经济增长归因于生产要素的投入和生产率的提高。他认为生产要素投入量包含劳动和资本两项，劳动表现为劳动者数量的增加和劳动者素质的提高，资本表现为数量上的增加。生产要素生产率包括资源配置的改善、规模的节约和知识的进步三个方面。他提出用增长核算法来计算 TFP。他认为，索洛测量的技术进步之所以存在一个较大的 TFP 增长率，主要是由对投入增长率的低估造成的，而这种低估又是由对资本和劳动两种投入要素的同质性假设造成的。

Jorgenson 测算方法。Jorgenson 在全要素生产率研究问题上有两大贡献：一是采用超越对数生产函数的形式，在部门和总量两个层次上对全要素生产率进行了测算；二是为了保证产出和投入数量计算精确，他把总产出、资本投入与劳动投入进行了细致分解。在 1967 年发表的《生产率变化的解释》中，他将劳动力按行业、性别、年龄、教育、就业类别和职业

6 个特征进行交叉分类，并认为劳动投入的增长是工作小时数和劳动质量这两个要素变动的总和。他根据自己的研究方法和投入产出数据，对美国的经济增长进行了研究，得出了人力资本和非人力资本投入是经济增长的主要根源，而生产率的作用并不显著的结论。他的研究使理论和方法进一步深化，为后来的研究提供了广阔的思路和视角。

其他测算方法。与索洛，Denison 和 Jorgenson 等人采用增长核算方法不同，还有一些学者运用生产前沿方法（Farrell，1957）、随机前沿方法（Aigner，Lovell and Schmidt，1977；Meeusen and Broeck，1977）、数据包络分析方法（Charnes，Cooper and Rhodes，1978，1981；Banker，Charnes and Cooper，1984），以及 Malmquist 指数法（Caves et al.，1982；Fare，Grosskopf and Norris，1994）等对全要素生产率进行测算和分析。

（三）全要素生产率与经济增长

生产要素对经济增长的贡献。Chow（1993，2002）研究发现我国1952～1998 年资本对经济增长的贡献率为 70.0%。李京文（1993）及其后续研究（1996）发现，1953～1995 年，经济增长中的 68.5% 由资本投入增长贡献，18.2% 由劳动贡献，生产率的贡献仅占 13.2%。郭庆旺、贾俊雪（2005）认为 1979～2004 年我国经济增长是一种较为典型的投入性增长方式。孙琳琳、任若恩（2005），邱晓华等（2006）的研究结果也表明资本投入是我国经济增长的首要原因。同时，也有学者认为，我国生产要素从低生产率的农业部门向高生产率的非农业部门（尤其是制造业）的流动，也成为全要素生产率提升的一项重要源泉。美国布鲁金斯学会Bosworth 等（2008）的一项研究发现，1978～2004 年我国劳动力的再配置对全要素生产率增长的年均贡献都在 1 个百分点以上，占全要素生产率提升总水平的30% 左右。

全要素生产率对经济增长的贡献。世界银行（1997）认为中国1979～1995 年 TFP 增长对 GDP 的贡献率高达 43.0%。Zheng 和 Hu（2004）认为，1979～2001 年 TFP 增长对中国经济的贡献率为 31.6%。哈佛大学Perkins 等（2008）的研究显示，1978～2005 年中国 TFP 增长率达到

3.8%，对经济增长的贡献份额达 40.0%。Ozyurt（2009）估计 1993～2005 年中国 TFP 为 2.95%，其对 GDP 的贡献率为 33.0%。朱晓东（2012）认为，1978～2007 年中国经济增长的 78.0% 是全要素生产率增长的贡献。叶裕民（2002）认为我国 1979～1998 年 TFP 为 4.5%，TFP 增长对经济增长的贡献率达 46.4%。张军和施少华（2003）的研究表明，我国 1979～1998 年 TFP 增长对经济增长的贡献率为 28.9%。何建武（2014）的测算结果显示，1978～2013 年我国全要素生产率增长对经济增长的贡献份额达到 37.0%。刘世锦等（2015）认为，改革开放以来我国全要素生产率快速提升，对经济高速增长起到了十分重要的作用。

也有学者认为，TPF 增长对我国经济增长的贡献率并没有那么高。Wang 和 Yao（2001）的研究表明，1979～1998 年我国 TFP 年均增长 2.32%，对经济增长的贡献率为 23.9%。王小鲁（2000）认为我国 1979～1999 年的 TFP 对经济增长的贡献仅为 17.6%。章祥荪和贵斌威（2008）研究得出，1978～2005 年我国 TFP 平均增长率为 1.60%，对经济增长的贡献率为 16.6%。

地区全要素生产率的测算。现有文献对省际全要素生产率测算结果的差异比较大。如沈坤荣（1999）为 3.9%，Chow（2002）为 2.68%，Young（2003）为 1.4%，岳书敬和刘朝明（2006）为 1.35%。Lee（2009）计算出 1981～2007 年我国 TFP 平均增长 2.99%。郭庆旺等（2005）的分析表明我国省份经济增长差异较大且有不断增加的倾向，主要原因在于全要素生产率增长尤其是技术进步率差异较大且不断增大。彭国华（2005）、李静等（2006）也认为 TFP 是我国地区差距的主要决定因素。而傅晓霞、吴利学（2006）发现资本等生产要素的差异是造成我国地区间发展不平衡的主要原因，但 TFP 对地区差异的影响正在增大。

行业的全要素生产率。涂正革、肖耿（2005）发现 1995～2002 年我国工业行业 TFP 加权年均增长率为 6.8%，技术进步迅速，但技术效率不高。李静、孟令杰（2006）发现我国农业 TFP 变动缓慢且不平稳，1978～1984 年生产率年均增长 3.3%，随后（1985～1991 年）低位徘徊，直到 1992 年后才有所恢复。傅东平（2008）发现改革开放以来第三产业生产率有较大的提高，但增速没有一致的趋势，近年来增速有所下降。王亚华等

（2008）的研究发现，20 世纪 90 年代初期以来交通行业 TFP 增速有所下降，技术效率显著下降；2000 年后交通各部门的技术进步率大幅度上升，技术效率继续下降。

总的来看，对全要素生产率测算的结果存在较大差异。一是数据来源和数据处理方式不同；二是 TFP 计算方法不同，有索洛的增长核算法、指数法、随机前沿分析法和非参数的 DEA、Malmquist 指数法等，还有复合估计法、HP 滤波法等；三是测算时的假设条件不同等（见附表 1）。

附表 1　关于测算我国全要素生产率及其贡献率的主要文献

文献来源	测算方法	年份	TFP 增长（%）	贡献率（%）
Zheng 和 Hu（2004）	Malmquist 指数法	1979 ~ 2001	3.19	31.6
赵伟等 （2005）	Malmquist 指数法	1978 ~ 2003	2.40	24.6
		1980 ~ 2003	- 0.87	
郑京海和胡鞍钢 （2005）	Malmquist 指数法	1978 ~ 1995	4.60	44.7
		1996 ~ 2001	0.60	6.1
章祥苏和贵斌威（2008）	Malmquist 指数法	1978 ~ 2005	1.60	16.6
沈坤荣（1999）	生产函数	1979 ~ 1997	3.90	37.8
王小鲁 （2000）	生产函数	1953 ~ 1999	趋势不统一	17.6
		1953 ~ 1978	- 0.17	
		1979 ~ 1999	1.46	
Wang 和 Yao（2001）	生产函数	1979 ~ 1998	2.32	23.9
张军和施少华（2003）	生产函数	1979 ~ 1998	2.80	28.9
孙琳琳和任若恩 （2005）	生产函数	1981 ~ 2002	3.15	35.0
		1981 ~ 1984	6.45	
		1984 ~ 1988	3.14	
		1988 ~ 1994	3.83	
		1994 ~ 2002	0.99	
Bosworth 和 Collins （2008）	生产函数	1978 ~ 2004	3.60	
		1978 ~ 1993	3.50	
		1993 ~ 2004	3.90	
吴延瑞 （2008）	生产函数	1993 ~ 2004	2.94	27.0
		1993 ~ 1997	1.64	
		1998 ~ 2000	4.30	
		2001 ~ 2004	3.56	

续表

文献来源	测算方法	年份	TFP 增长(%)	贡献率(%)
Zheng,Bigsten 和 Hu (2009)	生产函数	1978～1993	4.30	42.6
李斌和赵新华 (2009)	生产函数	1979～2006	3.40	35.2
		1991～2006	6.40	
Brandt 和 Zhu (2010)	生产函数	1978～2007	3.92	—
		1978～1988	4.19	
		1988～1998	3.05	
		1998～2007	4.58	
李京文等(1996)	增长核算法	1978～1995	39.9	
World Bank(1997)	增长核算法	1979～1995	43.0	
叶裕民(2002)	增长核算法	1979～1998	4.5	46.4
Lee (2009)	增长核算法	1981～2007	2.99	—
		1981～1989	2.99	
		1990～1999	3.80	
		2000～2007	1.99	
Islam 和 Dai (2004)	符合估计法	1978～2002	2.26	—
		1978～1984	4.59	
		1984～1991	−0.61	
		1991～2002	3.21	
郭庆旺和贾俊雪(2005)	增长会计法和经济计量法	1978～2004	0.89	9.46
徐现祥和舒元(2009)	对偶法	1979～2004	2.50	25.0
Young(2003)	—	1979～1998	1.40	14.2
Perkins 等(2008)	—	1978～2005	3.80	40.0
Ozyurt(2009)	—	1993～2005	2.95	33.0
何建武(2014)	—	1978～2013	3.60	37.0

（四）全要素生产率的决定因素

人力资本。关于全要素生产率与人力资本之间的关系，学界存在不同的观点。一些学者认为，人力资本与 TFP 具有显著的正相关关系。以

Lucas（1988），Barro（1991），Romer（1990）等为代表的国外学者认为人力资本是经济增长的决定因素，人力资本对长期的经济增长具有显著的影响。Barro（1991），Barro 和 Lee（1993）认为在国际技术从创新国家到模仿国家的转移过程中，人力资本作为一个推动要素起重要作用。Benhabib 和 Spiegel（1994）的研究表明，一国全要素生产率增长依赖于该国的人力资本水平，人力资本对全要素生产率增长具有显著的促进效应。Miller 等（2000），Aiyar 等（2002）在内生增长理论框架下，实证发现人力资本对全要素生产率增长具有积极影响。Bronzini 和 Piselli 通过对意大利全要素生产率的估算，发现人力资本对生产率有较强的影响。颜鹏飞、王兵（2004）等认为，人力资本对全要素生产率、效率提高以及技术进步均有重要影响。许和连等（2006）的研究表明，人力资本积累有助于提高物质资本的利用率。夏良科的研究发现，人力资本和 R&D、前向和后向 R&D 溢出的交互作用显著地促进了 TFP 增长和技术效率的改进。

也有一些学者认为二者的关系不能一概而论。Pritchett（2001）认为，全要素生产率的增长与教育增长存在显著的负相关关系。Temple 认为人力资本与经济增长的分析结果"很复杂"。Filmer 和 Pritchett 发现平均受教育年限在解释不同国家的经济增长率时作用不明显。Krueger 和 Lindahl 的研究发现，只有当一国的教育处于较低水平时，教育才会起到促进经济增长的作用；而对于富裕国家，教育对经济增长的作用则为负值。Vandenbussche 等（2006）的研究结果表明，只有高等教育人力资本才对全要素生产率增长有积极作用，而人力资本平均水平对生产率增长无显著促进作用。华萍（2005）的实证研究发现，中小学教育对效率改善具有不利影响。彭国华（2007）发现只有接受高等教育的人力资本对全要素生产率有显著的促进作用，中等教育和初等教育人力资本与生产率增长存在显著负相关。

研发。Romer、Lucas 等人提出的新增长理论重视对研究与开发（R&D）、知识外溢、专业化和干中学等问题的研究，以此阐释经济增长率和人均收入跨国或跨地区的差异。姚洋、章奇（2001）的研究发现，公共研究机构的 R&D 支出对企业的效率有负的影响，但企业的

R&D 支出效应则相反。张海洋的研究表明，工业部门的技术进步主要来源于 R&D 创新能力和正向竞争效应，而不是技术扩散。李胜文和李大胜（2008）通过测算，得出 R&D 投入的增长率下降是我国经济效率增长缓慢的主要原因。金雪军等（2006）的研究发现，R&D 投入虽然大大增加了我国技术知识存量，但其并没有有效地转化为全要素生产率的提高。吕忠伟（2009）等认为，国内 R&D 资本更多的是通过行业间的上下游联系影响工业行业的 TFP；国际 R&D 溢出对国内工业的技术进步产生正向外部性，且其影响程度比国内自身 R&D 资本产出弹性要高。

另一些学者研究发现，我国 R&D 对区域经济效率的增长并不显著。师萍等认为，我国研发创新的经济效率主要是由技术效率推动的，而且研发创新、技术进步与技术效率呈显著负相关，我国东部、中部、西部地区之间研发创新 TFP 增长率也存在显著差异，且呈现东部、西部、中部依次递减的趋势。罗亚非等（2010）通过国际比较，发现多数国家的研发创新主要依靠规模效率推动，而我国的技术进步效率不高，应该逐步扩大研发投入的规模。

技术进步。一些学者将 TFP 分解为技术进步和技术效率。多数学者认为我国 TFP 增长源于技术进步。Zheng 和 Hu 认为 1979～2001 年我国 TFP 增长主要依靠技术而不是通过技术效率的改善。赵伟等认为我国 1980～2003 年各地区 TFP 的增长主要来源于技术进步。尹向飞和刘长石利用 ISP 生产率指数法，将环境和矿产资源纳入全要素生产率测算体系，并从要素效率的角度进行分解，研究结果表明，从整体上看，技术变化是全要素生产率增长的主要推动力。有些学者认为 TFP 增长主要来自技术效率的提高。颜鹏飞、王兵（2004）运用 DEA 方法对我国 30 个省份的技术效率、技术进步及曼奎斯特生产率指数进行了测度，研究发现总体上我国全要素生产率增长的主要原因是技术效率的提高。周晓艳等对 1990～2006 年的分省份数据进行实证分析，得出全要素生产率的增长主要是由生产效率的变化率决定的，其次是技术进步率。也有学者认为 TFP 增长是二者共同作用的结果。傅勇、白龙的研究表明，技术效率变化与技术进步存在替代关系，20 世纪 80 年代技术进步和技术效率变化交替起主导作用，20世纪90年代以来TFP增长主要由技术进步推动。还有学者认为技术进步对全要素增长率的作用不显著。郭庆旺、贾俊雪（2005）的研究显示，我国全要素生产率增长率较低的原因在于技术进步率偏低、生产能力没有得到充分利用、技术效率低下和资源配置不尽合理。刘伟、张辉（2008）认为30多年来产业结构变迁对我国经济增长贡献更大，但产业结构变迁对经济增长的贡献率正逐渐让位于技术进步。

制度因素。随着新制度经济学派的兴起，以North为代表的新制度经济学者认为，任何经济增长过程都不可能脱离制度背景而独立存在，制度因素贯穿经济增长的全过程。North（1973）认为制度对经济增长起重要甚至是决定性的作用。制度因素对经济增长的研究主要沿着以下几个方向进行。

一是对不同国家（地区）的制度环境或变迁与经济增长的关系进行研究。如Olson对联邦德国、民主德国、朝鲜和韩国的研究表明，不同经济制度安排决定了不同的经济增长表现。杜焱研究发现，金砖五国在生产要素方面的经济制度变迁存在显著差异，各国生产要素的产出效率完全不同。宋跃刚、吴耀国的研究显示，母国制度环境和对外直接投资有利于提升企业和省域TFP，向OECD国家开展的对外直接投资对企业TFP的提升作用优于非OECD国家，研发加工型对外直接投资的效果要优于其他；母国制度环境有利于提升民营企业的TFP。

二是从宏观角度进行分析。罗德里克（Rodrik）发现，一旦控制了制度变量，地理因素和市场一体化因素对收入的影响都变得微不足道，因此，制度胜过一切。阿西莫格鲁（Acemoglu）使用计量方法证明了经济制度和经济增长之间存在因果关系，他发现制度对经济增长的影响是稳定的，但当限制制度变量的影响时，人力资本对经济长期增长的影响有限。国内学者颜鹏飞和王兵（2004）认为，制度因素对全要素生产率、效率提高等均有重要的影响。汪波（2007）探讨了全要素生产率视野下，政府制度创新与经济可持续发展呈现出的相辅相成、相互促进的正相关关系。陈丹丹、任保平（2010）的实证研究发现制度变迁是我国经济增长质量的长期格兰杰原因。李富强、董直庆、王林辉（2008）分类检验了资本、制度、技术等因素对经济增长的作用，发现制度通过直接促进经济增长或通过影响要素投入和资源配置效率间接推动经济增长。钟昌标等（2008）的研究显示，控制权结构、制度安排与经济增长存在长期均衡关系。张军等（2002）认为，缺乏一个有效率的体制是严重制约我国经济未来持续增长的因素之一。林毅、何代欣发现我国技术进步对经济增长的促进作用已包含在经济制度变迁对经济增长的影响中，并且正是因为制度变迁的实现才导致了技术进步的产生。李志强、陈泽珅（2015）的研究表明，制度变迁、技术进步与经济增长之间存在长期稳定的均衡关系，二者都与经济增长呈正相关。

三是从微观角度进行分析。如 Acemoglu 等的研究表明，制度环境较好的国家（地区）有利于提升企业 TFP。金祥荣等的实证研究表明，法律制度与知识产权保护制度对企业 TFP 和区域出口差异产生显著影响。张杰等认为制度环境较好地区的企业 TFP 相对较高，市场分割程度较高地区的企业 TFP 相对较低。曹琪格等（2014）的研究结果表明，市场中介组织与要素市场发育程度等制度因素对企业 TFP 进步有显著正向影响。徐保昌、谢建国的研究表明，政府补贴不利于企业全要素生产率的提升，较高的政府质量可以有效增强政府补贴对企业全要素生产率的促进作用。

其他因素。国内外学者还对环境、对外贸易、产业集聚、金融发展、基础设施、城市规模、土地投入等因素对 TFP 的影响进行了研究。总体来看，迄今为止，学界对全要素生产率的决定因素、影响机理的研究成果丰硕，但有政策意义的成果并不多见。

参考文献

陈刚，2010，《R&D 溢出、制度和生产率增长》，《数量经济技术经济研究》第10 期。

宫希魁：1984，《劳动生产率多层含义分析》，《学习与探索》第 5 期。

郭庆旺、贾俊雪，2009，《公共教育政策、经济增长与人力资本溢价》，《经济研究》第 10 期。

郭庆旺、贾俊雪，2005，《中国全要素生产率的估算：1979～2004》，《经济研究》

第 6 期。

华萍，2005，《不同教育水平对全要素生产率增长的影响》，《经济学》（季刊）第 1 期。

金祥荣、茹玉骢、吴宏，2008，《制度、企业生产效率与中国地区间出口差异》，《管理世界》第 11 期。

金雪军、欧朝敏、李杨，2006，《全要素生产率、技术引进与 R&D 投入》，《科学研究》第 10 期。

克拉克，2014，《财富的分配：关于工资、利息与利润的理论》，经济科学出版社。

李富强、董直庆、王林辉，2008，《制度主导、要素贡献和我国经济增长动力的分类检验》，《经济研究》第 4 期。

李京文、钟学义，1998，《中国生产率分析前沿》，社会科学文献出版社。

李京文等，1993，《生产率与中美日经济增长研究》，中国社会科学出版社。

李胜文、李大胜，2008，《中国工业全要素生产率的波动（1986—2005）：基于细分行业的三投入随机前沿生产函数分析》，《数量经济技术经济研究》第 3 期。

林季红、郭志芳，2013，《金融市场、FDI 与全要素生产率增长》，《世界经济研究》第 5 期。

刘舜佳，2008，《国际贸易、FDI 和中国全要素生产率下降：基于 1952—2006 年面板数据的 DEA 和协整检验》，《数量经济技术经济研究》第 11 期。

刘伟、张辉，2008，《中国经济增长中的产业结构变迁和技术进步》，《经济研究》第 11 期。

罗亚非、王海峰、范小阳，2010，《研发创新绩效评价的国际比较研究》，《数量经济技术经济研究》第 3 期。

吕忠伟，2009，《R&D 空间溢出对区域知识生产的作用研究》，《统计研究》第 4 期。

马歇尔，1964，《经济学原理》，商务印书馆。

彭国华，2007，《我国地区全要素生产率与人力资本构成》，《中国工业经济》第 2 期。

孙琳琳、任若恩，2005，《中国资本投入和全要素生产率的估算》，《世界经济》第 12 期。

唐保庆，2009，《国内 R&D 投入、国际 R&D 溢出与全要素生产率》，《世界经济研究》第 9 期。

王兵、颜鹏飞，2007，《技术效率、技术进步与东亚经济增长：基于 APEC 视角的实证分析》，《经济研究》第 5 期。

王志刚、龚六堂、陈玉宇，2006，《地区间生产效率与全要素生产率增长率分解（1978—2003）》，《中国社会科学》第 2 期。

王忠，2011，《劳动生产率增长与就业增长替代关系研究》，《中国社会科学院研究生院学报》第 9 期。

谢千里、罗斯基、郑玉歆等，2001，《所有制形式与中国工业生产率变动趋势》，

《数量经济技术经济研究》第 3 期。

许和连、亓朋、祝树金，2006，《贸易开放度、人力资本与全要素生产率：基于中国省际面板数据的经验分析》，《世界经济》第 12 期。

亚当·斯密，2009，《国富论》，上海三联书店。

颜鹏飞、王兵，2004，《技术进步、技术效率与中国生产率增长：基于 DEA 的实证分析》，《经济研究》第 12 期。

姚洋、章奇，2001，《中国工业企业技术效率分析》，《经济研究》第 10 期。

原小能等，2016，《全球服务价值链与中国现代服务业发展战略》，经济科学出版社。

岳书敬、刘朝明，2006，《人力资本与区域全要素生产率分析》，《经济研究》第 4 期。

张军，1998，《需求、规模效应与中国国有工业的亏损模式》，《经济研究》第 8 期。

张军，2002，《资本形成、工业化与中国的经济增长：中国的转轨特征》，《经济研究》第 7 期。

张玉鹏、王茜，2011，《人力资本构成、生产率差距与全要素生产率》，《经济理论与经济管理》第 12 期。

章祥荪、贵斌威，2008，《中国全要素生产率分析：Malmquist 指数法评述与应用》，《数量经济技术经济研究》第 6 期。

钟昌标、王林辉、董直庆，2008，《制度内生化均衡过程和我国经济增长制度有效性检验》，《数量经济技术经济研究》第 3 期。

Aghion, P. and Peter Howitt. 1998. *Endogenous Growth Theory*. Cambridge：MIT Press.

Aigner, D. J. , C. A. K. Lovell and P. Schmidt. 1977. "Formulation and Estimation of Stochastic Frontier Production Function Models. " *Journal of Econometrics*（6）.

B. Herrendorf and A. Valentinyi. 2012. "Which Sectors Make the Poor Countries So Unproductive?" *Journal of European Economic Association*10（2）.

Beaudry and Collard. 2002. "Why has the Employment-Productivity Trade-off among Industrialized Countries been so Strong?" *NBER Working Paper* 8754, National Bureau of Economic Research, Cambridge, Mass.

C. T. Hsieh and P. Klenow. 2009. "Misallocation and Manufacturing TFP in China and India. " *Quarterly Journal of Economics*124（4）.

Cavelaars and Paul. 2003. "Has the Trade-off between Productivity Gains and Job Growth Disappeared?" *MEB*12.

Caves, D. W. , Christensen, L. R. , Diewert and W. E. 1982. "The Economic Theory of Index Numbers and the Measurement of Input, Out and Productivity. " *Econometrica* 6：1393 – 1414.

D. C. North and P. R. Thomas. 1973. *The Rise of the Western World：a New Economic History*. Cambridge：Cambridge University Press.

Denison, E. F. 1967. "Why Growth Rates Differ: Post-war Experience in Nine Western Countries?" Washington Brookings Institution.

Denison, E. F. 1962. *The Sources of Economic Growth in the United States and the Alternatives before US.* New York: Committee for Economic Development.

Eriksson and Clas. 1997. "Is there a Trade-off between Employment and Growth?" *Oxford Economic Papers*, New Series, Vol. 49, No. 1, pp. 77 – 88.

Fare, Grosskopf, Norris and Z. Zhang. 1994. "Productivity Growth, Technical Progress, and Efficiency Change in Industrialized Countrical Productivity Countries." *American Economic Review* 84 (1): 66 – 83.

George J. Stigler. 1947. *Trends in Output and Employment.* New York: NBER.

J. A. Birchenall and K. H. Cao. 2013. "Agricultural Productivity, Structural Change, and Economic Growth in Post-reform China." *Journal of Development Economics*104 (1).

J. Vandenbussche, Aghion P. and C. Meghir. 2006. "Growth, Distance to Frontier and Composition of Human Capital." *Journal of Economic Growth*11: 97 – 127.

Jorgenson, D. W. and Griliches, Z. 1967. "The Explanation of Productivity Change." *Review of Economic Studies*34 (3): 249 – 283.

Jorgenson, D. W. 1995. *Productivity: Postwar U. S. Economic Growth.* Cambridge, MA, MIT Press.

L. Brandt and X. Zhu. 2012. "Accounting for China's Growth." http: //ftp. iza. org/dp4764. pdf.

L. Pritchett. 2001. "Where Has All the Education Gone." *World Bank Economic Review*15 (3).

M. Durate and D. Restuccia. 2010. "The Role of the Strutural Transformation in Aggregate Productivity." *Quarterly Journal of Economics*125 (1).

Nordhaus, W. 2005. "The Sources of the Productivity Rebound and the Manufacturing Employment Puzzle." NBER Working Paper.

P. Romer. 1990. "Endogenous Technical Change." *Journal of Political Economy* 98: 71 – 102.

Pissarides Christopher. 2000. *Equilibrium Unemployment Theory.* Cambridge: MIT Press.

R. Barro and J. W. Lee. 1993. "International Comparisons of Educational Attainment." *Journal of Monetary Economics* 32 (3): 363 – 394.

R. Barro. 1991. "Economic Growth in A Cross Section of Countries." *The Quarterly of Economics* 106 (2): 407 – 443.

R. Dekle and G. Vandenbroucke. 2012. "A Quantitative Analysis of China's Structural Transformation." *Journal of Economic Dynamics & Cntrol* 36.

R. Lucas. 1988. "On the Mechanism of Economic Developmen." *Journal of Monetary Economics* 22: 13 – 42.

Solow, R. M. 1957. "Technical Change and the Aggregate Production Function."

Review of Economics and Statistics 39 （3）：312 – 320.

W. D. Nordhaus. 2008. "Baumol's Diseases：A Macroeconomic Perspective. " *The B. E. Journal of Macroeconomics* 8 （1）.

W. Baumol. 1967. " Macroeconomics of Unbalanced Growth：The Anatomy of Urban Crisis. " *American Economic Review* 53 （2）.

Z. Song, K. Storesletten. 2011. "Zilibotti. Growing Like China. " *American Economic Review* 101 （1）.

调研报告一　推动新旧动能转换，
　　　　　持续提高全要素生产率

——鲁鄂陕三地调研报告

近年来，我国实体经济面临一些困难。优化制度供给、提高全要素生产率、推动新旧动能转换、促进经济转型升级，对经济持续健康发展具有重要意义。2017年6月23日至7月1日，国家发改委政研室组织赴山东、湖北、陕西三省就"深化改革创新，加快新旧动能转换，持续提高全要素生产率"开展专题调研。国家发改委投资研究所人员作为调研组成员，随调研组先后赴济南、济宁、武汉、黄石、西安、铜川等城市，通过召开座谈会，与地方政府相关部门、企业、科研机构等进行深入交流，实地走访企业和科研机构，了解其在推进改革创新、加快新旧动能转换、提高生产率过程中面临的困难、存在的问题、政策诉求与建议。总体来看，各地在推动创新发展、提高发展质量与效益方面做了大量工作，取得了一定成效，但也存在不少困难和问题，需要通过解放思想和深化改革释放创新活力。

一　实施创新发展与传统产业改造升级"双轮驱动"战略，有效推动新旧动能转换

（一）系统推进全面创新改革，加快培育发展新动能

一是加快推进行政效能革命，优化营商创业环境。济南市以建立"四张清单、一个平台"的政府权力运行体系为重点，通过推进"一站式"服务、"大数据"服务、"自助式"服务、"互联网＋"审批、"放管服"改革五项举措，加大网上审批、并联审批力度，削减审批事项、缩短办结时

限，让信息"多跑路"，让群众"少跑腿"，不断优化营商创业环境。西安市以"四张清单一张网""最多跑一次"改革为重点，推进权力清单"瘦身"、责任清单"瘦身"，当好服务企业的"店小二"。铜川市取消和下放行政审批事项152项，精简率达44.7%，通过商事制度改革，激发市场创新创业激情，市场主体数量大幅度跃升，2017年上半年新登记各类市场主体数量比上年同期增长35.5%。

二是大力推进创业创新，加快培育新动能。一方面，各地突出技术创新在加快新旧动能转换、提高生产率中的"引擎"作用。济南市依托全省科教人才中心的优势，建成国家信息通信国际创新园、国家集成电路设计产业化基地、山东大学晶体材料国家重点实验室、国家胶体材料工程技术研究中心等多个国家级平台载体，初步形成较具优势的区域创新体系。济宁市作为传统行业占优势的资源型城市，先后成立38个产业技术创新战略联盟，每年从主导产业、骨干企业中优选10家企业技术中心，通过能力建设、人才培养、项目投入等进行能力和水平提升，形成梯次培育、递进升级的良性发展机制。目前济宁市拥有3家国家级重点实验室、10家企业技术中心、1家工程技术研究中心、102家省级企业技术中心、70家工程技术研究中心，建成55个院士工作站，有1600多家企业与1000余所高等院校、科研院所建立起长期技术合作关系。西安市启动了交大西部创新港、中科院西安科创中心、西北军民融合谷、西工大（翱翔小镇）等一批重大项目，支撑西安国家综合科学中心建设，2016年以来新增各类技术平台43个、众创空间44个。截至2016年底，西安市共建立众创空间11个、在孵企业与团队150余个、创客460余人，目前在孵企业团队共开发新产品、新技术31个，申报专利36项，转化新成果20余项。

另一方面，加快发展"四新"经济，培育增长新动能。各地把发展新技术、新业态、新产业、新模式的"四新"经济作为加快推进新旧动能转换的主体支撑，推动产业结构转型升级。济南市积极转变发展方式，加大供给侧结构性改革力度，深入推进产业结构调整，初步形成了服务经济主体带动、高新技术产业和先进制造业强力支撑、现代都市农业加快发展的现代产业体系，新兴产业发展初具规模。2016年，济南市现代服务业增加值占服务业增加值的比重达到 53.8%，高新技术产业产值占规上工业的比重达到 43.7%，高于全省 9.9 个百分点，电子信息制造、交通装备、机械装备等主导产业在全国具备较强的竞争优势。济宁超前布局出台了《关于加快培育战略性新兴产业引领工业调整振兴的意见》、《新能源产业发展规划》及其配套政策，初步形成了太阳能光伏、LED 新光源、动力电池及电动汽车、物联网应用及产业发展、节能环保新产品 5 个相对成熟的产业链条。西安市围绕统筹科技资源和军民融合两大领域，出台《西安创改国家17 项授权改革举措三年行动计划》等政策文件，支持高新技术产业和军民融合产业发展。近两年西安战略新兴产业增速达到 18.6%，军民融合产业规模 2015 年、2016 年分别达到 1450 亿元和 1600 亿元，2017 年突破 2000亿元。

（二）着力推动供给侧改革，改造提升传统动能

本次所调研的基本上是工业制造业占比高、传统制造业占主导的城市或资源依赖型城市，面对经济新常态下传统产业产能过剩、新兴产业发展不足的现实，各地在大力发展"四新"经济、加快培育新动能的同时，坚持把传统产业的技术改造作为推进供给侧结构性改革、促进产业转型升级的一项重要工作。济南市为巩固提升轻工、纺织、机械、化工、冶金、建材等传统产业发展优势，2014 年制定了《济南市六大传统产业转型升级实施意见》，以"六个一批"行动路线为重点，实现"五个加快转变"和"六个明显提升"①，推动传统产业转型升级，并从技改项目进口设备免税、固定资产增值税进项税额抵扣、研究开发费用加计扣除、对小微企业增值税和营业税暂免征收、引导金融机构对重大产业项目给予贷款支持等财税、金融政策上进行扶持，同时，明确了各行业必须淘

---

① 济南市六大传统产业转型升级行动的"六个一批"行动，即攻克一批关键技术、做强一批新特优产品、壮大一批骨干企业、完善一批产业链、培育一批产业集群、淘汰一批落后产能；"五个加快转变"：由依靠资源消耗向创新驱动加快转变、由一般加工向高端制造加快转变、由粗放式经营向集约化经营加快转变、由制造环节为重点研发生产营销并举加快转变、由产品竞争向品牌质量竞争加快转变；"六个明显提升"：质量效益明显提升、产业结构明显优化、创新能力明显增强、品牌优势明显扩大、集约水平明显提高、节能环保明显改善。

汰的生产线、装置、设备等落后产能清单；2015 年制定《济南市推进工业转型升级行动计划（2015—2020 年）》，从重点领域、转型升级路径、重点任务等方面对食品、纺织、服装、汽车、水泥、钢铁、煤化工 7 个传统优势行业的改造提升进行引导，并从财税、金融等方面加大支持力度。济宁市先后出台打造工业经济升级版及十大制造业升级三年行动计划、中国制造 2025 济宁行动计划等，以传统制造业为重点，以智能制造为主攻方向，围绕加速推进化工、装备制造、纺织服装等传统产业转型升级，通过强化产品培育、创新提升、智能制造、绿色制造、服务型制造、军民融合等改造升级传统产业，修复升级传统动能。2016 年济宁市制造业利润率达到 5.43%，比 2014 年提升了 0.53 个百分点，效益明显提升。武汉市在全面摸查规模以上工业企业技改意愿的基础上，出台《武汉市传统产业转型升级行动计划》，明确和细化武汉市汽车、装备、钢铁、石化化工、食品、家电、服装等大传统行业转型升级的核心领域、主要方向和重点任务，并对万元以上技改项目，按设备投资额的 8% 给予贴息或补助。2014～2016 年，武汉市共组织全市 1000 户工业企业实施 1000 多个技改项目，其中对 300 个传统产品进行创新升级与质量提升，对 200 条生产线进行了更新改造，带动规模以上工业企业劳动生产率年均增长 2% 以上。西安市陆续出台《西安市供给侧结构性改革总体方案》和 5 个行动计划，明确了平板玻璃、造纸、制革、印染、铅蓄电池、稀土等 15 个产能过剩行业淘汰计划，同时建立新型准入制度，用节能、环保、安全生产等指标，约束和管理新投资项目，防止出现新的产能过剩。

（三）三省劳动生产率增长率高于全国平均水平

各地为推动新旧动能转换所采取的各项政策措施，其成效在劳动生产率的变化上得到了反映。从 1995 年以来山东、湖北、陕西三省劳动生产率及其增长率的变化趋势看，三省劳动生产率一直保持稳步上升趋势（见图1），且 2003 年之后的提高幅度要大于 2003 年之前。其中，山东省劳动生产率从 2009 年开始高于全国平均水平，湖北、陕西 2011 年以来与全国平均水平的差距逐年缩小，2016 年陕西省已非常接近全国平均水平（从 1996 年的仅为 62.5% 提高到 98.7%），湖北省也从 1996 年为全国平均水平的 66.9% 逐步提高到 92.8%。

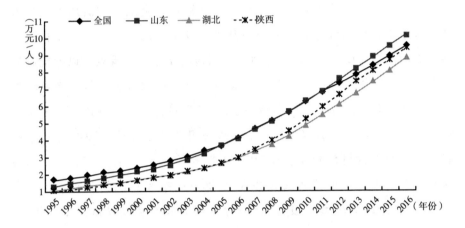

图 1　鲁鄂陕三省劳动生产率与全国平均水平比较

从鲁鄂陕三省劳动生产率增长率的变化看，虽然近年来三省的劳动生产率增长率都有所下降，但其增长率仍然高于全国平均增长率（见图 2）。2011~2016 年，全国平均劳动生产率增长率为 7.3%，而山东、湖北、陕西三省的劳动生产率增长率分别为 8.4%、10.4% 和 10.5%。

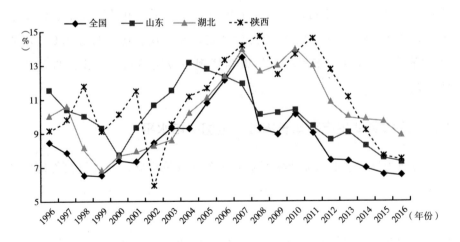

图 2　鲁鄂陕三省劳动生产率增长率与全国平均增长率比较

二　新旧动能转换过程中存在的问题与面临的困难

（一）人才、资金仍是制约转型和创新发展的两大困境

目前制约创新发展和实体经济转型的短板是人才短缺。创新型行业是新兴行业，本身没有足够的存量人才储备，后备人才短期难以快速成长起来，从而造成创新型行业人才短缺的短暂空白期。无论是鲁鄂陕三省，还是其他一些城市，与北上广深等一线城市和长三角、珠三角发达地区相比，普遍存在薪酬较低、创新生态环境较差、子女教育与医疗水平不高等问题，难以吸引到创新型人才，即便是引进了也留不住真正的人才，而往往成为发达城市的人才孵化基地，因而这类地区企业需要的创新型人才往往招不到也留不住。同时，那些老企业的现有人才流失较严重，尤其是在用人机制上存在缺陷的地方国有企业，在人才本就不足的同时，其骨干人才还在减员增效、企业改制的过程中流向发达城市和机制灵活的非国有企业，导致"贫血"的同时又面临"失血"，加剧老企业的人才缺乏，企业转型升级之路举步维艰。

资金短缺、融资难是转型和创新发展中存在的另一大障碍。一方面，需转型升级的传统制造业，亟须注入新的资金进行设备更新和产品换代升级，但因已背负沉重的债务，负债率高，已无可抵押资产，难以实现再融资，企业陷入不改造升级等死、改造升级又无资金的怪圈。另一方面，那些创新型中小企业属于轻资产型企业，缺少可抵押的实物资产，专利技术等无形资产估值难，银行不认可，在证券市场融资又面临业绩等要求而被拒之门外，申请中小企业创新基金也面临初创企业难以达到相关门槛的要求的困难，急需资金扶持的创新型企业大多因融资难而难以发展壮大成为创新发展的重要力量。

（二）加快新旧动能转移的创新环境有待改善

一是过于注重招引外来资源而对本地资源利用不足。无论在招商引

资还是招才引智上，各地往往注重招引外来资源，将招引外来资源作为相关部门的工作业绩，对外来客商、外来人才许以丰厚待遇，甚至某些地方政府为了完成招商引资任务，诱导企业重新注册新公司，按招商引资项目给予丰厚待遇，导致出现极个别外来客商、外来人才通过钻漏洞、套取本地相应奖补资源的现象，而在充分挖掘、利用和培养本地资源方面做得不够，忽视对本土现有资源的利用和培养，一直为当地做出贡献的本土现有企业、各类人才常常遭受冷落，导致"招来女婿气走儿"现象发生。

二是部分企业创新意识不强，"等要靠"思想较浓。与上海、深圳等城市不同，在中西部地区，一些企业观念较落后，思想放不开，"等要靠"较强。如在资金供求上，目前社会上有大量基金寻找项目，对于创新来说资金供给不是问题，但个别企业因担心股权稀释和技术专利被他人知晓，对接受外部权益性资本投资存在顾虑，因而不愿与资金供给方开展合作。如笔者在调研中了解到，某科技型企业作为一家大学生创业创新企业一直面临资金不足的困扰，影响企业创新和发展，却因害怕技术被模仿或超越，而多次拒绝社会资本的投资与合作。再如，有的企业还按照过去的思维等待国家救助，希望国家为企业引进先进成套装备；有机构过去拥有大量专利，却没有主动进行技术成果的转化，据了解其原因是该企业没有得到相关部门对其研发成果进行转化的要求和安排，企业也因此在市场竞争中陷入困境。

（三）国有企业改革面临分离移交困难等多种制约

山东、湖北、陕西三省都曾是我国的主要工业发展大省，资源型城市多、国有企业多。受历史因素影响，在这些地区有相当大一部分国有企业没能随着体制改革和市场经济发展实现自我完善、自我发展，时至今日，陷入了严重困境。企业长期处于停产、半停产状态，严重资不抵债，人员和债务负担不断加重，已丧失了存在的基础，而清理、关停这些国有"僵尸企业"面临诸多制约。一是企业办社会职能的负担沉重。企业的"三供一业"、医疗机构、社区和离退休人员管理情况复杂，分离移交成本高。

二是社保托底能力不足。部分国企的医保统筹还处于市级层面，由于地方财力有限，退休职工医保费用企业还需承担一部分，企业与退休职工在经济和管服关系上还不能彻底斩断，给企业退出市场带来障碍。三是转型发展资金严重短缺。如陕西省耀州区水泥厂停产后，结合铜川市"全域旅游、全景铜川"的发展战略，规划了秦岭新材料和以工业遗产旅游为主导的现代服务业 2 个项目，但由于企业资金严重不足，项目至今仍处于规划阶段。

（四）传统产业转型升级获得政策支持少、难度大

对传统产业进行改造提升，是新旧动能转换的一个重要途径。目前一些传统企业经营状况往往比较差，维持生存都有一定困难，难以拿出足够多的资金用于科技研发和购置新设备、引进新技术，只能通过对老旧设备和生产线进行部分改造以推动转型升级。但现行政策主要是围绕新项目进行支持，对传统产业的改造升级在补贴、土地等方面的支持不足。即便对传统产业给予政策和资金（基金）支持，也只是支持一小部分效益较好的企业，更多老企业由于未能达到财政政策的门槛要求，不能获得相应的财政资金扶持（如山东省规定，"机器换人"技改项目要求"当年度购买机器人及成套设备 500 万元以上"）；同时，技改投入未能纳入加计扣除，得不到税收优惠的支持。

（五）创新发展中存在资源开放、共享障碍

国家在创新发展、智能制造、信息化建设等方面，投入了大量资金，积累了大量优质资源，如研究实验平台、各种数据库，但这些优质资源往往成为单位、部门的资产，研发资源不能社会共享、优势没有得到发挥，导致研发机构与设施重复建设、资源浪费。如智慧交通建设涉及交通、公安、城管、水电气等许多部门的动态与静态数据，但部门数据割裂，许多数据库没有建立对外应用接口，使数据开放共享难以实现。

（六）产业指导目录调整修订滞后影响企业转型升级的积极性

目前执行的是《产业结构调整指导目录（2011年本）》（2013年修订）（简称"《产业指导目录》"），由于《产业指导目录》的动态更新不够及时，近年来产业发展中出现的一些新情况没有及时反映到《产业指导目录》中，导致国家对产业发展的导向性不能得到及时体现，从而对产业结构调整优化升级产生不利影响。

一是产业发展中涌现出的一些新的产业（新的生产方式、新的产品），未能及时列入《产业指导目录》的"鼓励类"项目。对于这类项目，在实际操作中暂时只能以"允许类"进行项目立项。如"云轨"项目，在《产业指导目录》上没有这一类项目，地方政府无法给予其鼓励类项目的相关政策支持。

二是原列为"限制类""淘汰类"的产业未根据技术进步而动态调出。一些过去因生产方式落后，存在高能耗、高污染等问题而列入《产业指导目录》"限制类""淘汰类"的产业，随着生产方式与工艺改进、技术水平提高而得到良性改变，不再属于"三高一资"的"限制类""淘汰类"行业，但因《产业指导目录》未及时进行动态调整或修订，而仍属于"限制类""淘汰类"，不能备案或核准。例如，据一家药企反映，过去利用化学合成生产的一些药品，因"高能耗、高污染"而被列为"限制类"，但现在利用生物酶催化技术进行生产后则属于"绿色制造"，而在项目立项上仍然受到限制。再如，山东作为工程机械制造大省，形成了以山推为主导的工程机械产业集群，由于工程机械被列入传统产业，目前在新项目立项、土地供给等方面受到限制，难以获得政策支持，这不利于传统产业用先进产能替代淘汰落后产能，不利于行业转型升级。

（七）"放管服"改革在执行中仍存在不少障碍

一是"放管服"不同步。对于国家鼓励类的项目，按照属地原则由区县备案即可，但项目在申请银行贷款时，银行机构却要求项目只有市级及以上备案才能获得贷款支持。据了解，这是省级银行分行对市级支行在项目放贷上提出的要求。

二是新药上市审批时间过长。有药企反映，国家新药审批速度较慢，公司新产品无法上市。按照现行审批流程，新药从申报（现场检查）到获批需 165～185 个工作日，即 7.5～8.5 个月。据申万宏源的行业研究资料，2014 年，中国 1.1 类新药（即在国内外首次上市销售的化学合成药品）的平均审评时间为 42 个月、申报临床的平均审评时间为 14 个月，而 2003～2013 年美国、欧盟、日本新药申报生产获批时间的中位数依次为 10 个月（304 天）、15 个多月（459 天）和 16 个多月（487 天），我国药品审批时间远远长于发达国家。

三是企业"走出去"的信息获得不充分，行业协会、商会等服务职能发挥不充分。新药在国外注册、企业在国外投资或收购国外企业，对于有关法律规范、投资信息、国外企业出售等信息，国内企业了解不多，极易错过"走出去"的最佳机会，或在"走出去"时出现重大失误，这除了企业没有做好相关工作的自身原因外，行业协会、商会等机构在对国外一些共性信息的收集、整理、发布等方面也存在缺陷，协会、商会的服务职能没有得到充分发挥。

四是国外投资、收购中相关手续有进一步简化的余地。调研中有企业反映，在对国外企业的收购中，国内企业要通过省级有关部门向中央有关部门协调、报备，办理相关手续需要花费一定时间，而这可能会导致企业错失收购良机。

五是低价格竞标问题。在目前工程、产品招标中，低价中标极为常见，一些产品质量不高而价格低的竞标者中标，国产高质量的产品和设备不能中标，导致"劣币驱逐良币"，严重挫伤企业开展创新、不断提高产品质量的积极性。

六是"谁审批谁监管"边界不清、问责涉及面太宽泛。中发〔2016〕18 号文提出"谁审批谁监管、谁主管谁监管"要求，但在实际操作中，如何落实"谁审批谁监管"的边界并不清晰，地方发改部门承担着过于宽泛的问责责任。例如，企业投资项目在建设过程中发生的安全、环保问题，重点问责负责备案（核准）的发改部门，显然不太合理，影响备案（核准）者对项目备案（核准）的工作积极性。

三　促进新旧产能转换、持续提高全要素生产率的相关建议

（一）在留住人才、培养人才方面加大政策支持力度

一是在产业园区规划配套建设租赁住房。企业要招到和留住人才，需帮助解决从高端人才到普通技工的入籍落户、住房、子女教育等后顾之忧问题，而中、小企业在解决这些问题上往往力所不及。入籍落户、子女教育问题可由地方政府自行通过改革解决，不存在国家层面的制度与政策障碍。对于住房问题，各地对高端人才都有特殊政策，但普通技工数量大、能力更差，需要国家层面的政策支持。在城市用地制度上，允许地方和企业在工业园区（新、老园区均可）工业用地上，按一定比例规划建设一般员工租赁住房，租赁给职高毕业生和进城务工农民工居住。

二是对三线及以下城市的高级技术人才给予个人所得税优惠。允许这些城市将目前实施的"7级超额累进税率"调整为"5级超额累进税率"，去掉后两级35%和45%的超额累进税率，同时前两级"应纳税所得额"不再征收个人所得税。"5级超额累进税率"适用范围为科研机构研发人员、企业工程师与高级工程师、企业技术工人（一线生产工人）。

三是强化技术工人职称评定工作。完善技工职称评定制度，建立全国适用的技工职称等级标准（八级技工标准），以操作技能、制造产品不良率为主，知识、综合能力为辅。技工职称评定工作由市级劳动部门组织实施。鼓励地方和企业将技工职称（技能等级）与城市落户、薪酬、租赁住房等挂钩，以激励年轻人深入实体企业、一线车间，学技术、钻技术，培养一批现代化的有知识、有能力的企业和行业"工匠"。

四是大力发展职业技术教育。职业技术教育是培养现代"工匠"的摇篮。鉴于我国目前高素质的技术工人极为短缺、严重制约制造业尤其是装备制造业发展的现实，应加大对职业技术教育的扶持力度，大力发展职业技术教育尤其是高等职业技术教育，将目前一些普通高校逐步转变为高等职校，在著名高校增加高职招生计划，鼓励职校、高校与企业联合办学、

开展订单式培训，开放和鼓励企业办职业教育，扩大职教招生规模，着力培育一批具有实践技能和实际工作能力的高技能型专门人才。

（二）加大对企业技术改造的支持力度

当前许多企业面临的不是发展问题而是生存问题，多数老企业全面进行更新改造、达到工业4.0的高标准要求面临巨大的资金困境，而进行有限度改造、在原有基础上提升制造能力和水平，可实现在保生存前提下求发展。相对于新建企业，老企业拥有品牌和人才优势，虽然装备落后、产品功能与质量满足不了市场需要，但改造老旧生产线比新上生产线投资少，通过淘汰不可用设备和更新部分设备，对可用设备进行智能化、有限度地改造，仍可生产出适应市场需求的升级产品。因此，对于重化工业比重大、传统产业为主导的地区，在新旧动能转换过程中除鼓励发展新兴产业外，对于有市场需求的传统产业，更应鼓励企业开展"'老树发新芽'+高科技+信息化"式的升级改造，实施存量、增量"双轮"推进战略，支持企业转型发展，加快促进产业转型升级。

一是对企业技术改造项目，按照设备实际投资金额的一定比例进行财政奖补。如对其智能化技术改造项目，按设备投入额的5%～20%给予不超过300万元的补贴；采用省内生产达到国内领先的关键重大智能装备与系统，按设备购买价格的20%～40%给予不超过800万元的补贴。

二是将企业技改投入列入研发投入。将企业转型发展中的技术改造投入列入研发投入的统计范围，并按目前研发投入175%加计扣除的标准给予税收优惠，以鼓励企业加大改造升级力度。

三是对企业技改项目提供用地保障。对重大企业技改项目按照省重点项目对待，给予重大技改项目建设用地的"点供地"支持。

四是对企业技改项目给予信贷支持。由政府设立技改担保基金，对技改项目给予一定年限的低息信贷资金支持，缓解传统企业负债高、技改贷款难的困境。

五是大力支持和鼓励国内企业开展海外并购活动。建立国内企业并购国外企业的绿色通道，对于民营企业收购国外先进装备制造企业的海外收购申请，由企业直接向国家主管部门报备，并同时开始办理外汇、海关、出入境管理等相关手续，备案通知书和相关手续的办理时间累计不应超过一定期限（如 15 个工作日）。

（三）建议出台"加快创新发展、推进传统产业升级改造指导意见"

建议由国家发改委、工信部、财政部、科技部、国土资源部等部门和金融机构联合出台"加快创新发展、推进传统产业升级改造指导意见"，制定创新导向，明确利用先进技术改造传统产业、促进产业升级的目标、方向、重点、路径以及财政、土地、金融等重大政策支持，同时各省市根据国家要求并结合本地各行业的实际，制定具有可操作性的实施办法，引导企业走上正确的创新和升级改造之路。

（四）建立《产业结构调整指导目录》动态更新机制

鉴于全面更新《产业结构调整指导目录（2011 年本）》（2013 年修订）既耗时长，也难以适应创新发展的步伐，建议目前首先以补充通知的形式印发单次调整，如《关于对〈产业结构调整指导目录（2011 年本）〉（2013 年修订）第一次补充调整的通知》。在未来的动态调整中，对于需要调入允许类、鼓励类的产业，可由企业、行业协会或商会、主管部门提出申请，需要调入限制类、禁止类的产业由环保、能源、安全、质监等监管部门和行业主管部门提出申请，经论证后以"补充调整通知"的方式，向社会公布。

（五）建立具有创新导向的政绩考核体系和财税体系

官员政绩和地方财政收入是地方政府在经济发展过程中如何开展招商引资、选择发展什么产业的指挥棒。目前重化工投资项目之所以受到各地青睐，主要是这类项目能够为地方带来更大的 GDP 和更多的财政收入。因此，应在政绩考核中以研发经费占 GDP 比重、创新型经济占 GDP 比重替代 GDP 指标，同时提高传统重化工产品生产的资源和环境税税率，降低"四新"经济、服务业税收中的中央分成比例，以形成具有创新导向的政绩考核机制和地方财税增长机制，引导地方政府大力推进创新发展。

调研报告二 基础好困难多,
新动力正在形成

——对苏州市劳动生产率的调研报告

为深入了解苏州市推进改革创新、加快人才培养、促进技术进步、加快新旧动能转换、提高劳动生产率过程中所面临的困难、存在的问题、政策诉求,2017 年 7 月底到 8 月初,国家发展和改革委员会投资研究所一行 6 人赴苏州市就"提高苏州劳动生产率"开展专题调研。在这期间,调研组与苏州市政府相关部门、企事业单位等进行了座谈交流,并走访了相关企业。总体来看,苏州在推动产业转型升级、提高劳动生产率等方面做了大量工作,取得了明显成效,但也存在不少困难和问题,需要进一步深化改革和汇聚优质生产要素,增强创新能力,提高全要素生产率和劳动生产率。

一 苏州劳动生产率的现状特征

(一)劳动生产率在全国名列前茅

目前苏州劳动生产率为全国平均水平的两倍。2000～2016 年,苏州按 2015 年不变价计算的劳动生产率从 7.4 万元/人增至 22.6 万元/人,增长了 2 倍多,年均增长 7.19%。与全国相比,2016 年全国劳动生产率为 9.5 万元/人,苏州的劳动生产率约为全国平均水平的 2.4 倍(见图 1)。目前苏州劳动生产率位居国内主要城市前列。计算苏州在内的国内 15 个大城市 2015 年的劳动生产率,其中包括直辖市、副省级城市与计划单列市,以及位于长三角地区的部分城市。① 图 2 显示,2015 年苏州的劳动生产

---

① 除苏州外,国内主要城市分别为上海、北京、广州、深圳、天津、重庆、武汉、成都、杭州、南京、青岛、无锡、宁波和大连。

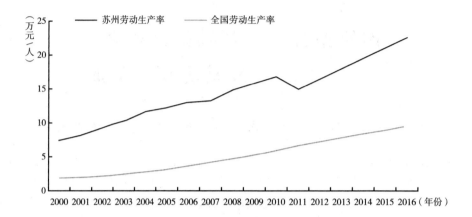

图1　苏州和全国劳动生产率的变化（2000～2016年）

注：2010年起苏州对"就业人员数"采用新的统计口径，根据常住人口变动、劳动力抽样调查数据推算。这导致2011年的劳动生产率增速在趋势上有一定幅度的向下调整。图中2011年以后为新口径的数据。

资料来源：《中国统计年鉴》和《苏州统计年鉴》。

率为20.98万元/人，在15个城市中排名第4，高于北京、上海等城市，离排名首位的广州差距不到2万元/人，而省内的无锡和南京则排第2和第3位。

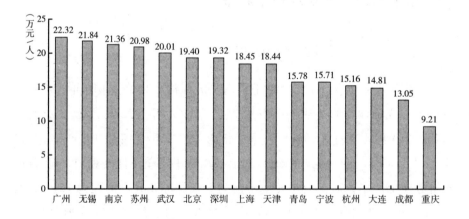

图2　苏州和国内各大城市劳动生产率的比较（2015年）

注：考虑到2015年大连就业数据变动异常，大连劳动生产率为2014年数。

资料来源：根据各地统计年鉴的数据计算得到。

目前苏州劳动生产率与中东欧国家的水平相当，跟 20 年前的新加坡相近。利用世界大型企业联合会的数据，估算出 2016 年苏州的劳动生产率约为 5.6 万美元（经 2011 年的购买力平价折算）。相比其他国家和经济体，该劳动生产率相当于同一时期中东欧国家的水平（见表 1），为美国劳动生产率的 47%。新加坡是苏州学习的标杆，目前苏州的劳动生产率大致相当于新加坡 2000 年的水平，两者相差近 20 年。

表 1　与苏州劳动生产率相当的经济体（2016 年）

单位：万美元/人

国家	劳动生产率	国家	劳动生产率
阿尔及利亚	5.6	马来西亚	6.3
波黑	5.7	爱沙尼亚	6.2
克罗地亚	5.7	匈牙利	5.9
捷克	6.5	拉脱维亚	5.6
俄罗斯	5.1	立陶宛	6.3
斯洛文尼亚	6.8	波兰	6.4
土耳其	5.9	智利	5.4
葡萄牙	6.3	希腊	7.0

资料来源：世界大型企业联合会。

（二）2010 年以来劳动生产率平稳增长

苏州劳动生产率增速度平稳，波动收窄。从劳动生产率增长率的变化看，2000～2016 年，苏州劳动生产率增长率的均值为 8.86%，中值为 9.5%，标准差约为 0.03。自 2011 年以来，劳动生产率增长率的均值仍有所提升，标准差和极差明显下降，只有整个时期的 1/2（见表 2）。相比同期全国劳动生产率增长率，苏州在劳动生产率高基数的背景下，仍保持了相对平稳的增长态势，其均值始终处在 8% 以上的水平。即便是在 2008 年国际金融危机后不利的国内外经济环境下，苏州劳动生产率仍然保持快速增长势头，2011～2016 年，苏州劳动生产率增长率不仅高于全国，而且更具稳定性。

表2 苏州和全国劳动生产率增长率的比较

	苏州劳动生产率增长率		全国劳动生产率增长率	
	2000~2016年	2011~2016年	2000~2016年	2011~2016年
均值(%)	8.86	9.07	11.28	8.31
中值(%)	9.50	9.05	11.29	8.22
标准差	0.029	0.014	0.032	0.021
极差(%)	10.80	3.90	11.41	5.77

资料来源：《中国统计年鉴》和《苏州统计年鉴》。

经济降速，就业人员数减少。苏州地区生产总值从2012年的10.1%降至2016年的7.5%，2017年上半年增长7%，基本保持在市政府年初设定的合理区间内。随着经济增速从高速转向中高速，经济总量继续扩大，2016年苏州经济总量达到1.6万亿元，排在全国大中城市的第7位。按常住人口计算，苏州人均地区生产总值为14.6万元，按年平均汇率折算达到2.2万美元。年末就业人员数也从峰值有所回落，2013年苏州的年末就业人员为695.2万人，达到历史峰值，但随后三年均出现下降，截至2016年底，苏州年末就业人员数为691.3万人，合计减少3.9万人。经济增速下行的同时就业人员数减少，人均产出或劳动生产率仍保持了较快增长。

（三）劳动生产率增长的新动力正在形成

调研过程中，课题组走访了当地有代表性的企业，包括拥有自主知识产权、掌握核心技术的创新能力较强的企业，能开展大规模先进生产制造的制造业企业，在苏州设有重要研发中心的外商独资企业。从走访的企业观察，苏州部分企业在实施创新驱动发展方面已走在全国前列，推动劳动生产率增长的新动力正在形成。

一是通过结构调整提高生产率。2016年苏州服务业增加值占比达到51.5%，产业结构转变为"三二一"。尽管第二产业增加值所占比重不及以往，但近年来随着工业结构调整力度的加大，苏州工业发展的后劲和潜力得到了一定程度的提升。

战略性新兴产业正成为提高生产率的重要领域。[①] 2016 年新兴产业的总产值达到 1.7 万亿元，其中制造业领域规模以上新兴产业产值为 1.5 万亿元，占全市规模以上工业产值的比重达到 46.9%。相比 2010 年，新兴产业的企业数量和产业规模均实现翻番，1/4 规模以上企业占比实现了近一半的规模以上工业产出。截至 2017 年上半年，新兴产业总产值为 8035.8 亿元，同比增长 7.1%，占规模以上工业总产值的比重约为 50%（见表 3）。

表 3　苏州市新兴产业的发展情况

新兴产业类别	2016 年产值（亿元）	所占比重（%）	2017 年 1~6 月产值（亿元）	所占比重（%）
新材料	3976.8	23.02	2288.0	28.47
高端装备制造	3428.4	19.84	1802.9	22.44
新型平板显示	2893.7	16.75	1350.0	16.80
软件和集成电路	2475.5	14.33	363.8	4.53
智能电网和物联网	1605.4	9.29	795.6	9.90
新能源	1162.8	6.73	559.5	6.96
节能环保	1007.8	5.83	500.2	6.22
生物技术和新医药	728.6	4.22	375.8	4.68
合　计	17279	100	8036	100

资料来源：根据调研资料整理。

传统产业升级成为提高生产率的重要手段。自 2014 年开始，苏州开展为期三年的"关停不达标企业、淘汰落后产能、改善生态环境"专项行动计划，主要针对化工、机械、电子、纺织及印染、电镀、轻工等传统行业的不达标企业，强化安全生产、污染治理、技术改造、质量效益、规划布局等标准。截至 2016 年底，共淘汰企业 3348 家。同时，苏州实施"万企升级"行动计划，大力支持企业开展技术改造，2016 年完成技术改造投资 1427 亿元，占工业投资的比重达到 72%，有力地推动了传统产业向高附加值产业的升级。为促进工业化信息化深度融合，苏州加快推进智能制造，2016 年底共有省级"两化"融合示范企业 13 家、试点企业 445 家，建成

---

① 为全面衔接国家和江苏省新兴产业发展规划，苏州明确培育壮大的八大新兴产业有：新能源（太阳能、风能、新能源汽车）、新材料、节能环保、生物技术和新医药、高端装备制造、智能电网和物联网、新型平板显示、软件和集成电路。

省级示范智能车间 66 家。

二是通过汇聚创新要素提升全要素生产率。苏州重视汇聚创新要素，在研发投入、科技型企业培育、科研机构建设、人才引进培养等方面推进创新驱动。苏州的科技综合实力连续 8 年位居全省第一，且连续 6 年名列福布斯中国大陆创新力最强城市榜单的前三位。

不断加大研发投入力度，提升研发产出综合效益。2016 年研发支出占 GDP 比重提高至 2.7%，比 2011 年上升 0.28 个百分点。同年，全市的专利申请量和授权量分别达到 10.7 万件、5.4 万件，保持全国第一位；万人有效发明专利拥有量为 38.4 件，比 2011 年大幅增加 32.6 件。

积极组织实施瞪羚、雏鹰等计划，促进科技型企业加速成长。瞪羚计划是指为助推中小科技企业做大做强而设立的计划，主要集中解决企业发展过程中的重点、难点和热点问题，集成科技资源和创新要素为企业提供靶向服务，着力推动一批企业在三到五年内成长为 10 亿元级的科技小巨人企业，力争到 2020 年，能够涌现出一批科技型旗舰企业。雏鹰计划是指通过科技贷款贴息、自主创新成果转化补助、无抵押便捷贷款、科技保费补贴等一系列政策，重点培育和扶持 1000 家发展潜力好、创新能力强的小微科技企业，使之形成技术水平领先、核心竞争力强、企业成长性好的中小科技企业群。实施这两个计划对培育科技型企业起到了明显效果。2016 年末，全市共有高新技术企业 4133 家、民营科技企业 11825 家，"十百千万"创新型企业群体初步形成。

着力加强创新载体建设，深化与国内外知名高校、科研机构的合作。目前已基本实现全市本土大中型工业企业研发机构全覆盖。2016 年末，全市省级以上公共技术服务平台达 60 家，其中国家级 15 家；省级以上工程公共技术服务平台 620 家，省级以上企业技术中心 381 家，省级以上工程中心（实验室）68 家。

加大"双高"（高层次和高技能）人才的开发引进力度，重点打造"国际精英创业周""赢在苏州"等国际化引智品牌。截至 2016 年底，全市拥有各类人才总量 243 万人，各类技术专业人员 162.5 万人，其中"双高"人才达 72.23 万人。积极推进"双创"活动，开展"创客天堂"行动。目前，全市共建有国家级众创空间 32 家、省级众创空间 88 家，规模居江苏省首位。

二 苏州提高劳动生产率的有利条件

（一）技术研发基础较扎实

一是借助长三角区域一体化优势，承接上海技术转移。苏州在长三角区域一体化中的定位是"上海国际金融中心和贸易中心延伸基地、上海国际航运中心和经济中心配套基地、上海科技创新中心技术转移基地"。利用上海建设自贸区和具有全球影响力的科技创新中心的机遇，对接上海的产业、资金、技术、体制机制创新、发展理念和发展模式的扩散，是苏州通过技术进步提高劳动生产率的区位优势条件。从未来城市功能规划上看，上海将发展成为科创与金融中心，苏州则着力打造高端制造业，二者存在天然互补。

二是研发基础较好，企业研发实力强。苏州具备较强的研发实力，其科技创新综合实力始终居江苏省第一位，并长期保持福布斯"中国大陆城市创新能力排行榜"前三位。2016 年，全年专利申请量和授权量分别达 10.7 万件和 5.4 万件，其中发明专利申请量和授权量分别达 4.7 万件和 1.3 万件，发明专利申请占比由上年的 43.8% 提高至 44.6%，发明专利授权占比由上年的 16.8% 提高至 23.5%；万人有效发明专利拥有量达到 38.4 件，比上年增加 10.1 件。苏州企业的研发实力也显著高于全国平均水平。2015 年，苏州市大中型工业企业研发机构建有率超过 80%，比 2010 年提高近 48 个百分点；全市累计拥有省级外资研发机构 383 家，占全省总量的 2/3，其中独立研发机构 33 家；全市工业企业与 180 多家高等院校和科研院所合作共建 1300 多个产学研联合体，实施项目近万项。

（二）人力资本质量较好

人力资本质量较好，创业类人才全国领先。苏州的人力资本存量相比其他地区拥有明显优势，尤其是创业人才储备在全国遥遥领先。2016

年，苏州人才总量为 243 万人，人才结构也持续优化，其中高层次人才19.8 万人。庞大的高技能人才队伍是苏州提高劳动生产率的中坚力量。

（三）资本形成层次较高

高技术产业迅速增长，成为吸引资本流入的重要领域。"十二五"期间，苏州在纳米技术与应用、医疗器械及新医药、轨道交通与汽车及零部件、智能装备与工业机器人等重点领域，布局建设了 24 个国家火炬特色产业基地、400 家公共技术服务平台与重点实验室，合作共建 79 个产学研载体，形成了较为完备的产业技术创新链。常熟高新区升格为国家高新区，张家港市、吴中区获批筹建省级高新区，全市国家高新区已达 4 家、省级高新区达 5 家。2016 年，苏州高新技术产业产值 14382 亿元，比上年增长2%，占规模以上工业总产值的比重达 46.9%，比上年提高 1 个百分点；当年的新兴产业产值 15265 亿元，比上年增长 2.2%，占规模以上工业总产值的比重达 49.8%，比上年提高 1.1 个百分点。据《苏州市"十三五"工业发展规划》预测，到 2020 年，苏州微纳制造、第三代半导体、创新药物等重点领域将进入全球价值链中高端，高新技术产业产值占规模以上工业总产值比重超过 50%，全市累计将拥有 5000 家左右高新技术企业和15000 家左右省级民营科技企业。

（四）政策与制度环境有利

一是借助"一带一路"倡议，扩大生产要素流通。苏州是"一带一路"沿线的重要工业城市和港口城市，借助"一带一路"倡议的实施，苏州可有效提高生产要素的流通范围，从而优化资源配置，提高劳动生产率。第一，扩大投资布局，促进生产要素优化配置。通过扩大与"一带一路"沿线国家的投资与贸易合作，可以扩大农产品、能源、工业原材料等产品的进口，推动纺织、交通、机械制造等产品的出口，鼓励资本跨境投资并购，开展经贸、能源、金融、基础设施等领域合作。第二，完善物流新通道，促进生产要素更快流通。通过推动"苏满欧""苏满俄""苏新亚"等国际班列运营发展，打通向西海陆口岸通道，开通苏州港至东南亚的直达航线等措施，进一步完善苏州的对外贸易通道，加速区域内生产要素的流通，提高生产要素的效率。2016 年，苏州境外投资累计协议投资额达到 117.2 亿美元，接近 2011 年的 6 倍；当年境外投资企业累计达 1569 家，约为 2011 年 2.5 倍。

二是创新创业氛围浓厚，创新发展格局初步形成。苏州一直把改革创新、先行先试作为发展的重要机遇和推手，政府为支持创新创业发展，创造了较好的制度环境，拥有较强的创新创业氛围。特别是苏州率先推进了科技计划体系与科技经费改革，以后补助、间接支持方式促进企业面向市场开展技术创新，初步形成"一库、一池、一平台"的科技金融"苏州模式"，帮助科技企业解决"首贷、首保、首投"问题。这些良好的制度环境为科技型企业的发展创造了条件。2016 年，新增 24 家国家级众创空间，41 家省级众创空间，年末共有国家级众创空间 32 家，省级众创空间 88 家，居全省首位；新增省级以上工程技术研究中心 48 家，累计达 625 家；新增省级以上企业技术中心 61 家，累计达 381 家；新增省级以上工程中心（实验室）11 家，累计达 68 家。

三　苏州提高劳动生产率面临的困难

（一）研发投入相对不足

研发投入相对部分一线和周边城市较少，影响技术进步后劲。尽管苏州的研发基础和研发投入相比全国平均水平较高，但相比北京、上海等一线城市以及周边的南京、杭州、无锡等城市，优势并不明显。特别是在研发投入强度上，不仅北京、上海的 R&D 投入占比显著高于苏州，而且周边的南京、杭州、无锡等存在较大竞争的城市，其研发投入强度也均高于苏州（见表 4）。不仅如此，在这些城市的"十三五"规划中，对 2020 年本地 R&D 投入占比设定的目标也都高于苏州。这对于苏州打造区域技术高地显然不利。

目前，劳动生产率增长的新动能的支撑作用并不稳固，研发投入密集度较高的新兴产业面临增长"瓶颈"。2017 年以来，苏州新兴产业增速有所回落。规模以上制造业新兴产业产值增速为 7.1%，低于全市规模以上工业总产值增速 2.3 个百分点。同期，支撑转型升级的"两新一改"投资下降，其中高新技术产业投资、新兴产业投资和工业技改投资分别下降 9.9%、7.9%、16%，八大战略性新兴产业中只有两大产业实现正增长。

表 4　各地研发投入强度的比较

城市	R&D 经费占 GDP 比重（%）		城市	R&D 经费占 GDP 比重（%）	
	2015 年	2020 年（"十三五"规划）		2015 年	2020 年（"十三五"规划）
北京	5.95	—	杭州	3	3.5
上海	3.7	3.5	无锡	2.8	3.1
南京	3	3.2	苏州	2.68	3

资料来源：根据各市"十三五"规划纲要整理。

（二）企业用工存在结构性矛盾

高级技工短缺是制约企业转型升级的重要因素。尽管普通操作工基本能满足企业生产需要，但技能型劳动者紧缺，企业对知识型、技能型人才的需求不断增长，而现有的技能人才数量和储备不足。企业技能人才紧缺的结构性矛盾表明，当前技能人才的培养滞后于产业升级步伐，同时，在高级人才方面，苏州面临吸引力不足、外流到上海等周边城市的压力。

根据苏州市 2017 年企业用工需求抽样调查报告统计，有 30% 左右的员工文化程度为大专及以上水平，有 35% 的员工毕业于职业技术学校（职高、技校、中专），但仍有 23.9% 的员工文化程度为初中。尽管企业员工中的熟练工占比达到 40%，但企业目前急需的高级工、技师及以上占比只有 6%。随着传统制造业企业技术革新步伐加快，企业急需具备一定技能的劳动力，46.8% 的受调查企业更想招收知识型和技能型劳动者，但劳动力市场满足不了需求。2016 年全市企业用工需求抽样调查显示，高达 80% 以上的企业认为招工存在困难，近 20% 的企业认为招工难的问题较难解决。

（三）吸引资本优势出现减弱

苏州虽然已成为中国工业大市、全球制造业基地，但"大而不强"的问题十分突出，高附加值、高加工度、高技术化等工业化后期的典型特征尚未充分展现，在双向挤压的宏观经济环境下，直接导致资本流出。苏州的工业固定资产投资增速从 2010 年的 20.2%，降至 2013 年的 11.7%，而近两年更是出现负增长。与此同时，尽管 2016 年有 10% 的企业开始投资于以"机器换人"为主的生产智能化领域，但现阶段生产智能化应用水平还不高，高端的生产智能化应用仍面临前期投入大、研发工程师紧缺等资金人才制约。

在实际使用外资方面，增幅呈逐年下降趋势。早在 2013 年，苏州实际使用外资额就出现负增长，2013 年以来每年实际使用外资的总额都低于2012 年的水平，而且降幅逐年增大，2016 年，苏州实际使用外资数仅为60 亿美元，较前一年下降 14.3%，相比最高年份 2012 年下降 34.1%。由于经济换挡，国内投资收益率下行，人民币单边升值不再，对外资吸引力下降。根据《苏州市开放型经济"十三五"发展规划》的预测，苏州在2016～2020 年的 5 年期间累计将使用外资 250 亿美元左右，平均每年约使用外资 50 亿美元，低于 2015 年 70 亿美元的水平，即在未来几年，苏州实际使用外资的绝对值还将不断下降，区域内流入资金仍将不断减少。

（四）制度短板与发展约束共存

一是创新创业的体制机制短板亟待完善。尽管苏州一直在加强创新创业的力度，但现行的体制机制对提高劳动生产率而言仍有许多不完善之处。其一，现行制度对市场主体的创新激励不足。苏州大中型企业的研发投入占销售额的比例一直徘徊在 1% 左右，不到发达国家的 1/4；金融资本对新兴领域、初创期企业供给意愿不足。其二，创新体系不够健全。科技服务链条尚不完整，科技成果转移转化、科技金融、高端人才、知识产权等关键环节有待健全；有效激发科研人员创新活力和"人尽其才"的体制机制与政策环境亟待完善，大众创业、万众创新的社会文化亟待加强；科技管理方式与科技创新创业活动仍不相适应，政府在科技发展中的职能亟待转变。其三，保护技术创新相对滞后。目前实施的部分法律法规已无法满足创新主体的知识产权保护需要，导致创新主体维权面临"举证难、周期长、成本高、赔偿低、效果差"等一系列问题；同时，现有的苏州市知识产权行政执法队伍力量薄弱，尤其是对于处理周期短、专业性强的专利行政执法案件，更是缺少相关专业化人员。这些制度"瓶颈"都制约了劳动生产率的进一步提高。

二是新增用地趋紧，节能减排约束趋严。苏州面临的一大制约是现有生产用地已近饱和状态，建设用地供应高度紧张，存量建设用地占国土面积的28%，已接近30%的红线，这使得许多想要扩容的企业因无法获得新批建设用地而不得不放弃原有计划。同时，生产用地的饱和也使得引进新的企业入驻面临困难。目前，除了"腾笼换鸟"，加快迁出落后企业外，在解决土地稀缺这一问题上，并无较好的方法。除了土地制约外，工业企业普遍反映，苏州制定的严格的节能减排指标对企业造成了较大负担，这与苏州相对较小的生态环境容量密切相关。按《苏州市"十三五"工业发展规划》要求，苏州市2020年单位工业增加值能耗的目标是比2015年下降16%，单位工业增加值二氧化碳排放量也要比2015年下降16%，节能和减排的任务都较为艰巨。为了达到这一目标，政府势必要求企业投入更多资源用于节能减排，相应会压缩企业提高劳动生产率的投入。

四　对苏州未来提高劳动生产率的初步建议

基于以上分析，课题组对苏州未来提高劳动生产率给出如下建议。

（一）做强产业园区和龙头企业，发挥辐射带动作用

充分发挥苏州当地数量众多的国家级和省级产业园区在产业转型升级、提高劳动生产率中的引领作用，以现有战略性新兴产业集聚区、创

新示范企业、重大项目为基础，加大引资（资本和物质资源）、引智（知识、技术、管理、人才）、引业（行业、业态、业务模式、国际市场渠道）力度，引进境内外优质生产要素，围绕特色产业领域，开展上下游产业链补缺式定向招商，加快形成政府引导、园区汇聚、企业研发的典型示范格局。

特别是在创新研发上，苏州当地政府与园区要做好服务和引导工作。一方面要努力解决企业发展的后顾之忧。例如，在知识产权保护上，要实施好"登峰行动计划"项目，为企业发展扫除知识产权障碍和风险，推动开展企业重大科技创新、成果转化、人才引进项目等知识产权评议工作，防范知识产权侵权风险。另一方面要善于搭建平台，支持企业（特别是新兴产业的企业）建立境内外的研发机构，推进国际科技合作，鼓励有条件的新兴产业企业引入有助于企业长远发展、技术实力强的战略投资者。

（二）优化投资结构，有效增加资本积累

尽管目前苏州市劳均资本存量约为全国平均水平的 1.71 倍，在全国十五个主要城市中也排名第四。但放眼全球，苏州劳均资本差距还相当大，在 2014 年只有 G7 国家劳均资本平均水平（38.5 万美元）的 38.4%，也只相当于新加坡劳均资本的 31%。所以，苏州仍要继续增加资本积累，尤其要重视增加技术含量高、附加价值大的投资，发挥好投资对优化供给结构的关键性作用。

在投资结构上，从扩大有效供给、优化供给结构、提高供给质量角度扩大投资。根据消费正从满足基本生理需求向享受型需求转变、从数量型需求向品质型需求转变的转型升级趋势，调整投资结构，优化供给的产品结构与品质结构，加快发展先进制造业，推动互联网、大数据、人工智能和实体经济深度融合，重点聚焦产业与价值链高端，以满足中高端市场需求。

在政府对社会投资的管理上，进一步深化投资体制改革，简化企业投资项目审批事项和审批环节，对备案项目加快推行企业投资项目承诺制、

实行无审批管理，将政府投资管理的工作重点转到加强事中事后监管约束和优化服务上来，降低制度性交易成本，提高投资效率，释放企业投资活力。

（三）强化培育和引进人才，提高人力资本质量

在人才培育方面，既要借助外力，也要内部发力。借助外力就是鼓励和支持园区、企业加强与大专院校合作共建学院和研究型机构；内部发力就是利用苏州园区经济发达、制造企业数量多、规模大的优势，组织和支持园区间、企业间开展合作，共同出资组建适合苏州产业转型升级发展需要的技工学校、中高等职校，从而从内外两手着力建立长期的高级技工和科技人才培育基地。建设好中国苏州人力资源服务产业园，推动人力资源服务业向专业化、信息化和国际化方向发展。

在引进人才方面，除在住房等物质上给予各种奖励和提供有竞争力的生活条件外，还要完善人才服务体系，在医疗、子女教育等软环境方面为外来劳动力和各类人才提供必要的良好生活环境，将苏州打造成为吸引创新创业人才的高地，形成与创新型产业体系相适应的劳动力资源供给体系。

（四）引进和培育植根性高质量外资，增强外溢效应

目前苏州吸引外资已度过体量快速膨胀的阶段，未来招商引资工作应以提高经济发展质量和效益为主要目标。改变原先外资集中于产业链和价值链中低端、技术溢出效应并不明显的廉价要素寻求型投资现状，更加注重引进技术创新、植根于本地的市场寻找型外资，提高引资质量，增强外资的技术外溢效应。

为更好地推进苏州产业转型升级，在对现有外资企业按照投资强度、人均税收、节能减排等相关要求的基础上，制定创新、高附加值、低碳环保等方面的引资政策，注重引进集研发、设计与生产制造于一体的先进制造业、新兴产业以及现代生产性服务业，大力培育和集聚一大批创新型内资企业，建立起内外资企业上下游互补、价值互增的生态链，营造高质量

资本"引得进、留得住、发展好"的良好产业生态环境。

下一阶段苏州要积极推进"一带一路"、长江经济带、上海自贸区以及跨境贸易电子商务试点等重大战略机遇下的国内外合作。充分利用苏州工业园区开放创新综合试验区、昆山两岸产业合作试验区、太仓中德创新合作试验区三大国际合作平台。将引进来和走出去相结合，吸引知识、技术含量高的外商投资，形成面向全球的贸易、投融资、生产、服务网络，培育国际经济合作和竞争新优势。

五 需要进一步研究的问题

通过调研，课题组对苏州劳动生产率的特征、变化、原因有了一定的认识，对如何提高劳动生产率也形成了一些思考与建议。不过，在涉及提高苏州劳动生产率的具体政策措施上，还需要展开更深入的研究。其中，主要包括如何提高研发与创新效率，提升人力资本质量，增加高质量的资本形成，重构有利于转型升级的综合环境等。

图书在版编目（CIP）数据

中国生产率研究：现状、问题与对策／张长春等著
. －－北京：社会科学文献出版社，2018.5
ISBN 978 - 7 - 5201 - 2502 - 4

Ⅰ. ①中… Ⅱ. ①张… Ⅲ. ①全要素生产率 - 研究 -
中国 Ⅳ. ①F249. 22

中国版本图书馆 CIP 数据核字（2018）第 059710 号

中国生产率研究：现状、问题与对策

著　　者／张长春　徐文舸　杜　月 等

出 版 人／谢寿光
项目统筹／恽　薇　王婧怡
责任编辑／王婧怡　刘　翠

出　　版／社会科学文献出版社·经济与管理分社 （010）59367226
　　　　　　地址：北京市北三环中路甲 29 号院华龙大厦　邮编：100029
　　　　　　网址：www. ssap. com. cn
发　　行／市场营销中心（010）59367081　59367018
印　　装／三河市尚艺印装有限公司

规　　格／开 本：787mm × 1092mm　1/16
　　　　　　印 张：20　字 数：316 千字
版　　次／2018 年 5 月第 1 版　2018 年 5 月第 1 次印刷
书　　号／ISBN 978 - 7 - 5201 - 2502 - 4
定　　价／98. 00 元

本书如有印装质量问题，请与读者服务中心（010 - 59367028）联系